LES PLAISIRS

ET LES CURIOSITÉS

DE PARIS

Marché du quai aux Fleurs

CAMILLE DEBANS

Les Plaisirs
ET
LES CURIOSITÉS
De Paris

GUIDE HUMORISTIQUE ET PRATIQUE

Illustrations de G. FRAIPONT

CARTES ET PLANS

PARIS
ERNEST KOLB, ÉDITEUR
8, RUE SAINT-JOSEPH, 8

Tous droits réservés

AVERTISSEMENT

Paris est, en quelque sorte, une station thermale où l'on vient de tous les coins du monde faire des saisons d'agrément. C'est pourquoi un Manuel des plaisirs et des curiosités parisiens répondra, il n'en faut pas douter, à des besoins que les innombrables guides sont loin de satisfaire.

C'est surtout au point de vue documentaire que nous nous plaçons. De même que dans le *Tableau de Paris* on trouve aujourd'hui exposés par le menu les éléments constitutifs de la vie parisienne d'il y a cent ans, de même nous aurons l'ambition de peindre, en cette fin de siècle, l'importance que les plaisirs ont prise à Paris et de dire à quel point ils sont devenus indispensables.

Théâtres, courses, musique classique, réunions mondaines, bals, cirques, cafés de toute sorte, brasseries rustiques ou pittoresques, cafés-concerts, jardins d'été, jardins d'hiver, redoutes des cercles, panoramas, musée Grévin, coins mystérieux de la grande Ville, curiosités nouvelles... nous ferons défiler tout cela devant nos lecteurs, et pour que les lectrices aient une idée de l'estime que, en galant homme, nous professons pour elles, de l'intérêt que, en ami, nous leur portons, nous aurons bien garde d'oublier les grands magasins de nouveautés, les petites boutiques où les pierres précieuses les attendent et les moyens salons au milieu desquels pontifient, — grands prêtres de l'heure présente — les couturiers des deux sexes.

Il est en outre, dans Paris, des endroits inconnus du gros public et des détails inédits de la vie moderne, que nous mettrons en lumière. D'ailleurs, il suffira sans doute de connaître le plan de cet ouvrage pour être édifié; le voici: La première partie traitera du Boulevard et de tout ce qui en dépend, de tout ce qui le rend célèbre, l'avoisine ou le caractérise. Après, nous parlerons de théâtres, et plus particulièrement des scènes à la mode.

Les cercles nous occuperont pendant un instant et nous énumérerons les grands cafés et les grands restaurants de Paris. Viendront ensuite le bois de Boulogne, avec ses courses et ses restaurants ; les Champs-Élysées. Puis, rentrés dans Paris, nous consacrerons quelques chapitres aux divers éléments de plaisir dispersés sur sa vaste surface.

Ce livre sera donc indispensable à tout nouveau débarqué. Bien mieux, nous prétendons qu'il se répande dans le monde entier, pour que les infortunés à qui les joies du voyage ne seront pas permises y puisent au moins la consolation d'apprendre comment on s'amuse, comment on s'habille, comment on mange et comment on vit dans la capitale du goût, de l'élégance et du chic.

L'ÉDITEUR.

PRÉFACE QU'IL FAUT LIRE

Les philosophes modernes — qui sont d'essence fuligineuse — se font une idée fort impertinente du plaisir : c'est, à leur avis, une jouissance dont la saveur demande à être aiguisée par le condiment d'une souffrance correspondante. On ne se sentirait point content, affirment ces abstracteurs de fin du fin, si l'on ne pouvait être malheureux. D'où l'on devrait conclure que, pour connaître le vrai bonheur, il faut avoir le mal de dents ou des rhumatismes articulaires.

Il y a très heureusement rareté de philosophes.

Ceux qui ne le sont pas appellent plaisir la pratique des satisfactions et des ivresses dont nous enveloppe la civilisation ardente de cette fin de siècle. Chercher le plaisir, le savourer sans contrainte, s'y abandonner selon son tempérament, son caractère et ses goûts, voilà le secret pour être heureux. Épicure était un galant homme et pensait comme nous, sans se montrer ennemi de la sagesse. Si sa doctrine n'avait été viciée par les dissertations marécageuses de pédants hollandais et tudesques, elle serait arrivée dans toute sa pureté jusqu'à notre temps, le seul vraiment digne de la comprendre.

Mais elle se dégage peu à peu des brouillards qui l'obscurcissaient. Il lui fallait un terrain propice à son acclimatation, et elle l'a trouvé, proclamons-le hautement, sur les bords de la Seine, entre Auteuil et Charenton.

Nous ne tomberons pas dans les puérilités de certains fanatiques pour qui le plaisir ne saurait exister qu'à Paris.

Londres, Pétersbourg, Florence, Madrid, Vienne, New-York et même Constantinople ou Bucharest ont leurs amusements: certains voyageurs en font foi.

Mais, outre que dans ces capitales bien des folies sentent le moisi, on en est encore au plaisir défendu que l'on goûte hypocritement, loin des regards et sous l'égide des précautions les plus invraisemblables, comme feraient des gamins en rupture d'école.

Il n'y a donc que Paris pour avoir crânement le courage de son opinion, pour étaler ses penchants, pour afficher ses voluptés et les faire accepter du reste de l'univers. Paris est le seul coin du monde où le plaisir soit une nécessité sociale, un état normal.

A Paris, depuis cinquante ans, toutes les fonctions de la vie ont été converties peu à peu en plaisirs: manger, un plaisir... s'habiller, un plaisir... voir, entendre, sentir, toucher, des plaisirs... marcher, un plaisir... un plaisir aussi, à l'occasion, ne pas se mouvoir; aller partout, savoir ce qu'on dit, avoir tout lu chaque matin, autant de plaisirs... rester chez soi, ignorer les nouvelles, autres plaisirs... courir après les peintres et leurs œuvres récentes; aimer, jouer, dépenser; être tour à tour égoïste et charitable, connaître les bons coins, parier aux courses, des plaisirs, toujours des plaisirs... Voir de jolies femmes, les aimer, se ruiner pour elles, tout cela au grand jour, sans crainte et sans souci, en exécutant avec elles toute la gamme des plaisirs.

Et c'est parce qu'il en est ainsi, que de tous les coins du globe affluent chez nous avec tant de plaisir ceux qui cherchent un remède à l'ennui. C'est pour eux qu'aujourd'hui nous avons le plaisir d'écrire, et nous nous flattons qu'un de leurs premiers plaisirs sera de s'adresser à notre modeste livre, qui leur servira de cicerone au milieu des innombrables joies d'une ville, pour eux, encore mal connue.

Quand les siècles futurs, armés des innombrables documents que laissera ce temps-ci, écriront l'histoire du Paris actuel, ils le représenteront sans doute comme une immense usine où tout le monde, sans exception, est occupé à la création de divertissements toujours nouveaux. Ne vous récriez pas, ce n'est point un paradoxe. Que vous le vouliez ou non, vous participez à la grande manipulation des plaisirs, si vous êtes de Paris. Cette ville contient un million d'hommes dont les travaux n'ont d'autre but que le contentement des sens ou des sentiments. Et la preuve, c'est que les industriels, les ouvriers, les intermédiaires, les vendeurs, dès que les affaires baissent, réclament des fêtes, se plaignent qu'on restreint le luxe. La preuve, c'est qu'on les écoute, que le Conseil municipal lui-même qui, comme on sait, est plein de Spartiates, donne des bals. La preuve, c'est que la semaine du Grand Prix est pour les commerçants de Paris ce qu'est le jour de l'An pour les confiseurs, et qu'ils l'appellent la Grande Semaine.....

Pourtant, ce carnaval d'été n'est autre chose que l'état ordinaire de Paris chauffé à quelques atmosphères de plus. La vie s'exaspère un peu, et c'est tout. Si l'on s'abandonne davantage au tourbillon, cela ne veut pas dire que celui-ci s'arrête en aucun temps. Ici le plaisir est un culte qui a ses fêtes carillonnées, mais dont les autels ne chôment jamais de fidèles ni même de fanatiques.

Est-il sous un autre ciel spectacle plus extraordinaire! Deux millions d'êtres sont là, toujours souriants. Ils vivent côte à côte, ceux-ci occupés à imaginer du luxe, des spectacles et des joies, ceux-là sans cesse disposés à les payer. Ce sont continuellement des inventions, des surprises, des fêtes que les uns offrent et dont les autres jouissent.

Y a-t-il un pays où la multiplication des plaisirs ait autant que chez nous l'air d'un miracle? Il en est de toute sorte, de toute couleur, pour tous les goûts, pour tous les âges. Vous pouvez venir de partout ou d'ailleurs, vraiment vous trouverez à choisir. C'est la foire !

Plaisirs des sens, plaisirs de l'imagination, plaisirs du cœur, plaisirs de l'intelligence se présentent en foule, de quelque côté, dans ce Paris, que vous alliez ; nos vertus mêmes y ont de l'agrément. Nulle part on n'a plus affiné le plaisir de la charité, le plaisir de la religion, le plaisir du dévouement, le plaisir du sacrifice.

A mesure que ma plume écrit et que mon esprit sonde, je tombe dans un étonnement plus imprévu. Le nombre des plaisirs m'éblouit et m'effraye. Il en est de toute nature et pour tous les sentiments : plaisirs des yeux, plaisirs des lèvres, plaisirs des mains, de l'ouïe, de l'odorat, du palais, de l'orgueil, de la vanité, de la paresse. Toutes les ivresses, tous les troubles, toutes les émotions. Allez, courez à travers Paris. Entrez dans les théâtres, dans les restaurants, dans les cafés, regardez les étalages, parcourez les bazars, étudiez les musées, fréquentez les cercles, les bals, écoutez la musique, entendez les chansons, pénétrez dans les ateliers, regardez les femmes, montez au sommet, plongez dans les bas-fonds... partout, toujours, vous trouverez cette incessante préoccupation : le plaisir... le plaisir des autres et le plaisir pour soi-même.

Cette incroyable somme d'efforts différents tendant au même but a si bien pétri et perfectionné la matière, que l'on se perdrait dans l'infini des espèces et des genres, si l'on avait l'ambition de classer les plaisirs.

Il y a les plaisirs relatifs comme la musique, les plaisirs absolus comme l'amour, le plaisir simple et le plaisir composé. Les courses sont un plaisir composé, le théâtre aussi, le théâtre surtout. L'âme s'y apaise, les sens s'y dilatent, l'imagination s'y exerce et l'esprit s'y affûte. Chaque spectateur jouit, sous l'éclat des lumières, d'une fiction qui l'intéresse au milieu de femmes charmantes, coquettes, avides d'amour et de bonheur.

Le jeu est un plaisir simple. Nous avons aussi les plaisirs froids et les plaisirs chauds, les plaisirs secs et les plaisirs humides, les plaisirs positifs, les plaisirs négatifs, les plaisirs ambiants, les plaisirs aigus, le plaisir du travail qui fait penser au travail du plaisir auquel se condamnent quelques forçats volontaires, plaisirs par-ci, plaisirs par-là, plaisirs à droite, plaisirs à gauche... Voilà le plaisir, messieurs !

Voilà également le plaisir, madame, car si nous nous proposons de mener votre mari, votre frère et même ceux qui ne sont ni l'un ni l'autre dans les bons coins; si nous leur faisons toucher du doigt pourquoi ceci est parisien et pourquoi cela ne l'est pas... si nous leur disons les chemins qu'il faut prendre, les carrefours qu'il faut éviter et les passions pour lesquelles on est indulgent, nous pensons aussi vous offrir le bras et vous conduire dans les bons endroits, et vous montrer les éblouissements de Boucheron et de Sandoz, les élégances de Blanche Lebouvier, les dessous du Bon Marché et du Louvre, et nous sommes persuadé que ce seront les plaisirs dont vous garderez le plus aimable souvenir.

Il est des amphitryons qui pour faire honneur à leurs hôtes vont au-devant d'eux jusqu'à la porte de leurs maisons. Nous voulons les imiter et nous voici prêts à vous recevoir et à vous faire accueil sur le seuil par où l'on pénètre dans la capitale même du royaume des Plaisirs.

C. D.

La Bourse.

LE BOULEVARD

I

PRÉSENTATION

Celui qui, à peine débarqué de wagon, se fait prestement porter dans un hôtel, y prend juste le temps de s'éponger du haut en bas, de passer une chemise et qui se hâte, avec une douce émotion dans l'esprit, de descendre sur le boulevard; celui-là, fût-il né Malais, Esquimau ou Araucan, est de la graine dont on fait les Parisiens. Il a l'instinct que le boulevard est plus grand que Paris, plus curieux aussi et peut-être plus difficile à sonder. Pendant des mois et des mois, l'espoir de s'y promener lui a fait entrevoir le summum de la félicité humaine. C'était, à ses yeux, une sorte de paradis. Si j'étais chargé de rechercher l'endroit où pousse l'arbre de la science du bien et du mal, je n'hésiterais pas, je dirigerais mes explorations vers le boulevard des Italiens et le boulevard des Capucines. C'est là, j'en suis sûr.

Mais vous voilà sur le trottoir, la canne à la main, le cigare aux lèvres, l'œil attentif, préoccupé de ne point paraître gauche, et persuadé que les regards de l'univers sont fixés sur vous. Si vous n'avez pas la vocation, vous découvrirez que le boulevard est une rue comme une autre, un peu plus large peut-être. Mais si vous êtes prédestiné, vous devinerez sur cet asphalte quelque chose comme un enfantement sans fin, et vous vous y accoquinerez avec passion.

Vous verrez d'un coup d'œil qu'il ne faut pas confondre les boulevards et le Boulevard. Les boulevards sont la série des voies établies au milieu du dix-septième siècle sur l'emplacement des anciens remparts de Paris. Le Boulevard c'est quelque chose d'indéfinissable, composé des éléments les plus disparates.

Dès les premiers pas, vous croisez sur le Boulevard des hommes de tous poils, de tous pays et de toutes couleurs. C'est le rendez-vous du monde entier. En huit jours, il est impossible que vous n'y rencontriez pas un ami. Les femmes y jouent un rôle saillant.

Sur vingt passants, il y a dix millionnaires, neuf meurt-de-faim et un douteux, comme dit Labiche. Mais tout le monde y est décoré. Vous y compterez cinq ou six théâtres à la mode, une douzaine de cercles, vingt restaurants, trente cafés, deux cents boutiques toutes pleines d'élégances et de raretés. Çà et là des peintres, des sculpteurs, des musiciens, des écrivains, des architectes de talent, qu'escortent une infinité d'hommes d'esprit : journalistes, dessinateurs, vaudevillistes, boursiers.

Parmi cette crème de Paris, s'agite une écume étrange et malpropre composée d'hommes-sandwich, de hurleurs de nouvelles, de camelots écœurants, de faiseurs de bas étage, d'anciens financiers, de ratés, de fous, de polissons et de chercheurs d'aventures galantes. Sur la chaussée, cinq cents voitures qui passent, des ouvreurs de portières et des conducteurs de tapissières vous engageant à venir aux courses avec des cris inhumains.

Au milieu de tels éléments, on comprendra sans peine que tous les sentiments, tous les besoins, tous les intérêts, toutes les passions doivent s'entre-choquer là sous le couvert d'une politesse générale.

A côté de la badauderie naïve et de la sottise enflée passent le mérite et l'intelligence. Tout y est poussé à l'excès par l'exaspération des nerfs : le talent, le courage, la vertu, comme l'impuissance, l'infamie et le vice. Les aspirations les plus nobles, des héroïsmes dont on n'a pas l'idée, des prodiges de patriotisme, des miracles de dévouement et des inventions idéales s'y heurtent aux combinaisons les plus criminelles, aux calculs les plus lâches, aux abandons les plus révoltants. On rit, on s'amuse, on souffre, on se calomnie, on se bat en duel, on s'écrase, on s'entr'aide, on se dévore et l'on se sauve parfois les uns les autres. Une poignée de main, un coup de chapeau, un coup de langue, sont la monnaie courante du lieu.

Par-dessus tout cela plane sans cesse l'esprit le plus fin et le plus redoutable, toujours en éveil. Il n'est pas un homme qui n'en ait ou ne paraisse en avoir ; car ceux que la nature n'a pas doués sous ce rapport ont assoupli leur cervelle à une gymnastique étrange, qui s'appelle la blague et qui passe pour de l'esprit aux yeux de bien des gens. La blague ! le défaut français le plus saillant. La blague ! qui nous nuit tant auprès des autres peuples parce qu'aucun ne peut la comprendre et que d'ailleurs nous ne savons pas en jouer avec modération.

Cette atmosphère ne se respire pas impunément. Elle grise tout d'abord, et il faut s'y faire comme on s'habitue, au commencement d'une traversée, à marcher sur le pont du navire pour avoir le pied marin.

Mais une fois qu'on est aguerri, on comprend et l'on devine mille choses. On voit, pour ainsi dire, germer d'innombrables idées au pied de ces maisons devant lesquelles passèrent quatre ou cinq révolutions. Il vous monte à l'esprit du respect pour ces fenêtres d'où les boulevardiers ont regardé s'écrire l'histoire de France et un peu celle des autres pays.

Tous les héros, on le sent, ont dû avoir à cœur de

se promener là ; toutes les jolies femmes, d'y étaler leur coquetterie. Les réputations, les fortunes, les gloires veulent être consacrées sur ce coin de terre, pour être de bonne qualité. Tout s'y vend, tout s'y prend, tout s'y donne. Sous le manteau d'une oisiveté frivole, d'une flânerie égoïste, se cachent des labeurs de Romains, des ambitions insensées, des passions furieuses. Sous l'apparence d'une effronterie invraisemblable se dissimulent bien des timidités résolues, des vertus extraordinaires et les plus nobles sentiments du monde.

Quand on a mis le nez dans ces dessous, quand on a pénétré dans ces mystères, on est tellement intéressé par ce qu'on soupçonne, qu'on ne peut plus s'arracher à ce spectacle, et l'on ne comprend plus les choses comme le reste des hommes. Il semble que ce soit dans Paris un terrain neutre où l'on est indulgent et hospitalier à tout le monde, même aux ennemis de la France, et où tout ce qui touche aux lettres et aux arts, d'où que cela vienne, fait naître des fanatiques.

Quand un homme, après avoir navigué plus ou moins sur le Boulevard, s'est fait une carte où il a marqué les écueils et indiqué les bons fonds ; quand il a tout examiné, tout écouté, tout goûté, tout pesé ; quand il sait où l'on mange tel excellent plat, où se boit le meilleur champagne, où se chante la meilleure musique ; quand il a catalogué dans sa mémoire les noms et les réputations des gens qu'on peut fréquenter ; quand enfin il a perdu son argent aux courses et conquis un fauteuil aux premières représentations....

(Mais l'honnêteté m'oblige à conter une anecdote dans une longue parenthèse.

Le maréchal de Villeroy, étant allé à Lyon en 1714 y fut accueilli gracieusement par les dames de la ville. Une Parisienne écrivit aussitôt à l'une d'elles pour lui demander à laquelle le maréchal avait donné le mouchoir. La lettre fut montrée à une vieille demoiselle Béraud, pour qui M. de Villeroy avait eu des bontés dans sa jeunesse. — Mandez à votre amie, dit-elle, que M. le Maréchal ne se mouche plus.

Il y a sur le Boulevard beaucoup de belles dames de Lyon, de Bordeaux, de Rouen et d'une infinité d'autres lieux. Ce sont, pour la plupart, de fort galantes personnes un peu enclines à voir un maréchal de Villeroy dans chaque passant.

On ne saurait être digne de mettre à la voile dans Paris, si l'on ignorait qu'il est très sage de ne se moucher qu'à bon escient.)

II

QUINTESSENCE

Vous prenez un alambic dans lequel vous faites entrer l'esprit de Dumas fils, la rouerie de Sardou, le flair du *Figaro*, l'audace du général, l'atmosphère du café Américain, quelques bonbons de Siraudin, trois glaces café-vanille, le talent d'Adolphe Dupuis, la verve de Jolly, l'entrain de Rejane, l'imprévu de madame Grassot; Brasseur père et fils, Piccaluga, mademotselle Ugalde, les légèretés de *Gil Blas* et de *l'Echo de Paris*, sept à huit restaurants, quatre tailleurs, un chemisier, les succès du Vaudeville, le souvenir des Bouffes-Parisiens et les gloires du théâtre des Nouveautés. De la littérature, de la peinture, de la musique à foison : Aurélien Scholl, Caliban, de Banville, Fouquier, Zola, Catulle Mendès, Daudet, Francisque Sarcey, *la Presse*, Adrien Hébrard, *le Temps*, Robert Houdin et son confrère Dicksonn; des camelots, des omnibus, des fiacres, des cochers, des balayeurs, de l'esprit, de la blague, la librairie Calman Lévy, Achille retiré sous sa tente en la rue Laffitte, trois pâtissiers, Klein, la bouquetière Isabelle, les produits incestueux de l'ancienne bohème et de la finance nouvelle, des poètes, des soldats, des marins, des savants; les Pauline, Bignon, le passage de l'Opéra et ses mystères, Marpon et Flammarion, le perron de Tortoni, deux maîtres d'armes, des nécromanciennes, cinq agents de change, quarante cercles, Noël Peters, un photographe, deux alchimistes, le café Anglais, la petite Bourse, trente-deux députés, quatre ministres, des besoins d'argent, de l'ambition à pleines pelletées, des vanités, du goût, toutes les aspirations, toutes les vertus, tous les vices, des héros et des bandits, les pianos Baudet, l'anisette Marie-Brizard, la pâtisserie Julien, le café Riche, des journaux à n'en plus finir de lire ou de rire, une incessante préoccupation de faire suer à ce terrain de l'or, du plaisir, voire de la renommée et de la considération.... Amalgamez le tout, longuement, patiemment, savamment; soumettez la mixture à une température de haut fourneau, laissez refroidir, passez, filtrez, et vous avez la quintessence du Boulevard, teinture mère de Parisine, souveraine contre la sottise et les préjugés. Bien plus capiteux que le plus puissant alcool, cet élixir se boit par gorgées inappréciables chaque jour avant dîner et fait des Parisiens....

III

LA ZONE TAMPON

J'ai dit tout à l'heure qu'il ne faut pas confondre les boulevards et le Boulevard. Le Boulevard, qui commence depuis hier aux Montagnes Russes, finit à la rue Drouot. Il existe une zone neutre, quelque chose comme une Belgique où l'on parle la même langue, où l'on voit des mêmes yeux, où l'on comprend aux mêmes demi-mots, où l'on exagère les mêmes idées, les mêmes nouvelles, le même esprit, et qui n'est plus le Boulevard sans être encore les boulevards : c'est le territoire qui s'étend de la rue Richelieu au carrefour des Écrasés. Il y a vingt ans, cela faisait encore partie du Boulevard. Aujourd'hui, la zone est déclassée. Ce n'est plus un département du chic. On y rit beaucoup, on s'y agite énormément, on y frétille trop. La vie courante y est assaisonnée de province et d'exotisme. Et puis il y a là deux forteresses où, par la force même des choses, on ne pratique pas assez le tuttifutisme, comme disait Aubryet, qui caractérise le vrai Parisien. Ces deux forteresses sont le café de Suède, où triomphe sans compensation le comédien des départements et celui des sous-sols artistiques de Paris et où, par conséquent, on n'est indulgent à personne. Il y règne une atmosphère de vanité oxygénée qui sent à plein nez son café de la Comédie, et l'on devine, au premier coup d'œil, que l'habitant du lieu n'est Parisien qu'à Montbrison.

Quant au café de Madrid, c'est peut-être le seul endroit de Paris où l'on regarde avec des yeux farouches tout *nouveau* dont on ne connaît pas exactement les opinions politiques. Inutile d'insister.

En outre, il y a par là deux passages très fréquentés, qui font encore la joie des étrangers plus ou moins tropicaux. Enfin on y est arrêté par l'aboyeur de ce musée Grévin auquel M. Grévin est d'ailleurs complètement étranger, et qui montre aux spectateurs, pleins de regrets pour leurs quarante sous, des personnages dont la portraicture fit tant rire les Parisiens quand on leur révéla un Magnard déjeté, un Albert Wolff imprévu et vingt célébrités que personne au monde n'aurait jamais reconnues, si l'administration prévoyante n'avait pris soin de mettre leurs noms sur des pancartes.

Heureusement pour le quartier, il existe en face un tout petit endroit qui, depuis tantôt soixante-quinze ans, est le conservatoire de la bonne humeur, un de ces coins où se quintessencie la Parisine ; charmante petite caverne, aux abords peu engageants, mais dans laquelle, sans même le secours de la lampe merveilleuse, on est ébloui par les trésors d'esprit, de gaieté, de grâce et de talent qu'on y sert aux amateurs ravis. Vous avez deviné qu'il s'agit du théâtre des Variétés.

Et puis, quoi plus sur cette zone neutre ? Ah ! une somnambule célèbre, un pâtissier séculaire, la vitrine de l'ancienne maison Goupil, régal des yeux, quand le successeur ne verse pas dans un violet exaspéré...

IV

L'ÉBULLITION

Revenons au Boulevard.

Dussiez-vous être surpris, il faut bien vous figurer que le Boulevard n'est pas le Boulevard toute la journée. Il est des heures où l'ensemble des trottoirs, des chaussées, des coins de rues, des cafés et des autres ingrédients qui le composent font simplement partie des boulevrads. Ainsi, depuis huit heures du matin jusqu'à deux heures de l'après-midi, c'est une rue comme une autre, un cours, comme on dit dans les départements. Cela ne sécrète rien de particulier; on y rencontre même un nombre étonnant d'honnêtes Anglais qui, le nez en l'air, croient avec bonhomie parcourir le Boulevard.

Ils se trompent.

C'est vers trois heures seulement, quand on sort de la Bourse, que l'on commence à deviner un bouillonnement mystérieux et prodromique. Lorsqu'un liquide, sur le feu, va passer à l'état d'ébullition, il annonce généralement la chose en exécutant une mélopée ayant quelque vague rapport avec le grincement des cigales; les ménagères disent que l'eau chante... Eh! bien, vers trois heures et demie, le Boulevard chante. Il bouillira tout à l'heure...

Tout d'un coup et sans qu'on sache exactement pourquoi, les voitures passent plus rapides, et à mesure qu'elles vont plus vite, elles deviennent innombrables, comme si les cochers s'entendaient pour faire battre avec plus de violence l'artère aorte de Paris. C'est le moment... De toute part la foule arrive, s'épaissit, se condense. Leurs paquets sur la tête, les marchands de journaux courent comme des fous de kiosque en kiosque. Vous ne vous figurez pas quelle intensité de vie se manifeste de l'un et de l'autre côté de la chaussée. Des groupes se forment; on entre dans les boutiques et l'on en sort; des gens passent, rapides comme s'ils avaient cinq cent millions de diables à leurs trousses. Ce qu'on échange de coups de chapeaux!... c'est effrayant. L'ébullition est commencée. Il y a de tout dans le tourbillon, et principalement de l'écume. Cinq heures! ce n'est pas encore le maximum de densité, mais il faut avoir l'œil bien exercé pour s'en apercevoir. Sur le pavé de bois, les véhicules s'enchevêtrent les uns dans les autres. Vous ne traverseriez pas impunément, madame. Les cochers se chamaillent. On s'accroche ferme aux carrefours où la circulation s'interrompt d'elle-même. Tout Paris arrive, tout Paris est arrivé.

Six heures ! Aurélien Scholl et son lorgnon entrent à Tortoni. Le Boulevard bat son plein. Deux cent cinquante pulsations à la minute. Cent soixante-quinze degrés Réaumur. De même qu'à certains moments cette partie de Paris n'est pas le Boulevard, à cette minute elle est *extrêmement* le Boulevard, tout ce qu'il y a de plus Boulevard.

L'accès de fièvre dont nous venons de décrire la marche dure jusqu'à sept heures et demie. Tout homme qui se respecte doit, à cette heure, avoir appris les cancans du jour, savoir ce qui s'est passé à la Chambre, connaître les dessous des articles publiés tout à l'heure par les journaux, pouvoir dire le dernier scandale, par qui s'est fait enlever la petite conseillère municipale, quel ministre le foyer de la danse est en train de déniaiser, etc., etc., etc.

Une heure et demie d'arrêt, buffet. La huitième heure tinte à l'horloge de la New-York. Presque plus personne sur le Boulevard. On dîne, généralement. L'ébullition a cessé. Nous tombons à la température ordinaire. Pouls normal, presque faible. Et ainsi jusqu'à neuf heures. Les restaurants alors dégorgent leurs ventres pleins. Tout Paris, si ce n'est pas un jour de première, tout Paris revient sur le Boule-

Boulevard des Italiens.

vard, s'assied devant les cafés, casse du sucre et attend, le cigare aux lèvres, la sortie des théâtres.

Minuit, nouvel accès. Tous les spectateurs de tous les spectacles, entrés un à un à huit heures, sortent d'une seule fournée et se répandent dans les cafés, dans les restaurants, soudoient les cochers. Le thermomètre remonte, le pouls devient actif, la fièvre recommence jusqu'à minuit et demi. Puis alors le Boulevard, se faisant peut-être *un peu trop* le Boulevard, devient l'empire incontesté des fouilleuses de foule.

C'est le moment où, comme dit Shopenhauer, le génie de l'espèce fait commettre un certain nombre de sottises. Les goules cherchant leurs proies jettent leurs filets, étendent leurs tentacules, l'heure passe. C'est le dernier soupir de la journée. Quelques transactions s'opèrent encore sur le terrain de la foire aux esclaves dont d'ailleurs Paris n'a pas le monopole, — n'est-ce pas, messieurs les Anglais ? — et les cafés désertés se ferment. Tout s'efface, rentrant dans la nuit, les goules comme le reste. C'est à peine si l'on entend les éclats de rire qui partent d'un restaurant de nuit. *E finita la commedia !*

IV

EN ÊTRE OU NE PAS EN ÊTRE

Le tableau rapide qu'on vient de lire n'est, il ne faudrait pas s'y tromper, qu'une des faces du phénomène. Pour esquisser une physiologie complète du Boulevard, il ne suffit pas de vous en montrer le côté extérieur et pour ainsi dire banal. Se promener sur l'asphalte devant le café Riche ne constitue que très approximativement un acte de la vie parisienne. Le Boulevard s'habille, le Boulevard mange, boit, le Boulevard aime, s'amuse, court à la comédie, soupe et même gagne de l'argent. Pour peindre exactement cet être symbolique, réfractaire à l'analyse, comme nous disions tout à l'heure, il faut aller partout où il est chic de se montrer, et alors nous assisterons à un prodige absolument parisien. Le Boulevard se transporte comme par enchantement en n'importe quel quartier de Paris et le transforme sans coup férir.

Il est même certains points particuliers qui, sans être géographiquement sur le Boulevard, en sont, par leur essence, partie intégrante. Nous pouvons citer principalement dans cet ordre d'idées le théâtre du Gymnase et son heureux voisin le restaurant Marguery.

Mais, par contre, il est des maisons et des trottoirs du Boulevard auxquels on ne saurait accorder leur lettre de grande naturalisation boulevardière. Nous en pourrions citer jusqu'à dix sur le boulevard des Italiens. Nous nous contenterons de désigner cet horrible pâté du Crédit Lyonnais, qui supprime la lumière et la bonne humeur sur un espace de plus de cinquante mètres, et semble un défi porté au bon goût qui règne tout autour presque sans partage. Il y a aussi le passage des Princes, qui n'est pas parvenu, depuis vingt-cinq ans, à se faire naturaliser. Sans Noël, ce serait la province pure.

Si nous voulons suivre le Boulevard au milieu de ses transformations et de ses fantaisies, prenons-le carrément à son extrême frontière, dépassons le Grand-Café, longeons cette rue Basse-du-Rempart dont il ne reste plus que quelques mètres, et entrons aux Montagnes Russes où une foule furieusement allumée s'entasse chaque soir et où Mercure, associé à messire Cupidon, trouve, dans les épanchements que provoque l'émotion de la descente ou la joie de la montée, matière à des négociations dont il serait malséant de préciser la nature.

V

LES MONTAGNES RUSSES

Et d'abord coulons une question historique. On a essayé de nous faire croire que la distraction en vogue est une invention nouvelle ; un Anglais a eu le toupet de s'en attribuer le mérite. Rectifions sans tarder. L'Anglais susdit, pas plus que l'Espagnol qui exploite l'idée, n'ont rien imaginé. Les Montagnes Russes étaient en honneur dès le premier Empire. Même les pentes et les rampes affectaient infiniment plus de raideur que celles dont M. Oller nous offre l'agrément. Si ma mémoire est fidèle, les Montagnes Russes d'antan passaient, il y a cinquante et quelques années, pour un jeu très dangereux. Des gravures du temps nous montrent, en effet, des dames ornées de bibis roses ou de chapeaux-cabriolets, se tenant toutes droites sur le char fugitif, et déroulant dans l'espace les plis d'une écharpe blanche ou verte, tandis que derrière elles un monsieur, sans doute dans un but de vaine gloriole, se tient sur un pied dans l'attitude classique d'un écuyer de cirque au moment de la course finale.

Il arrivait donc parfois que la dame faisait la culbute et que le monsieur piquait une tête, au grand effroi des assistants. Naturellement et généralement ils se tuaient net, ce qui nuisit d'abord à l'institution et en provoqua plus tard l'abandon.

De nos jours, on est plus prudent; on s'assied bourgeoisement sur la petite banquette, on se tient par la taille — c'est ici qu'intervient discrètement Cupidon, — l'on pousse de ces cris aigus sans lesquels les femmes libres, comme les petites filles, ne savent pas s'amuser, et quand on a été vertement secoué, ballotté, redressé, on descend sur la terre ferme avec une pointe de vanité satisfaite, comme si l'on était digne d'admiration pour le danger qu'on a couru.

— Mais on s'amuse vraiment ?
— Sans aucun doute.
— Alors, que demandez-vous de plus ?
— Rien. Je suis enchanté.

Le local où M. Oller a installé son ancienne invention n'est vraiment ni beau ni commode. C'est un long boyau de soixante à quatre-vingts mètres de longueur, où s'étale avec trop de sans-façon la préoccupation de faire de l'argent *per fas et nefas*. L'entrée donnant sur la rue Basse-du-Rempart est aguichante, il n'y a pas à dire : des fleurs, des tentures, des arbres, une lumière aveuglante. Vous pénétrez, moyennant la bagatelle d'un franc, dans ce lieu de délices, et vous vous trouvez en présence d'un enchevêtrement de madriers, de poutrelles et de planches qui constituent les fameuses Montagnes Russes, sur les bois desquelles un M. Thompson a eu le toupet de mettre *patented*, c'est-à-dire breveté, comme si on brevetait une idée archiconnue de tout le monde et tombée dans le domaine public depuis soixante ou quatre-vingts ans.

Au reste, hâtons-nous de le dire pour en finir tout de suite avec cette voie de tramways, agrémentée de quelques mamelons, peu de gens en usent et le spectateur en est réduit à voir les employés de l'établissement ou les artistes de la baraque à Fatma se faire voiturer toute la soirée.

— Comment, encore ! me direz-vous. Fatma est donc de la fête? Hélas! cette inévitable, énervante et nasillarde personne n'a pas, paraît-il, épuisé le succès qu'on lui a fait, nul ne sait vraiment pourquoi. C'est ce fanatisme qui donne une haute idée du goût de mes contemporains. Et dire que peut-être on va l'exposer, au Champ de Mars. Enfin !

Oui, Fatma est là. Car aux Montagnes Russes on a visiblement voulu organiser une sorte de kermesse ou foire de village. On y trouve un cheval astrakan, une miss Protée, des loteries, un jeu de fléchettes, une marchande de lait absolument pur comme tous les laits de Paris, la baraque à Fatma, un tir, un théâtre des tableaux vivants et un ménage de pitres qui chantent des drôleries sous un parapluie blanc.

— Eh! mais, vous êtes bien dégoûté, s'écrieront mes lecteurs, tout ça pour vingt sous?

— Entendons-nous, s'il vous plaît. Le franc de la porte ne sert qu'à pénétrer dans l'établissement. Une fois dedans, vous y êtes d'autant plus.... qu'il faut payer un autre franc pour entrer chez Fatma. Il faut payer cinquante centimes pour contempler le cheval Astrakan; miss Protée exige pareille somme et, de plus, ces deux dernières baraques exhibent devant leurs portes deux bonisseurs doués de voix tellement perçantes, tellement cruelles à entendre, que vraiment ils semblent avoir pour but de vous faire fuir. Pourquoi paye-t-on encore? Mais pour le jeu oriental, pour un prétendu panorama tournant, qui n'est autre qu'un stéréoscope quelconque....

Votre enthousiasme se refroidit, n'est-ce pas? Eh! bien, vous avez tort. Oui, c'est vous qui avez tort. Car tous les soirs l'immense grange se remplit de vieilles galantes et de jeunes étrangers, mais se remplit.... jusqu'à la cohue. C'est encore une foire aux esclaves. Et il existe assurément des gens qui ne pourraient se passer d'y dépenser quelque temps chaque soir, au bon moment, entre onze heures et minuit.

Cela prouve que les relations internationales de nos hôtes les plus ardents et de nos Fatma les plus accessibles ont besoin d'un terrain neutre où la diplomatie des uns et des autres puisse s'exercer sans contrainte. Ici ce n'est point la doctrine de Bismarck qui triomphe. La force ne prime pas le droit. C'est la ruse et la faiblesse, au contraire, qui priment la force.

Les Montagnes Russes constituent donc un succès inexplicable, mais réel. Il est certain que le tramway de l'avenue de Neuilly ou celui du boulevard Bineau (le Nord enfin) vous fait sauter aussi durement que le système Thompson *patented* et ne coûte que quatre sous. Il est encore plus certain que la salle est laide, arrangée sans goût, bâclée dans son installation par des gens qui ont l'air de ne pas s'être fixés là définitivement : c'est un camp. Mais vous direz ce que vous voudrez, la vogue s'y est attachée et y persiste.

La porte Saint-Martin.

LES BOULEVARDS

I

DÉLIMITATION

On appelle ainsi la merveilleuse artère, longue de quatre kilomètres passés, qui commence à la place de la Concorde — car rigoureusement la rue Royale en fait partie — et qui finit à la place de la Bastille. Grands boulevards, ligne des boulevards du centre, et simplement les boulevards, sont les noms qui peuvent lui être appliqués. Les autres voies baptisées aussi boulevards par l'édilité parisienne, comme le Malesherbes, l'Haussmann, le Saint-Germain, etc., sont des rues larges, spacieuses, magnifiquement bordées d'édifices splendides, ombragées par de superbes et vigoureux platanes ; mais ce ne sont pas les boulevards.

Il n'y a guère que le boulevard de Sébastopol et le boulevard de Strasbourg qui, par une faveur spéciale et parce qu'ils forment un centre commercial très important et un foyer très chaud de plaisirs, puissent être admis dans la catégorie des boulevards de Paris. C'est là que se sont multipliés, sous l'impulsion d'une prospérité sans seconde, nombre de cafés-concerts qui jouissent d'une réputation universelle et qui d'ailleurs donnent chaque soir des spectacles infiniment plus variés que la plupart des théâtres de Paris, devant un spectatoire charmé surtout par la faculté de fumer et de boire tout en écoutant des étoiles, ainsi que par le laisser-aller dont la population moyenne de Paris ne consent pas à se priver. On voit bien d'autres choses sur ces deux boulevards, mais nous n'en sommes pas encore là.

Il existe encore un autre boulevard cher à la jeunesse, boulevard autonome, qui a ses plaisirs spéciaux, son monde particulier, sa galanterie propre, une gaieté sans pareille. Cela s'appelle, pour les gens sérieux, le boulevard Saint-Michel et simplement le boul'Mich'; pour les étudiants des deux sexes, c'est le centre même du pays Latin qui n'est point mort, quoi qu'en ait dit jadis la chanson de Lepère, et malgré le ronchonnement des notaires podagres, des avocats finis, des médecins gâteux et des magistrats en retraite,

Tu vis encor, mon vieux quartier Latin!

Mais le boul' Mich'..., quelque bonne volonté

qu'on ait, ne fait point partie des boulevards. Il est parisien sans l'être. On a sur ses deux trottoirs des façons particulières de s'amuser. C'est Paris, mais c'est aussi la grande route de la province et plus d'un étudiant, qui y trouve comme l'expression la plus pure d'un parisianisme chauffé à blanc, aurait grand peur de passer les ponts et de prendre pied sur le véritable Boulevard, où probablement il ferait un piteux naufrage.

D'ailleurs, nous parlerons du quartier Latin dans un chapitre que nous lui consacrerons avec recueillement et amour, et nous reviendrons à nos boulevards en disant à propos du boul' Mich' : *non est hic locus.*

II

LE BOULEVARD BEAUMARCHAIS

Quand un être humain arrive à Paris par la gare de Lyon ou par celle d'Orléans, il a des chances — nous disons des chances — d'aborder la grande Ville par la place de la Bastille et le boulevard Beaumarchais. Hâtons-nous de l'ajouter : ce n'est pas une partie de plaisir. La vue de la colonne de Juillet a son charme... historique, nous n'en disconvenons point. Mais s'il n'y avait que cela dans Paris pour surexciter les sens ou l'imagination, la plupart des visiteurs seraient bien vite repartis.

Quant au boulevard Beaumarchais, avouons qu'il est lugubre et mal pavé. A la vérité, on y rencontre à gauche en entrant, le premier théâtre qui soit sur votre chemin, une salle, fort gentille vraiment, qui porte le nom de l'auteur du *Barbier de Séville.* Il a une histoire, ce petit théâtre. Il a eu des fastes tout comme un autre. Nous y avons vu jouer par Rouvière l'*Hamlet*, d'Alexandre Dumas, et nous pourrions citer jusqu'à dix chefs-d'œuvre qui y ont été représentés. Mais, pour le moment, il est peu couru. Sa façade rébarbative n'engage pas le passant à s'y risquer. On dit pourtant qu'il offrira des soirées intéressantes tout le long de l'Exposition. Il suffirait peut-être d'une main ferme pour en faire un théâtre à son aise. Passons.....

III

LES FILLES-DU-CALVAIRE — CIRQUE D'HIVER

Pas beaucoup plus hilare que le boulevard Beaumarchais, celui des Filles-du-Calvaire. Nous n'en aurions même parlé que pour mémoire, sans le Cirque d'hiver, qui nous oblige à une halte.

Elle a de brillants états de service, cette immense salle où l'on vit un beau soir apparaître Léotard, le roi des gymnasiarques, Léotard qui fut pendant un an la coqueluche de Paris, Léotard dont les ribaudes du temps s'éprirent effroyablement, Léotard qui publia ses *Mémoires*, comme Thérésa et Rigolboche, Léotard enfin, qui mourut dans la fleur de sa force et qui n'a jamais été égalé, ni comme puissance, ni comme grâce, car cet homme avait quelque chose de l'oiseau.

Ce n'est pas la seule grande gloire du Cirque d'hiver, mais c'est la plus retentissante. L'immense salle a d'ailleurs quelques autres titres à l'attention du public. C'est là que le brave Pasdeloup inaugura les Concerts populaires de musique classique, dont le succès éclatant donna un essor nouveau et peut-être fâcheux à la production des oratorios, suites d'orchestre et autres symphonies pour lesquels on s'est passionné. C'est lui qui a osé, au milieu des cris et des sifflets, faire entendre la musique de Richard Wagner à des oreilles françaises. C'est lui qui a été le précurseur des Colonne et des Lamoureux, auxquels il aurait rendu des points en fait de fanatisme pour les œuvres abstraites des artistes trop modernes.

Son courage, sa persévérance, son initiative ne furent pas récompensés. L'heure vint où, par l'effet de la concurrence, l'entreprise ne donna pas les subsides nécessaires à son fonctionnement matériel, et Pasdeloup dut renoncer — Dieu sait avec quel crève-cœur — à lutter contre ses rivaux plus jeunes, plus heureux ou plus riches. Le vieil artiste, forcé de se retirer, s'épuisa en efforts pour ramener la chance sous le pavillon de ses cuivres ; mais il avait sans doute contre lui les destins, car il succomba définitivement, après quelques excursions en province et à Monaco. Et le pauvre homme en mourut.

Payons un juste tribut de regrets à cette mémoire,

et revenons au cirque des chevaux, des acrobates et des Franconi.

A tout directeur tout honneur! Célébrons donc M. Victor Franconi, très habile manieur de foules et violeur de succès. Parmi les tours de force qui s'exécutent dans sa maison, il en est un dont toute la gloire lui revient : c'est celui d'attirer le public avec un spectacle maigre, banal et réduit à sa plus simple expression. Son programme renferme très rarement un numéro extraordinaire. Aux Folies-Bergère et sur les tréteaux des concerts d'été, on voit chaque soir des acrobates plus étonnants, plus empoignants, plus modernes. L'Hippodrome a de temps à autre des clous qui pénétrent profondément dans les masses. Le Cirque d'hiver, point. La bonne petite voltige, la demoiselle qui crève les ronds de papier, le jeune écuyer à qui l'on confie l'exécution du saut périlleux à cheval, la haute école! ah! ça, on n'y manque pas, et un clown venant de temps à autre ressasser une plaisanterie déjà vieille en 1833...

Autrefois, après l'exercice d'entrée, qui, comme de nos jours, n'était jamais palpitant, on voyait entrer dans l'arène une douzaine de clowns vêtus de douze façons différentes et exécutant chacun de leur côté les cabrioles les plus joyeuses, les tours de force les plus drôles. C'était vivant, on ne savait lequel regarder. Toute la salle riait de bon cœur et quand la demoiselle aux cerceaux arrivait, tous ces paillasses rivalisaient de drôleries, de coqs-à-l'âne. Aujourd'hui, on vous sert un clown à la fois. La denrée est chère sans doute, et ce clown, isolé au milieu de ce grand rond, exécute lugubrement des tours funèbres, se battant les flancs pour paraître folâtre, et provoquant des bâillements acharnés tout autour de lui. J'ai vu Billy-Hayden essayer de faire rire le public en mettant des bottines jaunes de soixante centimètres de long, et je mentirais si j'ajoutais que les spectateurs pouffaient. Billy-Hayden passe pour le Shakspeare du manège. Juge un peu !

Eh ! bien, malgré cela, le Cirque fait de l'argent, quand, jadis, on n'en faisait pas. Cela prouve que M. Franconi est un grand philosophe et qu'il connaît ses contemporains sur le bout du doigt. Mais je puis bien dire mon goût, n'est-ce pas? J'aimais mieux l'autre manière que M. Victor Franconi a vu pratiquer dans sa jeunesse et qu'il aurait connue d'ailleurs par tradition, les archives de sa famille devant contenir de bien précieux enseignements sur l'art de produire les jongleurs et les danseuses de corde.

Car M. Victor Franconi est l'arrière-petit-fils de l'habile écuyer qui fonda en France le premier cirque il y a juste cent ans. C'est même fort intéressant de voir le descendant des Franconi reprendre à un siècle de distance, perpétuer la tradition de sa famille et, ce qui n'est pas à dédaigner, réussir à faire fortune beaucoup mieux peut-être que la plupart de ses ancêtres. Quand nous parlerons des samedis du Cirque d'été, nous dirons quel procédé ingénieux et dangereux il a employé pour cela.

IV

BOULEVARD DU TEMPLE. — THÉATRE DÉJAZET

Voici le pays même où jadis — pendant un siècle tout entier — furent accumulés en une foire perpétuelle et joyeuse tous les plaisirs, tous les spectacles de Paris. Sur ce terrain du boulevard du Temple et sur celui qu'occupe la place de la République il y a eu vingt théâtres, cinquante cabarets, des bals, des concerts, sans compter les spectacles de la rue, en plein vent, où vingt paillasses, dix grimaciers, trente acrobates, cinquante chanteurs comiques, venaient chaque jour charmer la foule, à la générosité d'icelle.

Paris n'a pas de nos jours un seul point aussi pittoresque, où tout soit à la joie, où l'on rencontre des Bobèche et des Galimafré, des Fanchon la Vielleuse et tant d'autres amuseurs populaires dont la mémoire et le nom sont encore familiers aux Parisiens.

Là brillaient l'Ambigu-Comique, la Gaîté, le Cirque olympique, le théâtre Lyrique, le théâtre Historique, les Délassements-Comiques, etc., etc., jusqu'à la salle de madame Saqui.

De tout cela, que reste-t-il aujourd'hui sur le boulevard du Temple?

A peine un tout petit théâtre de rien du tout, grand comme la main, qui ne fait guère ses affaires, mais qui est une relique de l'art dramatique et du vaudeville, le théâtre Déjazet.

Cela s'appelait, je crois, les Folies-Nouvelles, et avait bien du mal à ne pas faire faillite tous les six mois, quand Virginie Déjazet, alors âgée d'une soixantaine d'années, s'y installa pour être dans ses meubles.

A quel point elle y fut jeune, charmante, divine, ce ne serait pas croyable, s'il n'y avait encore à Paris des centaines de mille contemporains qui l'ont applaudie, fêtée, adulée. Il n'était pas rare de rencontrer, il y a vingt ou vingt-cinq ans, des jeunes gens qui en étaient amoureux. Elle créa là une vingtaine de rôles dans lesquels elle sema les dernières fleurs d'une jeunesse qui dura soixante-quinze ans, se montrant frétillon et bonne fille jusqu'à la dernière heure...

Mais, outre le plaisir de la voir jouer, on lui doit aussi l'éclosion de quelques talents qui ont fait leur trou.

C'est dans ce petit bouiboui, en effet, et tout au commencement de l'administration Déjazet, que Victorien Sardou, écrasé pendant sept années par la chute à l'Odéon de *la Taverne des Étudiants*, trouva son premier succès, grâce à la bonne Lisette, dans *les Premières armes de Figaro*. Mademoiselle Déjazet y jouait le rôle principal. Ce ne fut pas une réussite, ce fut un triomphe. Sardou y trouva enfin le point de départ d'une fortune dramatique et littéraire qui ne s'est arrêtée qu'à l'Académie française.

Déjazet y joua deux ou trois autres œuvres du

Victorieux, et, entre autres, *Garat*, qui alla aux nues également.

Quand elle fut morte, son théâtre passa successivement de main en main, sans apporter la fortune à personne. En ce moment, il nous paraît assez habilement administré. Le directeur a, depuis deux ans, accompli un rare tour de force : celui de dénicher de jeunes inconnus ayant du talent, et, parmi ceux-ci, M. Gandillot, l'auteur un peu gâté des *Femmes collantes*, devant lesquelles Francisque Sarcey s'est aplati dans un accès de fièvre admirative. La pièce, d'ailleurs, a justifié pleinement les prévisions du critique. Elle a eu plus de deux cents représentations, et il est à présumer que sa carrière n'est pas finie.

V

THÉATRE LYRIQUE

Derrière l'immense immeuble des Magasins-Réunis, bâti à souhait pour orner, semble-t-il, la place de la République, existe une salle de spectacle qui a ressuscité une fois de plus le titre de Théâtre Lyrique. Il faudrait un statisticien pour énumérer au juste les divers aménagements qu'a subis ce théâtre.

Il fut bâti, sous l'Empire, par Bastien Franconi, le cousin du directeur actuel du Cirque d'été, qui lui donna, dans un but facile à comprendre, le nom de théâtre du Prince impérial. Par malheur, ce n'était point un théâtre à proprement parler, car on y voyait des chevaux tourner en rond avec des gens dessus dans un manège pratiqué à la place même qu'occupent aujourd'hui les fauteuils d'orchestre. Mais, d'autre part, ce n'était pas non plus un cirque, car il y avait une scène parfaitement installée et machinée, sur laquelle on jouait d'interminables pantomimes militaires.

M. Bastien Franconi avait rêvé un établissement hybride qui pût se flatter d'être cirque et théâtre :

> Je suis oiseau, voyez mes ailes.
> Je suis souris, vivent les rats !

Tant et si bien qu'il finit par n'être ni l'un ni l'autre, et que le malheur s'abattit sur cet impresario trop ambitieux. D'ailleurs, la situation du théâtre était mauvaise, et personne, à Paris, ne s'étonna de l'insuccès.

Plus tard, il fut repris par d'autres audacieux qui y essayèrent de tout. Une société d'acteurs y donna des drames, fort originaux pour la plupart, et avec un certain succès. Cela s'appelait alors le théâtre du Château-d'Eau. Un chef d'orchestre y installa des concerts à la façon de Pasdeloup et Colonne. Il y eut pendant les mois d'été des représentations d'opéra où se manifestèrent des ténors imprévus, et plus tard on y ouvrit une scène lyrique à laquelle le Conseil municipal, croyons-nous, consentit une légère subvention qui n'empêcha pas le directeur de sombrer avec une certaine précipitation. Enfin, à l'heure présente, le théâtre du Château-d'Eau est redevenu le théâtre Lyrique sous le sceptre d'un homme en possession de ressources suffisantes pour mener à bien l'aventure jusqu'à la fin de l'Exposition. C'est, autant que nous en pouvons juger, un administrateur habile, expert en musique, fort capable de tentatives artistiques destinées à empêcher les jeunes gens de clabauder contre lui, et, d'ailleurs, très ferré sur le répertoire de la bonne musique française.

Il n'y a pas bien longtemps qu'on y a donné une représentation de *Joconde*, extrêmement intéressante. D'abord il y avait quarante ans que l'opéra-comique de Nicole n'avait été représenté à Paris. Ensuite la pièce, montée avec le plus grand soin, produisit des interprètes de valeur : MM. Badiale, Joanne, Gamdon et mademoiselle Balanqué, dont le talent et les voix agréables promettent à leurs admirateurs, pendant toute la saison de 1889, des soirées parfaites. S'il est quelqu'un, d'ailleurs, qui souhaite sincèrement un gros succès à ce protagoniste de l'art national, c'est assurément celui qui écrit ces lignes.

Sautons maintenant par-dessus la place de la République, et rapprochons-nous de la fournaise.

VI

BOULEVARD SAINT-MARTIN

Ici, la vie de Paris devient intense. Quand on quitte le boulevard du Temple et qu'on met le pied sur le boulevard Saint-Martin, on se croit transporté brusquement dans un autre pays par un truc de féerie. La foule des passants et des flâneurs est quintuplée. Le commerce, les plaisirs, les passions, les besoins et les intérêts y sont plus aiguisés. C'est là qu'on rencontre pour la première fois, en venant de la Bastille, le camelot, ce bacille à virgule de notre civilisation. Il est même plus enroué entre la rue du Temple et la rue Saint-Martin; il est plus enroué que sur n'importe quel autre point de Paris.

Deux ou trois fois la semaine a lieu sur le seuil même de ce boulevard un marché aux fleurs qui ne sera peut-être pas une grande joie pour l'étranger, mais qui constitue pour le Parisien, et surtout pour la Parisienne, un des plus exquis plaisirs dont ils puissent jouir, car il n'est assurément pas une ville au monde où l'on aime avec plus de passion les fleurs, ce luxe de tout le monde, petit ou grand.

VII

LES FOLIES-DRAMATIQUES

En droit, le théâtre des Folies-Dramatiques n'est pas sur le boulevard Saint-Martin. Il compte pour la rue de Bondy. Ce sont là chinoiseries administratives et éditaires, auxquelles nous n'avons rien à dire, parce qu'elles sont nécessaires au bon fonctionnement de la circulation. Mais, en fait, la charmante salle, qui est devenue célèbre dans tout l'univers, a son entrée sur le boulevard. De ses fenêtres on a vue sur le boulevard; la queue des spectateurs se déroule sur le boulevard et les illuminations de la grande porte se voient du boulevard. Donc, ne vous avisez pas, pour vous y rendre, de chercher la rue de Bondy; prenez le boulevard Saint-Martin, regardez à gauche et entrez...

Entrez même avec un certain respect dans ce modeste théâtre qui a vu les deux succès les plus retentissants de ce siècle. Entendons-nous : quand je parle de succès retentissants, je ne me préoccupe pas de la qualité du succès. Je veux dire qu'aux Folies-Dramatiques on a donné les deux opéras-comiques qui ont eu, dans le moins de temps, le plus grand nombre de représentations. Faut-il nommer *la Fille de Madame Angot,* qui compte actuellement douze cents soirées, à Paris seulement, et des milliers en province ou à l'étranger ?....

Quant aux *Cloches de Corneville*, l'autre succès, il nous semble plus étonnant encore, non pas qu'il ait dépassé celui de *la Fille de Madame Angot*, ni comme recettes, ni comme chiffre de représentations, mais parce que la pièce de M. Gaston Serpette ne semblait pas, lors de son apparition, devoir s'enlever ainsi aux étoiles.

Quand on la joua aux Folies-Dramatiques, elle fut accueillie avec un enthousiasme restreint. La sagesse voulait que les auteurs et les directeurs comptassent sur un succès d'estime, soixante ou soixante-dix représentations avec des recettes moyennes. C'est ce qui eut lieu en effet. Quand la direction procéda à la clôture annuelle, on faisait huit cents à mille francs par soirée.

Mais voici que le Grand-Théâtre de Bordeaux s'avisa de faire venir la troupe des Folies avec la nouvelle pièce en représentation. Les Bordelais étaient sans doute altérés d'opérette. Ils sautèrent sur celle-là comme la fortune sur les juifs, et l'on fit le maximum pendant trente jours, malgré une chaleur torride.

L'occasion était trop belle pour s'offrir une réclame vigoureuse. On reprit *les Cloches* en rentrant à Paris, lors de la réouverture; on les reprit même avec un certain fracas, et cette fois le succès fut colossal. Trois ou quatre cents représentations de suite : *Habent sua fata opera!*

Au reste, les Folies-Dramatiques n'ont pas que ces deux succès à leur actif. Si on remonte le cours des âges, on y trouve presque tout le répertoire d'Hervé, *l'Œil crevé*, *le Petit-Faust*, *Héloïse et Abeilard*, de Littolf, *les Mousquetaires au couvent*, etc., etc. Quant aux artistes, il est absolument urgent d'y aller entendre M. et madame Simon-Girard, dont le talent, le goût et la finesse... mais que dis-je? les ingrats ont déserté! C'est à la *Gaîté* qu'on les trouve maintenant... ce qui ne leur enlève d'ailleurs aucune qualité.

VIII

L'AMBIGU

Voici une sorte de Conservatoire que je voudrais traiter avec respect. D'abord, c'est un des plus vieux théâtres de Paris : Audinot le fonda quelque vingt-cinq ans avant la Révolution française. Il a donc plus d'un siècle d'existence sous ce nom d'Ambigu-Comique. Mais ce n'est pas là le seul motif de ma vénération. Ce qui m'inspire pour lui un sentiment particulier, c'est qu'il est resté le dernier temple du drame, de ce drame préconisé par Diderot, et qui lui-même aura fourni une carrière d'un peu plus d'un siècle.

O vous qui ne craignez pas de vous rendre au spectacle pour y éprouver le plaisir d'y pleurer à chaudes larmes, vous ne trouverez plus guère qu'à l'Ambigu vos émotions préférées. Là se dresse encore l'autel que d'audacieux dissidents élevèrent autrefois contre celui de la Tragédie. Le culte y est desservi par une catégorie d'artistes, de plus en plus rares, qui gardent pieusement les vieilles traditions du genre et qui finiront par devenir des phénomènes. Qui sait si un jour on ne verra pas le dernier acteur de drame jouer la dernière pièce de d'Ennery dans une cave, comme on vit au cinquième siècle de l'ère chrétienne le dernier prêtre de Jupiter allant mystérieusement sacrifier à son dieu une oie qu'il cachait sous sa robe...

Le grand pontife de l'Ambigu est M. Rochard. Il a la foi. C'est sans doute grâce à cela qu'il est parvenu à galvaniser, que dis-je? à ressusciter le drame. Avec une entente incomparable, il flaire la réussite et reçoit la pièce. Puis il la met en scène et la monte sans un défaut, la livre au public ravi et obtient des succès éblouissants comme *Roger la Honte*, des succès qui finiront bien par emplir son escarcelle, car un homme aussi brave mérite vraiment de mourir dans la peau d'un millionnaire.

Pour la durée de l'Exposition, il s'arrangera de façon à faire passer la moitié de l'univers dans son théâtre, et si le drame meurt après de sa belle mort, ma foi, M. Rochard pourra conduire le deuil.

Quand nous disons que le drame agonise, nous ne voulons pas parler de ces pièces puissantes charpentées de main d'ouvrier, écrites d'un style humain et capables d'émouvoir un spectateur même avec des acteurs lamentables, et dont le type, à notre sens, est *Patrie*, de Sardou. Non, le drame qui s'en va, c'est celui qui a eu jadis la prétention de remplacer la tragédie... et qui obtint tant de succès parce qu'il fit descendre l'art tragique au niveau des intelligences et des instincts de la foule ignorante et banale.

Cet art a eu ses Corneille et surtout ses Crébillon, qui ont édifié avec des moyens sans cesse rajeunis des gloires retentissantes et des fortunes très sérieuses. Leur répertoire fournira aux Saumaise futurs et aux tragiques de l'avenir bien des sujets merveilleux. En les lisant, on apprendra vraiment à faire des pièces. Ils sont peut-être plus grands que nous ne les voyons, mais leur genre s'en va; on n'en veut plus. Convenons-en, du reste, ils ne pensaient pas assez et n'écrivaient pas trop.

Il y a donc pour beaucoup de gens un intérêt très haut à aller assister aux derniers fastes du drame. Je vous l'ai dit, M. Rochard est le seul digne, le seul capable de le faire vivre jusqu'à ce que vous soyez partis. A l'Ambigu, vous aurez donc l'agrément de trouver les deux satisfactions que je vous promets sur la couverture de mon livre : vous y goûterez un plaisir, car les artistes qu'on y entend ont beaucoup de mérite, et vous y rencontrerez en même temps une des curiosités de Paris que vos neveux ne retrouveront pas.

IX

LA PORTE-SAINT-MARTIN

Il ne s'agit pas, empressons-nous de le déclarer, il ne s'agit pas de la porte Saint-Martin, modeste monument élevé à la grande gloire de Louis XIV, mais bien du théâtre qui, depuis 1814, porte ce nom emprunté au petit arc triomphal son voisin.

Ici règne et gouverne, en dépit du régime parlementaire, un directeur qui, pour le moment, n'a pas son pareil dans Paris. Il est même bien plus étonnant que M. Halanzier. L'ancien autocrate de l'Académie nationale de musique a gagné quelques millions à la vérité dans sa gestion de l'Opéra. Et j'avoue que ce n'est pas un mince mérite, bien que l'escalier de Garnier ait été pour beaucoup dans l'étiage des recettes. Mais M. Duquesnel, — car c'est de lui que je veux parler ; M. Duquesnel, ce que Sarcey (Francisque) ne lui pardonnera jamais, — a fait presque fortune en dirigeant le théâtre de l'Odéon... Oui, monsieur, de l'Odéon, cette salle légendaire que les explorateurs vers 1860 essayaient en vain de traverser, à ce que disaient les plaisants de l'époque; de l'Odéon où se succédèrent, pour aboutir à une obstinée déconfiture, plus de vingt directeurs; tous plus spirituels et plus intelligents les uns que les autres.

Si bien que le gouvernement, n'y comprenant rien, trouvant l'Odéon trop bien administré, en retira la direction à M. Duquesnel. Celui-ci passa sur la rive droite, fit une halte au théâtre du Châtelet pour y monter *Michel Strogoff*, dont les splendeurs insensées firent courir tout Paris et achevèrent la fortune de l'heureux impresario.

Riche, jeune toujours, M. Duquesnel se retira.

Les vieux loups de la mer parisienne se doutaient bien que la retraite n'était pas définitive.

— Duquesnel, disaient-ils, a découvert, mis au point et envoyé aux astres, c'est-à-dire à sa place, la reine des étoiles du jour, Sarah Bernhardt. Vingt autres planètes de première grandeur et des deux sexes gravitent autour du succès, ce Soleil, par la grâce du même Duquesnel. L'ex-directeur de l'Odéon est en outre un Parisien renforcé, amateur de potins, dont les éléments principaux sont le Boulevard, les journaux et les théâtres. Jamais il n'aura la force de rester à l'écart des coulisses et des triomphes de la scène. Il sera encore directeur, n'en doutez pas.

Et ces prophètes disaient vrai.

Le théâtre de la Porte-Saint-Martin étant devenu libre, M. Duquesnel l'apprit, vint et triompha. Il est vrai qu'il avait comme atout l'ancienne pensionnaire de l'Odéon, madame Sarah Bernhardt, laquelle, un peu par reconnaissance et beaucoup parce qu'elle considère M. Duquesnel comme le roi des directeurs, vint lui apporter l'appui de son talent et de sa renommée.

On sait quelles carrières fournirent les deux pièces de Sardou, *Théodora* et *la Tosca*. Les succès et les recettes dépassèrent les prévisions.

La Porte-Saint-Martin est le premier des théâtres non subventionnés. Quiconque vient à Paris doit, s'il tient à sa réputation, y passer au moins une soirée. Nous lui garantissons un plaisir sans alliage. On n'y voit que des artistes hors de pair. Les pièces vraiment littéraires et signées de noms académiques ou retentissants y sont montées avec un soin scrupuleux. La mise en scène est tellement exacte, que certains critiques s'indignent et réclament l'antique pauvreté des théâtres d'antan. Nulle part, sauf à la Comédie française peut-être, ne règne un ensemble aussi parfait, ne se manifeste une image plus scrupuleuse de la vérité. Les soirées de la Porte-Saint-Martin sont de véritables fêtes pour l'intelligence et pour les yeux. Et si M. Francisque Sarcey, avec une obstination périodique, s'élève contre le luxe des décors, des costumes et du mobilier, c'est chez lui pur égoïsme. Tout le monde sait, en effet, que le critique du *Temps* est un de ces myopes qui prennent les bocaux des pharmaciens pour des lanternes d'omnibus. Or, quel plaisir peut goûter aux manifestations du luxe et de la couleur locale un homme qui, même avec une jumelle marine, n'y voit pas plus loin que son nez? Que peut-il en dire, d'ailleurs, qui n'ait pas l'air d'une plaisanterie? Et puis, il y a des gens qui n'aiment pas voir les autres savourer ce qu'ils ne peuvent savourer eux-mêmes.

Plus d'un lecteur nous cherchera ici, probablement, une petite querelle. Nous disions tout à l'heure que l'Ambigu était le dernier temple ouvert à la production du drame. Et cependant la Porte-Saint-Martin en joue aussi.

A cela je répondrai par une question :

— Aimez-vous une espèce de gâteau qui s'appelle chausson aux pommes et qui, s'il ne manque pas de saveur, pèche un peu par la distinction? L'aimez-vous?

— Oui, peut-être ! Quelquefois.

— Et les meringues glacées, les aimez-vous aussi?

— Ah! certainement! Comment donc!

— Eh! bien, voilà. Les chaussons aux pommes et les meringues glacées sont des gâteaux tous les deux. Les pièces de la Porte-Saint-Martin et celles de l'Ambigu sont des drames dans la même proportion.

Conclusion : on peut ignorer l'Ambigu ; il n'est pas permis de ne point connaître le goût des meringues glacées.

X

LA RENAISSANCE

Ah! voilà un théâtre qui était parti pour la gloire, quand, sous l'impulsion endiablée que lui donna M. Victor Koning, il fit défiler devant le public une véritable procession d'opérettes qui portèrent aux nues les noms de l'impresario et de ses artistes, ou qui y furent portées par eux. A vrai dire, c'est peut-être la seconde métaphore qui est la plus exacte. Quoi qu'il en soit, peu de scènes musicales sont en état de présenter une liste de créations aussi brillantes que celles où l'on peut noter : *la Belle Parfumeuse, le Petit-Duc, Giroflé-Girofla, la Reine Indigo*, etc., etc.

Malheureusement, un beau soir, M. Koning flaira sans doute le commencement de discrédit dans lequel tombait l'opérette. Peut-être même la vogue de son théâtre et de son personnel s'obscurcissait-elle d'une façon sensible. Ou a vu des jachères dans les succès les mieux établis. Il n'est pas possible de maintenir sans cesse des recettes à la hauteur du maximum. Bref, M. Koning planta... sa crémaillère au Gymnase, et passa la main savamment. Depuis qu'il a fait charlemagne, bien des directeurs se sont succédé à la Renaissance. Phénomène étonnant, tous se sont montrés actifs, aimables, intelligents. La plupart ont offert au public des pièces qui fournirent une carrière de dix à quinze ans, ce qui est presque la gloire au dix-neuvième siècle.

Mais comme les directeurs de l'Odéon, dont nous disions un mot tout à l'heure, ils n'ont pas réussi, pour la plupart. Non pas que les uns ou les autres aient trébuché lourdement dans le ruisseau de la ruine brutale. Non, ils ont passé la main discrètement, quelques-uns même spirituellement, et le théâtre de la Renaissance est aujourd'hui en pleine période d'hésitation. Nous espérons cependant, à l'heure où nous écrivons ces lignes, nous espérons que l'Exposition du Centenaire fera éclore un directeur jeune, riche, indépendant, lettré, entreprenant et délicieux. Son devoir, si cet oiseau rare se révèle, son devoir sera de maintenir le théâtre dans la gamme distinguée d'où il n'est pas sorti depuis sa fondation. Et le public ira de nouveau battre des mains aux étoiles.... comme au beau temps de Jeanne Granier, dont le grand souvenir plane sur la charmante salle et appelle une véritable renaissance ?

Que reste-t-il à dire du boulevard Saint-Martin, quand on a parlé de ces quatre théâtres ?

Si vous tenez à tout voir, entrez à l'*auberge des Adrets*, c'est un cabaret tenu par un ancien acteur, M. Mousseau, qui avait de l'entrain et de la planche. Mais le feu sacré lui manquait sans doute. Au reste, cela ne nous regarde pas.

Convaincu, avec quelque raison, que, de nos jours, on n'a de chances de fortune qu'en vendant à ses contemporains quelque chose qui se mange ou qui se boit, M. Mousseau, peut-être aussi poussé par une vocation, résolut d'ouvrir un café. Mais, en homme intelligent, il eut l'instinct qu'il fallait, par ce temps d'originaux : frapper l'esprit des gens pour les attirer. C'est pourquoi, sans chercher plus longtemps et en véritable enfant de la Balle, il mit son établissement sous l'invocation du plus puissant des acteurs de ce siècle, Frédérick Lemaître, et l'intitula *l'auberge des Adrets*.

Aujourd'hui que Paris entier est infesté par d'innombrables brasseries ou auberges de fantaisie, singeant plus ou moins heureusement le passé, on ne prête guère plus une grande attention au cabaret de M. Mousseau. Mais, pour être juste, il faut dire qu'il fut un des premiers, sinon le premier, qui s'installa dans Paris avec cet aspect gothique. De plus, il rappelait par des peintures et des groupes les principales scènes de la pièce étrange où le grand artiste romantique s'était montré incomparable.

C'est à ces divers titres et comme bibelot de curiosité que nous avons parlé un peu longuement de cette taverne qui vient au dernier plan après le *Lion d'Or* et le *Chat Noir*, les modèles du genre.

IX

BOULEVARD BONNE-NOUVELLE — LE GYMNASE

Saluons en passant la porte Saint-Denis, qui ne manque ni d'élégance ni de grandeur, et continuons notre route. Quelques pas, et nous voici dans un de ces coins de Paris qui, pour être sur les boulevards, n'en constitue pas moins, comme je l'ai expliqué plus haut, un fragment *du* Boulevard.

C'est le groupe fort peu scolaire — quoique très instructif — formé par le restaurant Marguery et le théâtre du Gymnase, préséance à part.

Le Gymnase est un théâtre heureux. Est-ce parce qu'il est bâti sur l'emplacement d'un ancien cimetière de huguenots? Peut-être bien. Quoi qu'il en soit, je ne crois pas qu'il existe dans Paris une scène dont l'existence ait été moins tourmentée et à laquelle le succès soit resté plus fidèle.

Il y aura bientôt soixante-dix ans que le Gymnase existe. C'est à peine s'il a eu cinq directeurs, en comptant M. Victor Koning. Et encore, cinq! il me semble que j'exagère et que si l'on ne compte pas un personnage bien en cour à qui le privilège fut octroyé sous la Restauration, nous n'en trouverons pas plus de quatre, parmi lesquels M. Montigny restera légendaire. M. Montigny, en effet, a été directeur pendant près de quarante ans et a conduit sa nef d'une façon aussi habile que pratique.

Ce qui a fait la fortune du Gymnase, c'est que depuis soixante ans ce théâtre a toujours su ce qu'il voulait. La ligne que ses premiers directeurs s'étaient tracée a été imperturbablement suivie sans interruption jusqu'à nos jours.

La classe de gens à qui l'on a cherché à plaire est cette bourgeoisie de moyenne lumière, capable de comprendre une pièce littéraire et de lui faire un gros succès, mais disposée aussi à accueillir un art quelque peu terre à terre, pour l'intelligence duquel il ne faille pas une contention d'esprit trop continue. Et si des pièces d'une valeur irréprochable comme *le Gendre de M. Poirier* y ont eu des succès considérables, d'autres œuvres moins éminentes y fournissent encore de notre temps des carrières invraisemblables, s'expliquant parfaitement par l'état de demi-instruction et de demi-goût qui règne aujourd'hui dans la classe bourgeoise, dont toutes les fractions fréquentent assidûment les pièces en vogue et forment un stock d'environ cent mille spectateurs assurés à une comédie goûtée.

Donc, vous pouvez être certain de passer au Gymnase une soirée vraiment aimable. Vous y trouverez la satisfaction de l'esprit sans cette solennité quelque peu classique et par conséquent plus glaciale qu'on rencontre sur d'autres scènes où, par contre, la littérature et l'art sont pour ainsi dire impeccables.

Dans l'état actuel du Gymnase nous ne saurions citer aucune étoile bien saillante parmi les pensionnaires. Madame Hading court l'Amérique, et surprend le nouveau monde par ses querelles avec Coquelin, querelles auxquelles les bons Yankees s'intéressent presque autant qu'au talent des deux adversaires. Tant et si bien que je crois, s'il vous plaît, la guerre, dont on fait tant de bruit, imaginée par un impresario très malin qui y trouve son compte ainsi que les acteurs eux-mêmes, associés, je suppose, dans les bénéfices produits par cet allèchement de la curiosité américaine.

Parmi les actrices fêtées chez M. Koning, on ne peut guère citer que madame Magnier, madame Desclauzas. Les autres seront peut-être célèbres cet été. Quant aux acteurs, il faut citer M. Marais, M. Romain, et, comme comique, un incomparable Gascon, M. Noblet, qu'il est indispensable de voir et dont le talent, point encore arrivé à sa complète maturité, dépassera, nous n'exagérons rien, celui des artistes les plus célèbres de son théâtre, à condition, cependant, que les événements et les hasards ne fassent pas verser M. Noblet dans la charge, auquel cas il serait perdu.

Que prépare le Gymnase? Nous n'en savons rien. Et nous le saurions que nous nous garderions de rien dire. Qui ne veut pas mentir ne doit prédire ni le temps qu'il fera, ni les victoires d'un général, ni les succès d'un théâtre. Mais soyez persuadé que la plus mauvaise soirée du Gymnase vaudra mieux, pour un homme comme il faut, que la plus gaie, la plus bruyante, la plus risible représentation de n'importe quel théâtre d'opérette ou de vaudeville, surtout si vraiment M. Koning a engagé madame Pasca.

X

L'ALCAZAR

Nous n'avons pas dit un mot du boulevard Saint-Denis. C'est qu'il n'y a rien à en dire. On ne peut décemment faire prendre pour un plaisir la contemplation du nègre qui a une pendule dans le ventre. Je n'ignore pas qu'au coin dudit boulevard et de celui de Strasbourg existe un restaurant dont autrefois Alexandre Dumas fit la réputation, et qui passait pour servir les meilleurs bourgognes de Paris. Mais aujourd'hui cette renommée s'éteint doucement. Alexandre Dumas dîne chez lui, et quant aux bons vins de Bourgogne, il faut voir chez un autre...

Quant au boulevard Bonne-Nouvelle, en dehors du Gymnase, de la Ménagère et du restaurateur Marguery, il n'y a rien de bien plaisant.

Quelques arriérés parleraient bien de la fameuse galette du Gymnase, mais c'est retomber dans les légendes. Les fonctions de pâtissier à côté du théâtre de M. Koning sont aujourd'hui devenues banales, sans relief. La galette a le droit d'y être bonne quand un pâtissier se mêle d'en faire de bonne, mais elle n'a plus pour la vendre une vieille mégère, quelque chose comme une ogresse, la plus rugueuse, la plus acerbe, la plus acariâtre fée des deux mondes, et c'est peut-être pour cela qu'on n'y court plus. Il y a des gens qui aiment à être insultés et à être battus.

Ah ! par exemple, nous ne pouvons franchir la frontière du boulevard Poissonnière sans nous arrêter pour toucher un mot de l'Alcazar d'hiver.

L'Alcazar du faubourg Poissonnière, qui appartient pour ainsi dire aux boulevards, comme le Conservatoire du reste, — qui en est à deux pas, — l'Alcazar est, si nos souvenirs sont exacts, le premier café-concert d'importance qui fut construit dans Paris lorsque les flaireurs de succès devinèrent que le mélange de la bière de Strasbourg, de la fumée des pipes et de la musique facile allait devenir une industrie productive dont il n'était pas facile de prévoir l'entier développement.

L'Alcazar eut une vogue incroyable. Il fut comme il faut d'y aller passer une heure chaque soir, et Thérésa y conquit presque toute sa réputation.

Il n'y a pas plus de deux ans, la diva des chopes, comme on l'appelait alors, revenant au théâtre de ses plus brillants succès, en prit la direction et tenta d'y ramener la foule en s'offrant à l'admiration un peu blasée du public. Elle crut qu'il suffirait de se montrer :

Moi seule, et c'est assez !!!

Vraiment, on y retourna. Thérésa fut charmante. Elle étonna encore. Ses plus délicates fleurs musicales, elle les fit respirer aux amateurs. Elles n'avaient presque pas perdu de leur parfum, mais j'ignore si la tentative fut fructueuse. Ce qui est certain, c'est que l'excellente artiste ne persista point et alla s'engager ailleurs.

Qu'a fait l'Alcazar depuis? Rien de bien extraordinaire. On y joue momentanément la comédie. Au reste, cette salle, qui passait, en 1867, pour le dernier mot du luxe, pour le palais de l'élégance, a été bien dépassée depuis. C'est le sort ordinaire des plus belles choses. Il nous semble qu'aujourd'hui l'Alcazar ne jouit pas d'une prospérité sans égale.

Mais c'est peut-être un accident purement passager. Vienne un de ces aimables seigneurs qui, au lendemain d'un héritage aussi lourd qu'imprévu, éprouvent un irrésistible besoin d'encourager les arts de second ordre; que ce Mécène jette dans la salle, sur la scène et aux abords d'icelle deux ou trois cent mille francs pour les rajeunir ; qu'il engage au poids de l'or tous les Paulus et toutes les Amiati que la foule se plaît à couvrir de fleurs; qu'il déniche un acrobate vertigineux, qu'il mette ses places à un prix très élevé, et surtout qu'il en informe la cour et la ville; qu'il s'adresse aux bons faiseurs d'inepties musicales ou versifiées; surtout, ah! surtout, qu'il paye n'importe quel prix une scie quelconque si tout Paris doit la répéter frénétiquement; enfin, dernier détail très important, qu'il consacre une trentaine de mille francs à faire chanter ses louanges dans les feuilles mondaines et populaires....

— Et la consommation?

— Ah! la consommation est une question secondaire. Ce qui se boit pendant qu'on chante n'a jamais mauvais goût.

XI

BOULEVARD POISSONNIÈRE

Il y avait autrefois sur ce boulevard une curiosité politique de premier ordre : la *cave de Frontin*.

Frontin, sans doute à cause de son nom de comédie, était un cabaretier plein de malice, qui sut, à l'imitation du cheval de course, son homonyme, arriver bon premier au poteau de la Fortune en vendant de la bière médiocre à quelques hommes politiques devenus tout à fait célèbres.

Au niveau du boulevard on entrait tout de go dans la brasserie où le vulgaire pouvait boire. Mais le sous-sol était tacitement réservé à des gens qui agitaient en leurs cerveaux la destinée des empires. C'est là que Gambetta tint ses assises, entouré de ses fidèles amis ou conseillers, Spuller, Ranc, Isambert, etc. On y vit Jules Ferry. Adrien Hébrard venait y chercher des nouvelles, en directeur de journal qui sait son métier.

Nous en parlerions plus longuement si *la Cave*, comme on l'appelait par abréviation, existait encore. Mais elle a disparu. *Sic transit gloria mundi !* A sa place se sont installées des boutiques vendant n'importe quoi... du bouillon, je crois.

Presque en face on voit l'entrée monumentale de la fameuse maison Cheuvreux-Aubertot qui fait, comme on sait, le commerce de nouveautés. Ses magasins sont des plus vieux de Paris. Plus d'un siècle et demi a passé depuis leur fondation, un siècle et demi d'honorabilité et de tentatives audacieuses. Ses directeurs, à différentes reprises, montrèrent un rare esprit d'initiative et de progrès. C'est ainsi — et probablement le fait est généralement ignoré — que la maison Aubertot fut la première qui, dans Paris, supprima le marchandage et établit le prix fixe. Plus tard, il y eut au Palais-Royal une boutique où le même principe fut établi et qui s'intitulait: AU PRIX FIXE. On y courut. Mais les nouveaux venus n'étaient que des imitateurs. La maison Aubertot les avait devancés de trente ans et devait d'ailleurs, à cette idée ingénieuse, une grande partie de sa prospérité.

Nous ne nous arrêterons que pour mémoire à la maison du Pont-de-Fer, qui fut une des curiosités de Paris, mais dont on ne daigne même plus parler aux étrangers, quoiqu'elle ne soit pas moins intéressante qu'il y a quarante ans...

Encore quelques pas et nous voici devant les merveilleux magasins de Barbedienne, et si nous descendons encore, le restaurant Brébant, que la presse parisienne célébrait autrefois avec enthousiasme, semble vous inviter à venir voir ses nouveaux et rutilants salons. Mais il me semble que, là aussi, on ne vend plus que du bouillon !

XII

JUSQU'A LA MADELEINE

Traversons prudemment le carrefour des Écrasés, celui où les boulevards se croisent à angles droits avec la rue et le faubourg Montmartre. Il y a là un curieux spectacle dont les Parisiens, dans une sorte de vanité bizarre, ont exagéré la saveur, car d'autres villes, et particulièrement Londres, ont l'encombrement, sur beaucoup de points, d'une intensité plus extraordinaire encore. Le boulevard Montmartre sur lequel nous nous retrouvons est la zone neutre dont nous avons parlé, que nous avons décrite plus haut.

Puis nous entrons, dès la rue Drouot, sur le territoire du Boulevard, au singulier. Cela nous mène pour ainsi dire jusqu'à la Madeleine. La partie du boulevard des Capucines située entre la rue Scribe et la rue Caumartin n'a rien de bien particulièrement intéressant, sauf quelques boutiques de grand luxe auxquelles, mesdames, vous faites les yeux doux.

Quant au boulevard de la Madeleine, il est sur la route du Boulevard au bois de Boulogne et aux Champs-Elysées, et c'est ce qui le sauve : car si l'on n'y rencontre pas la foule animée du trottoir des Italiens, on y est charmé par la savante ordonnance des étalages, soit aux magasins des Trois-Quartiers dont la clientèle spécialement aristocratique et fidèle est toujours sûre d'y trouver les nouveautés de de-

4.

main et les égards auxquels dans certains grands magasins la direction semble rester souvent par trop indifférente, soit chez Gouache le confiseur, soit chez Lion le fleuriste. Quant aux autres boulevards, ceux qu'on appelle Malesherbes, Haussmann, Magenta, Saint-Germain, etc., ils seraient mieux dénommés avenues et n'ont, pour la plupart, que la splendeur de leurs maisons pour attirer passagèrement l'attention des gens de goût ou de plaisir. Seuls, nous l'avons déjà dit, les boulevards de Strasbourg, Sébastopol et Saint-Michel peuvent avoir quelque attrait, et nous en parlerons quand le moment sera venu.

L'OPÉRA

La musique est, de tous les arts de convention, celui qui depuis cinquante ans a fait le mieux son chemin dans le monde. Elle a des palais merveilleux et les prêtres qui pontifient sur ses autels sont payés et considérés un peu au delà de ce qu'ils valent. A Paris surtout elle s'est si bien fait une place prépondérante, qu'on lui a bâti un temple où M. Garnier fit des merveilles escortées de quelques grosses fautes, sans compter un très admirable escalier, parfaitement imité de celui dont Louis orna jadis le Grand-Théâtre de Bordeaux.

A Paris, seulement, il y a plus de marbre qu'à Bordeaux, et des statues dont deux au moins ont été chargées par l'architecte de dissimuler, vers le palier, les imperfections d'une courbe récalcitrante.

Mais nous n'avons l'intention ni de décrire, ni de critiquer le monument un peu lourd de M. Charles Garnier. Il ne s'agit ici que de plaisir et, par conséquent, de musique. Entrons. Asseyons-nous aux fauteuils. M. Vianesi, le nouveau chef d'orchestre, qui a remplacé, on ne sait pourquoi, M. Altès, vient de monter au pupitre. Un, deux, trois, quatre... la salle s'emplit d'harmonie.

Il y a, croyons-nous, plusieurs manières d'écouter la musique. Chacun la goûte selon son tempérament. Celui-ci s'enfonce dans sa stalle, fronce les sourcils, baisse les yeux et ne demande à l'opéra que la joie des oreilles. Le monde n'existe plus, des voix et des instruments qui se combinent, tout est là pour cet amateur. Celui-là, au contraire, aime tout: le bruit de la musique, l'éclat des lumières, les splendeurs de la scène, la beauté des costumes, la grâce et la pureté du visage des actrices, il lui faut cet ensemble pour que la symphonie soit complète. Un autre ne comprend la musique qu'avec un tricotis de jolies jambes, surmontées d'autres agréments physiques. Il prétend que la beauté plastique seule s'allie, comme il convient, aux manifestations de l'art musical.

Nous avons connu un homme très intelligent qui appartenait à cette dernière école et qui disait :

— La musique est un art de nègre. Sans la danse, elle n'existe pas.

Nous sommes honteux de répéter ce propos qui doit exciter l'indignation des fidèles, mais nous remplissons ici un rôle d'historien et, si nous voulions pousser la sincérité jusqu'au bout, nous serions forcé de convenir que l'Opéra réchauffe dans son foyer des monstres abominables poussant l'impertinence jusqu'à soutenir même qu'ils s'accommoderaient parfaitement de danses sans musique.

Dans cent ans, quand, grâce aux efforts des wagnériens et autres Lamoureux, l'art de combiner mathématiquement les sons les plus invraisemblables sera devenu une religion, on pendra certainement ces gens-là. Et, ajoutons-le sans la moindre hésitation : ils ne l'auront pas volé.

Pour le moment — et j'en rougis — ils répandent leurs blasphèmes dans tous les couloirs, et vous ne serez point surpris s'ils n'ont pas d'ambition plus ardente que celle de se faufiler en plein sanctuaire de chorégraphie, à travers les portants, les maillots, les praticables et la mousseline, en un mot, dans les coulisses. Qu'ils jouissent de leur reste, les misérables, et vous aussi, n'est-ce pas, chers visiteurs.

Car je parie que, sur cent étrangers ou habitants des départements venus à Paris pour y passer quelque temps agréable, il n'y en a pas cinq qui refuseraient de se laisser présenter à ces dames du ballet. Oh ! ne prenez pas cet air de dédain. Nous n'ignorons pas que, pour être à la mode, il faut dédaigner les danseuses de l'heure présente. Elles ne sont pas, dit-on, à la hauteur.

— Autrefois! ah!.. autrefois!.. s'écrient les vieux abonnés en se pâmant d'aise...

La chanson est connue.

Eh bien! nous les avons vues autrefois, nous les voyons aujourd'hui, et nous vous affirmons que le bataillon de ces dames est aussi coquet, aussi enguirlandant, aussi grisant que les cohortes d'il y a cinquante étés. Au contraire, il nous semble que les petites Cardinal de l'heure présente montrent des formes, des poitrines, des yeux, une santé dont leurs devancières ne jouissaient pas toujours. Elles sont aussi plus gaies, peut-être plus audacieuses, moins pudentes, mais vous conviendrez que c'est leur métier.

Je vous assure donc que, si l'on est présenté comme seigneur d'importance, on peut passer une heure aimable au foyer de la danse. Les bêtises qu'on y dit sont souvent des plus spirituelles, et, si vous tenez à vous perfectionner dans l'art de vous montrer Parisien, vous recevrez là des leçons qui ne seront jamais payées assez cher.

C'est surtout les soirs où quelque prince exotique, rajah indien ou émir d'Asie centrale, y montre son costume étrange, qu'il faut voir tout ce monde-là sous les armes. Ah! sapristi, qu'il est intéressant de lire dans les yeux de toutes ces jeunesses et même de ces maturités, — car il y a aussi des maturités! Quelles scènes muettes! quelles comédies! et même quels drames! quand toutes ces dames se persuadent à elles-mêmes que le prince va leur montrer une timbale à décrocher!..

Si vous êtes assez heureux pour découvrir une bonne choryphée un peu laide et par conséquent sans altitude dans ses prétentions, mais dont la langue et l'esprit suppléent, comme c'est l'ordinaire, à la beauté, vous en apprendrez sur l'humanité, sur l'Opéra, sur ces dames, vous en apprendrez en quelques heures de quoi rapporter chez vous une pannerée de souvenirs qui suffiront à égayer vos soirées pendant dix ans.

Le corps de ballet, ainsi d'ailleurs que les quadrilles de premières et de secondes danseuses de l'Opéra, n'ont aucun rapport, fût-il lointain, avec le séminaire. Cela est certain et cela est même à noter, car vraiment les théâtres, depuis une vingtaine d'années, ont mis tant d'eau dans leur vin qu'on eût pu redouter pour la chorégraphie le phylloxera du mariage et de la vertu qui s'est abattu sur tant d'actrices. On peut donc hardiment causer littérature et philosophie avec ces dames. Il y a des mots qui ne les effrayent point. Il y a des papiers pour lesquels elles ne professent aucune horreur...

Mais ne vous abusez pas. N'entre pas qui veut au foyer de la danse. Pour être admis en présence de ces chairs qui vont bondir sur la scène tout à l'heure, il faut une foule de conditions que le commun des mortels ne réunit pas toujours.

Le seul conseil qu'on puisse vous donner, c'est de vous souvenir de l'opinion de Philippe de Macédoine sur les places fortes.

LA COMÉDIE FRANÇAISE

Au moment d'entamer ce chapitre, je suis pris d'une peur abominable : comment oser parler de la Comédie française sans en dire tout ce que j'en sais ? Et comment en dire tout ce que j'en sais sans écrire, au lieu de quelques pages, un volume imposant, respectueux et, malgré tout, incomplet ? A l'heure où, saturé d'illusions ambitieuses, j'arrivais à Paris pour me consacrer avec un égal aplomb à la poésie, au roman, à la philosophie et à l'art dramatique — j'en suis revenu depuis, — la Comédie française m'apparaissait de loin comme un temple où, chaque soir, se célébraient d'aimables mystères.

Je considérais les acteurs comme des prêtres, les spectateurs comme des fidèles venant honorer et applaudir les auteurs, des dieux ! Oui, Augier, Dumas, Beaumarchais — sans compter bien entendu Molière, Corneille et Racine — avaient pour moi quelque chose de divin. Au-dessus d'eux, pourtant, je voyais dans une gloire le directeur, autre dieu plus puissant encore, puisqu'il commandait à tout le monde, puisqu'il pouvait éloigner un auteur, prendre des mesures disciplinaires contre un artiste, etc., etc.

Place du Théâtre-Français.

Depuis cette époque, des semaines d'années se sont écoulées. J'ai vu grandir la gloire de ce théâtre au point qu'aujourd'hui ce serait une naïveté que de le louer avec trop d'enthousiasme. L'univers sait qu'il existe une scène sans rivale et que c'est celle-là. Les comédiens qui s'y produisent sont les premiers du monde. J'y ai passé des soirées innombrables. Eh bien, — mes illusions en moins, — je n'ai pas du tout changé d'avis. Je contemple avec un respect dévot cette église de la perfection scénique. Sans pousser les choses jusqu'à l'idolâtrie, je professe un culte sincère pour des hommes comme Mounet-Sully, Worms, Got; pour des actrices comme mademoiselle Reichemberg, mademoiselle Bartet, mademoiselle Samary, etc. Leur savoir, leur expérience, le talent qu'ils ont acquis dans l'art de bien dire en font pour moi des êtres à part, à qui les gens de lettres, les auteurs dramatiques, dont ils représentent les œuvres en décuplant leur valeur, doivent une gratitude sans réserve.

Le directeur m'en impose aussi toujours, quoique actuellement ce soit M. Jules Claretie, le plus loyal, le plus sûr et le plus aimable des amis. Sa bienveillance d'ailleurs et son amabilité, dont il ne s'est pas départi une seconde, ne l'ont point empêché de montrer une fermeté que bien des gens ne soupçonnaient pas chez lui. Avec un tact parfait, une figure souriante et une inébranlable sûreté de main, il a mis tout le monde à sa place, faisant sentir à celui-ci que l'homme de talent ne se laisserait pas mener par un comique, à celui-là qu'on a beau être éternellement jeune, ce n'est pas une raison pour ne pas obéir et garder le rang, et à tous les autres qu'il fallait le considérer comme le souverain très autoritaire d'un Olympe un moment disloqué par un interrègne.

Je ne saurais, quelque désir que j'en aie, glisser ma plume dans l'engrenage des renseignements, de la statistique, des anecdotes; tout mon corps y passerait. Je me refuse même à nommer les sociétaires et les pensionnaires. Les seuls détails auxquels je puisse m'arrêter sont ceux qui intéressent le public, et les voici très sommairement condensés.

La Comédie française, en ce moment, donne des pièces modernes dans ses représentations du soir. Les matinées du dimanche et du jeudi sont consacrées au répertoire classique. Il y a un jour d'abonnement, le mardi, jour chic, où l'on donne généralement un spectacle qui varie toutes les semaines.

On a créé récemment, croyons-nous, un autre jour d'abonnement, le samedi; mais que ce soit le mardi, le samedi ou le dimanche, que la pièce appartienne au répertoire moderne ou ancien, que vous assistiez à une soirée ou à une matinée, vous aurez toujours sur ces planches sans pareilles un spectacle savoureux, exquis et parfait dont, malgré vous, s'implantera dans votre cervelle un souvenir que vous emporterez toujours vivace dans votre département ou dans le plus profond de votre Amérique.

LE THÉATRE LIBRE

Ah! voici un plaisir qui, pendant quelque temps au moins, a bellement excité la concupiscence — je ne trouve pas d'autre mot — de tout Parisien et de toute Parisienne se piquant de figurer dans l'une ou l'autre élite. Jugez donc! le spectacle était gratuit; par conséquent, l'obtention des places, extrêmement difficile. Ensuite, on y appelait chaque chose par son nom. La censure n'avait rien à y voir. Enfin les fournisseurs attitrés de cette scène sans égale passaient pour les plus jeunes, les plus ardents, les plus audacieux écrivains des nouvelles écoles, et déjà l'on se racontait sous le manteau les énormités assaisonnées de scandale dont on se régalerait en petit comité, au nez et à la barbe de cacochymes frondeurs.

Il y avait mieux... Le but de celui qui tentait l'aventure ne manquait pas de noblesse. Il s'agissait de créer un théâtre dégagé des nécessités budgétaires et, par conséquent, sans aucune complaisance pour le goût bourgeois ou commun que les directeurs sont obligés de satisfaire en vue des grosses recettes.

Enfin, le fondateur, M. Antoine, ancien employé des postes, qui jouait les principaux rôles, se montrait acteur consommé, quoique affligé d'un organe un peu faible, et la troupe tout entière, façonnée par lui, était presque parfaite. Depuis longtemps la curiosité parisienne n'avait eu à savourer un ragoût qui promît d'être aussi pimenté... Quelques fous se promettaient des soirées à la cantharide...

Hâtons-nous de le dire, M. Antoine sut triturer cette complexité de façon à se tenir assez loin de la banalité pour justifier, pour asticoter l'impétuosité des amateurs, sans cependant pousser les choses jusqu'aux saturnales qu'on espérait.

La première représentation eut lieu en 1886, dans la salle de l'Élysée des beaux-arts, modeste boîte à spectacle, située dans une sorte de passage, entre le boulevard de Clichy et la rue des Abbesses, plus près de cette dernière. Parmi les spectateurs on remarquait MM. Alphonse Daudet, Edmond de Goncourt, Zola, Georges Charpentier, l'éditeur; une dame couverte de diamants, qui appartient à la famille de Rothschild; toute la pléiade des jeunes auteurs et quelques mondains ayant la spécialité des primeurs. On donna une pièce de M. Oscar Metenier: *En famille*; une de M. Paul Alexis, et le *Jacques Damour*, de M. Zola, arrangé par Hennique. Le succès fut grand, complet. Le lendemain, dix mille personnes, dans Paris, auraient payé cent francs ce plaisir défendu. L'innovation fit un bruit énorme. M. Antoine, M. Mevisto, mademoiselle Sylviac étaient presque célèbres, et les deux derniers ont trouvé depuis de brillants engagements.

Après un pareil succès, il fallait battre le fer. On monta *Sœur Philomène*, de Goncourt, et d'autres nouveautés qui furent bien accueillies. Mais la gloire amena ses inconvénients. La direction faillit être submergée sous les demandes de places. La salle de l'Élysée des beaux-arts devint plus qu'insuffisante. M. Antoine voulait donner *la Puissance des Ténèbres*, de Tolstoï, et *la Fin de Lucie Pellegrin*, par Paul Alexis. On s'attendait à des raideurs. Tout le monde voulait en être. Le théâtre Libre opéra son premier déménagement et s'en alla au théâtre Montparnasse, quelque chose comme les antipodes de l'Élysée des beaux-arts. Naturellement il y eut plus d'élus. Les curieux en eurent pour leur argent : c'est-à-dire qu'ils ne regrettèrent pas leurs démarches. Dans *la Puissance des Ténèbres* on en entendit de vertes. Les dames, très nombreuses, purent montrer un front *qui ne rougit jamais*. Les hommes riaient. Sarcey se scandalisa. Mais ce qui le combla d'indignation, ce fut *la Fin de Lucie Pellegrin*. On dit qu'il n'en est pas revenu.

Cependant M. Antoine déménagea encore et vint aux Menus-Plaisirs, boulevard de Strasbourg. Il donna une *Yolande*, de M. de Gramont, qui y fit sensation. L'auteur voulut alors qu'on jouât sa pièce devant le vrai public payant et regretta sa tentative. On représenta ensuite une *Mort du duc d'Enghien*, par M. Léon Hennique, très intéressante, et d'autres pièces qui n'excitèrent point les passions.

Mais voilà qu'à propos de la *Germinie Lacerteux* que M. de Goncourt fit représenter à l'Odéon, M. Antoine se posa en champion d'une école, traita de « gueux imbéciles » tous ceux qui en art dramatique ne professaient pas les mêmes idées que lui, s'attira quelques réponses rudes et compromit en une minute une situation péniblement conquise par deux années de travail consciencieux et de services réels rendus à l'art dramatique.

Le théâtre Libre en reçut un coup fâcheux. On peut encore tenir à y aller, mais le fanatisme s'est émoussé. Néanmoins, ce n'est pas encore chose facile et il faut montrer patte blanche pour obtenir la faveur d'un billet.

Au moment où nous corrigeons la dernière épreuve de cette page, on vient d'y donner *la Patrie en danger*, des Goncourt. — Enthousiasme modéré.

LE THÉATRE ET LES TEMPÉRAMENTS

Le goût du théâtre s'est à ce point exaspéré depuis trente ans à Paris, qu'il n'est pas de plaisir plus ardemment recherché. On chante, on joue, on débite ou l'on mime quelque chose, chaque soir, sur une centaine de scènes, sans compter les innombrables boîtes où l'on sert en même temps du Patti à quinze sous l'heure et de la bière impertinente à vingt centimes le verre. Le peuple français ne vit plus que pour les spectacles, supérieur en cela au peuple romain, qui exigeait en outre un morceau de pain. Pourquoi tant de salles diverses? Les industriels qui les exploitent y trouvent-ils seulement de l'eau à boire? Eh! mon Dieu, non. En ce moment il naît et il meurt au moins un théâtre par semaine. A quoi tient ce singulier prurit?

Après méditation, il nous a semblé que la cause de cette effervescence réside en une loi instinctive par laquelle chacun des atomes qui composent la foule cherche inconsciemment le genre de spectacle convenant absolument à son état mental, à son caractère et à sa santé.

Ne croyez pas que je plaisante. Vous connaissez

assurément quelqu'un parmi vos amis qui se laisserait couper en quatre plutôt que d'assister à la représentation d'un drame. La sécrétion des larmes est pour celui-là essentiellement antihygiénique. Celui-ci ne peut pas sentir un acteur devant qui tout le monde se pâme, comme parfois on éprouve la plus vive répulsion pour un fruit dont l'humanité tout entière loue l'exquisité. Je sais un gentleman pour qui Sarah Bernhardt n'a pas le moindre talent. Est-il sincère? Un autre, que j'estime fort, avoue en rougissant qu'il ne s'explique pas la faveur dont a joui Coquelin aîné et encore moins celle de cadet. Il manque évidemment un sens à tous ces malheureux. Prenons, si vous voulez, des exemples plus précis et mettons en avant des hommes qui ont joui ou jouissent encore d'une réputation d'esprit et de talent : un écrivain qui a laissé des romans solidement pensés et écrits en une excellente langue française, M. Duranty, professait une passion pour les marionnettes et montrait quelque froideur à l'égard de l'opéra et des grandes œuvres dramatiques. Celui qui a passé pour son maître, M. Champfleury, manifesta jadis des sentiments brûlants pour la pantomime et n'a jamais passé pour un fanatique des autres genres. Il existe un critique respecté pour qui le comble de l'art consiste à bâtir un vaudeville amusant. Qu'on lui donne *Hamlet*, il en rend compte en trois colonnes et consacre immédiatement après deux feuilletons successifs à énumérer les idéales beautés des *Femmes collantes*.

D'autres considèrent la musique, je l'ai dit ailleurs, comme un art de nègre, et Théophile Gautier l'appelait le plus cher des bruits. Il paraît constant aujourd'hui que Victor Hugo n'éprouvait aucune admiration pour les suites d'orchestre, quoiqu'il eût fait des paroles d'opéra; mais, d'autre part, Meyerbeer professait les opinions les plus indépendantes sur la comédie, même quand son collaborateur, Eugène Scribe, l'avait signée.

Tenez, il y a un député qui, dernièrement, s'est mis en lumière en montant à l'assaut de l'Opéra. Bien pis : ce législateur, dont le nom restera d'ailleurs fort obscur, a été suivi dans son échauffourée par une cohorte cocasse sous les coups de laquelle dut battre héroïquement en retraite l'intrépide M. Lockroy. Le ministre stupéfait n'en croyait pas ses oreilles, et ne s'explique pas encore d'où sortait cette invasion de barbares, ni ce qu'elle voulait. Car, s'il s'était réellement agi de subvention, ces mammifères légiférants auraient dû combattre aussi celles de l'Opéra-Comique, de l'Odéon, de la Comédie française. Mais non. Le député de la Corrèze à qui nous devons cette algarade déteste l'Académie de musique parce que, probablement, ses ouïes n'ont pas reçu l'éducation nécessaire, et, si on lui proposait de transférer la subvention de l'Opéra sur la tête de madame Allemand, directrice des Folies-Bergère et de l'Eldorado, il trouverait peut-être cela tout naturel.

Il faut en conclure que le même plaisir n'a pas forcément le même attrait pour tout le monde. Et, cette conclusion admise, je me considère comme obligé de classer les théâtres et les spectateurs de façon à ce qu'ils entrent dans les angles les uns des autres.

Je prends donc pour base l'état moral, intellectuel et physique des spectateurs; je tiens compte de leur tempérament, de leurs forces, de leur santé, pour indiquer avec impartialité quels genres, quelles scènes, quelles voix, quels acteurs, quels exécutants chacun doit principalement s'offrir.

*
* *

La musique d'abord, n'est-ce pas?

Je vous demanderai alors dans quel état se trouve votre nerf auditif. Est-il anesthésié ou hyperesthésié? Dans aucun des deux cas je ne vous conseillerai l'Académie nationale de musique : car si vous êtes un peu sourd, vous n'entendrez rien, le vaisseau de M. Garnier étant vaste, et l'acoustique laissant fort à désirer. Mais si votre oreille est délicate par suite d'une tension excessive de vos nerfs, comme cela se voit si fréquemment, hélas! chez les gens les plus honnêtes, ce qui serait insuffisant pour le sourd deviendra pour vous de la violence intolérable et désordonnée.

En supposant, au contraire, que le sens de l'ouïe soit chez vous normal, vigoureux, parfait, quelle musique faut-il que vous fréquentiez? Car, vous savez, il y a musique et musique.

La musique savante et la musique ignorante, c'est-à-dire celle des ignorants et celle de ceux qui ont la prétention de connaître quelque chose dans l'art d'organiser un bruit, ont également leurs fanatiques. On entend par musique savante celle de Meyerbeer, d'Ambroise Thomas et de Gounod, ainsi que de leurs succédanés. L'ignorante comprend les œuvres de Méhul, de Grétry, de Rossini, de Donizetti, de Bellini, d'Auber, d'Adam et compagnie. Au-dessus de la savante rayonne celle de Wagner. Entre les deux résonne celle de Saint-Saens, de Reyer, de Massenet, de Benjamin Godard et de quelques autres. Au-dessous de la musique ignorante vient la musique d'opérette, à laquelle tout le monde, sauf Sarcey, est indulgent. Puis nous avons les Tziganes, les cafés-concerts, la *miaousic* des cirques et les chanteurs des rues. Vous voyez que le champ est vaste et que les amateurs peuvent avoir des aptitudes variées.

**

Êtes-vous d'un courage à toute épreuve ? Vous sentez-vous un penchant naturel pour le cabotinisme ? Le désir de passer pour un monsieur qui ne craint pas de paraître original est-il constant chez vous ? Tenez-vous à vous poser comme un champion du grand art ? Éprouvez-vous un sentiment de jubilation quand autour de vous le vacarme est poussé jusqu'au paroxysme ? Et enfin trouvez-vous un vrai — mais là, un vrai — plaisir à déverser votre mépris sur les gens qui de bonne foi dodelinent de la tête en écoutant une mélodie ?

— Oui ? Eh! bien, prenez du Wagner; cela pose un homme. Attachez-vous au char de M. Lamoureux, ou, si vous aimez mieux — c'est très chic — allez faire l'ornement du concert Colonne. Et si d'aventure vous étiez affligé de quelque surdité, voilà où elle serait utile. A l'audition des hurlements cuivrés de l'orchestre vous entretiendrez la douce illusion que vous entendez encore très bien, ce qui vous consolera de bien des tristesses. Quant à la musique, c'est une question secondaire. Il ne s'agit pas de la goûter et de la comprendre, il s'agit d'en avoir l'air. Tout est là. On n'est pas wagnérien, on paraît wagnérien. Le reste est de la blague.

* * *

Je me permets de recommander l'Opéra-Comique aux gens nerveux, excitables, mais seulement les jours de *Dame Blanche* et de *Fra Diavolo*. J'aime à me figurer que cette musique est la même qui calmait les rages de cet animal de Saül. Tolérez que je traite de la sorte un sémite si prodigieusement antipathique. Les autres jours, on y donne des opéras de MM. Massenet, Delibes, etc., qui généralement se tiennent à égale distance d'Auber et de Wagner. C'est la musique d'entre deux selles. Elle sera surtout appréciée par quelques hommes politiques.

A l'Opéra j'enverrai les lymphatiques. Il faut en effet être doué d'un calme sans pareil pour assister à des représentations qu'on semble donner pour amuser les danseuses et les chanteuses. Au cas où vous auriez la prétention d'assister à une belle soirée, allez-y le vendredi — on ne sait pas ce qui peut arriver — mais jamais le samedi, surtout si l'on joue *la Favorite* et un ballet. Tout ce monde, sur la scène, a l'air de vous dire que vous êtes des gens de rien.

A propos de l'Opéra, je voudrais être député de la Corrèze pendant sept minutes, pour demander un jour à M. Lockroy si cette institution a été créée et subventionnée afin qu'un certain placeur, nommé Louis, y fasse la pluie et le beau temps, en soit le maître absolu et distribue à son gré — nous ne chercherons pas pour quelles raisons mystérieuses — les places retenues ou de faveur. Ainsi, par exemple, vous apprenez la date d'une première représentation à l'Opéra : vite vous vous empressez d'aller retenir une loge ou des fauteuils ; il est incontestable que vous êtes inscrit dans les dix premiers. Eh! bien, vous n'aurez ni votre loge, ni vos fauteuils, si cela ne plaît pas à M. Louis. Le fait est connu, archiconnu ; c'est lui qui fait la feuille. Et pourquoi n'aurez-vous pas votre loge ou vos fauteuils? Ah! voilà : M. Louis a des amis, des connaissances, des bienfaiteurs, et, comme la reconnaissance est sa prime vertu, il vous élimine et consentira peut-être à vous accorder quelque chose à la dixième. Et cela était ainsi sous M. Halanzier, cela ne s'est pas amendé sous M. Vaucorbeil, et il en est de même sous MM. Ritt et Gaillard. Je ne suppose pourtant pas que le cahier des charges impose ce personnage. En ce cas, voilà, député de la Corrèze, voilà où il faut frapper pour frapper juste.

*
* *

Au théâtre Lyrique on donne de la musique de M. Benjamin Godard. Les âmes sensibles s'abstiendront. Elles éprouveraient une trop vive commisération à constater le mal extraordinaire que s'est donné l'auteur pour enchevêtrer les sons, les combiner, les amalgamer soigneusement de façon à ce qu'on n'y comprenne pas grand'chose.

On sait bien qu'il faut organiser le bruit pour produire ce qui s'appelle la musique, mais quand on a du cœur on souffre à voir les exécutants, les chanteurs, les instruments, et jusqu'aux notes de la partition elles-mêmes, suer et peiner pour produire un effet quelconque. C'est un spectacle dont seules pourront se repaître les natures cuirassées contre la vue des douleurs humaines : les médecins, les huissiers, les grands explorateurs, quelques capitaines au long cours, pas mal de journalistes, les marchands d'esclaves de l'Afrique centrale, le grand état-major allemand, les concierges et beaucoup de restaurateurs à prix réduits.

Certaines gens ne cherchent au théâtre que le

repos de l'esprit et une distraction pour ainsi dire hygiénique. Ils n'y entendent pas malice et l'avouent bravement. Une soirée au théâtre est une sorte de bain où se trempe leur cerveau pour oublier les préoccupations du jour. Ceux-là, nous les enverrons voir l'opérette et le vaudeville à quiproquo, qui sont bien les deux formes de l'art théâtral les plus propres à rafraîchir une cervelle surchauffée. Aucun effort nécessaire. Nulle tension d'esprit. Pas de travail pour comprendre, comme dans les opéras de la nouvelle école et les comédies du théâtre Libre. Une bonne musiquette, des péripéties absolument folles et invraisemblables. C'est l'idéal pour les hommes occupés, ainsi que pour leurs aimables moitiés.

Voulez-vous que je vous enseigne un plaisir musical qui en vaut bien d'autres ? Quelque dimanche, vers dix heures du matin, ou au milieu de l'après-midi, entrez dans une église, la Madeleine, Saint-Augustin, la Trinité, peu importe. Une fois bien placé, écoutez chanter les psaumes par les voix acidulées des enfants, que les orgues soutiennent et auxquelles répondent les basses-tailles des chantres.

Laissez de côté tout respect humain, ne vous souciez pas de ce que peuvent penser les imbéciles, gueux ou non. Écoutez. Vous m'en direz des nouvelles. Mais faites attention que ce ne soit pas un jour de fête, où le chœur réchauffe dans son sein des chanteurs et des chanteuses de musique moderne. Du plain-chant seulement, du simple, naïf et quelquefois sublime plain-chant. Laissez-vous aller. Abandonnez-vous sans arrière-pensée au plaisir que vous éprouverez, et vous sortirez de là fort dédaigneux des compositions contorsionnées dont nos prétendus génies nous assomment de temps en temps.

* * *

Faut-il aller au café-concert? me demanderez-vous. J'hésite à répondre. Pourquoi non, si vous avez du goût pour des paroles généralement idiotes et pour des airs d'autant mieux accueillis qu'ils sont plus banals? Pourquoi non, si vous êtes affligé d'une soif inextinguible, si vous êtes hydropique ou cruellement atteint de la gravelle ? Pourquoi non, si tout spectacle instructif et intelligent vous ennuie? Pourquoi non, si la fumée du tabac ne vous incommode pas, ni les hurlements des divas populaires, ni les charges peu variées de Paulus et de Bonnaire, ni une foule d'autres choses qu'il serait bien long d'énumérer ici.

— Alors, vont me dire quelques lecteurs qui se flatteront d'être perspicaces, vous n'aimez pas du tout la musique? — Moi? mais, grand Dieu! je l'adore! à la condition que ce soit de la musique et non pas une débauche de sons sans queue ni tête comme je suis obligé d'en entendre quelquefois. Tenez, vous avez vu, je pense, un dessin ou une chromolithographie représentant une corne d'abondance d'où s'échappent d'innombrables notes de musique. Je me figure que les musiciens à la mode entendent la composition de la même manière. Ils empilent en un seau des portées, des mesures, des bémols, des dièzes, des bécarres, des septièmes diminuées ou augmentées, beaucoup de rinforzandi, de crescendi, de tutti. Ils font entrer de force, tant que le seau peut en tenir, des notes invraisemblables, des cris inhumains, des dissonances. Ils enfoncent tout cela si vigoureusement que si, par hasard, il s'était formé quelque imprudente mélodie, ils lui casseraient les reins. Et quand le récipient déborde, ils ouvrent leurs fenêtres et jettent le tout sur la tête des spectateurs inoffensifs. Eh! bien, c'est ça seulement que je n'aime pas.

— Ah! je vois ce que...

— J'aime ce qui charme, ce qui calme, ce qui console.

Sur ce, que vos compositeurs examinent leurs consciences et leurs partitions.

Je n'ai pas dit un mot des Tziganes. Voulez-vous savoir pourquoi? Tout simplement parce que je considère ces nomades comme les plus parfaits fumistes de notre temps. Quelle mystification! Ceux qui nous en ont parlé les premiers nous les ont décrits sous un jour qui faisait frémir de l'impatience et du désir de les entendre. Jamais on ne montra un enthousiasme pareil. C'étaient des artistes primitifs, sans éducation musicale, tout à fait barbares, mais ayant par cela même une fougue, une saveur indescriptibles. Les morceaux qu'ils jouaient? des chefs-d'œuvre!

Et quelle étonnante originalité ! quel rythme entraînant, enivrant, fou ! En un mot, toute une tribu d'Orphées qui n'avaient qu'à paraître, leurs instruments sous le menton, pour dégoter les solistes des concerts du Conservatoire et sainte Cécile elle-même. C'en était trop. On en a fait venir. Aussitôt nous nous sommes précipités pour les savourer ; et nous nous sommes aperçus que ces virtuoses n'avaient ni plus ni moins de talent que les bons harpistes et mandolinistes qu'on entend en Italie dans les cafés. Au reste, c'est une mode qui tend à s'introniser à Paris. Et si l'on me présente les Tziganes comme musiciens de limonadier, je n'y vois plus d'inconvénient. Allez les entendre. Il n'est point désagréable de sucer une glace en musique. Prenez garde seulement que l'on ne vous serve en même temps que la mélodie des apéritifs ou des spiritueux frelatés... pour compenser les dépenses.

*
* *

Les théâtres littéraires — vous savez que nous sommes forcé d'appeler ainsi les théâtres où l'on ne chante qu'accidentellement — peuvent être divisés en deux catégories :

Les théâtres gras, et les théâtres maigres.

On entend par gras tout théâtre qui ne recule pas devant six et même sept actes joués dans la même soirée.

Le maigre est celui dont le directeur est persuadé qu'on fait beaucoup pour le public en lui offrant un vaudeville dont les trois actes sont espacés par des entr'actes de cinq quarts d'heure.

Ici, lecteur, vous voyez vous-même ce qu'il vous reste à faire. J'ai connu à Toulouse, dans ma jeunesse, un brave commandant d'infanterie qui, à sa pension, ne laissait pas passer un seul mets, soit à déjeuner, soit à dîner, sans en prendre, même quand visiblement il n'avait pas faim. Un jour, son colonel lui dit :

— Pourquoi diable mangez-vous de tout ce qui paraît sur la table ?

— Et je paye ! répondit ingénuement ce soldat primitif et sincère.

Si vous êtes comme le commandant, si vous jugez que du moment qu'on paye il faut en prendre pour son argent, fréquentez les salles où les pièces sont abondantes. Mais si vous dédaignez les plats qu'on allonge en y ajoutant une sauce dont la cruche fait les frais, vous irez évidemment voir Granier, Judic ou Chaumont dans des pièces courtes et exquises.

Il va sans dire cependant que l'on peut rencontrer en même temps la qualité et la quantité. Cela vous arrive à la Comédie française si fréquemment, qu'on pourrait dire tous les soirs sans trouver de contradicteur. Mais la Comédie française, c'est le théâtre unique, c'est la scène merveilleuse où l'art dramatique a été poussé jusqu'à l'expression parfaite, absolument parfaite de tous les sentiments. Les tableaux qui y sont représentés donnent l'image exacte de la vie humaine. Ce ne sont plus des acteurs que vous avez devant vous, mais les personnages mêmes de l'histoire, de la fable ou du monde, dont ils portent les noms. On est arrivé, par la mise en scène, à les placer dans le milieu hors duquel ils paraîtraient étranges. L'ensemble est si parfait, le développement de l'action est si bien fondu qu'on ne comprend pas autrement l'art théâtral, et les scènes si admirablement rendues se succèdent devant vos yeux et s'enchaînent les unes aux autres, sans que vous imaginiez autre chose que ce que vous voyez.

Mais aussi, quels comédiens! quelles comédiennes! Faut-il nommer Mounet-Sully devenu, en ces derniers temps, le roi de cette scène incomparable? Et Worms, sans rival dans la comédie? Et Febvre, dont nous avions deviné l'avenir sans pourtant le supposer si éclatant? Et mademoiselle Reichemberg, mademoiselle Bartet, mademoiselle Pierson, madame Baretta, madame Pauline Granger? Et les jeunes?

Au-dessus de tout cela plane la physionomie sympathique et fine d'un littérateur exquis. D'aucuns, lorsqu'il saisit le sceptre, lui contestaient les qualités nécessaires à un pasteur de comédiens. Et, à l'honneur de notre profession, il a montré qu'on pouvait être un poète séduisant, un annaliste plein d'attrait, un conteur sans pareil, et avoir, dans cette main qui tient si dignement une plume, assez de fermeté pour qu'on respecte ses décisions et son autorité. Les deux ou trois tentatives qu'ont faites certains artistes pour briser la discipline ont si mal tourné, qu'il n'est pas de capitaine plus respecté à son bord que ne l'est M. Jules Claretie dans le cabinet directorial de la Comédie française.

*
* *

Les autres théâtres gras sont l'Opéra, l'Opéra-Comique, l'Odéon, la Porte-Saint-Martin, le Châtelet, la Gaîté, l'Ambigu.

Comme théâtres maigres, citons le Gymnase, les Variétés, le Vaudeville, le Palais-Royal, les Folies-Dramatiques, la Renaissance, les Nouveautés, et surtout les Bouffes-Parisiens, Cluny, Déjazet, les Menus-Plaisirs quand ils sont ouverts.

Entre les gras et les maigres, il en est qui, sans être entrelardés, ne participent ni des uns ni des autres. Ce sont principalement ce que nous appellerons les théâtres intermittents, tels que le théâtre Libre, le théâtre Libre ancien, le théâtre d'Application, le théâtre du Chat-Noir, les théâtres de marionnettes et quelques autres scènes affichant des allures en dehors de toute convention ou des règles établies.

On classe encore les salles de spectacle d'une autre sorte : il y a les salles pour anémiques et les salles pour pléthoriques. Le Gymnase, les Variétés, le Palais-Royal, l'Ambigu, la Renaissance, les Folies-Dramatiques sont pour anémiques, en tant que les anémiques ne sont pas gros. Dans ces théâtres, en effet, l'architecte a été tenu de mesurer la place avec tant de parcimonie, qu'il y est défendu d'être obèse. Les loges de quatre places contiennent facilement deux personnes, et celles de six ne sont pas tout à fait assez grandes pour quatre spectateurs. Quant aux fauteuils, il y a des gens à qui l'on aurait beau chanter: *Asseyez-vous d'sus !* l'opération serait impossible. C'est même pour cela, sans doute, qu'on a si longtemps éloigné les dames de l'orchestre dans les théâtres. Celles qui, en omnibus, ne peuvent introduire dans les stalles le fragment de leur individu situé au sud de leur tournure, ont une peine inénarrable à se placer en lesdits fauteuils. Et vous jugez si c'est désagréable !

Mais que ces aimables personnes se rassurent. Il y a heureusement d'autres théâtres, et des plus huppés, qui offrent à leurs fidèles des sièges spacieux : telle la Comédie française, un théâtre sans défaut ; tels la Porte-Saint-Martin, l'Opéra, l'Opéra-Comique, le Châtelet, qui font la joie des redondances physiques ; tels l'Odéon et la Gaîté... mais surtout l'Odéon. Je ne saurais trop vous recommander l'Odéon à tous les points de vue. D'abord, en y allant, vous ferez plaisir à Sarcey, et, si vous n'êtes pas expressément venu à Paris pour ça, d'autre part rien qui ne vous empêche de lui procurer cette satisfaction. Ensuite, il n'est pas de théâtre plus hygiénique. Pour s'y rendre, il faut marcher ou, tout au moins, chercher une voiture ; cela fait faire la digestion. Mais, si par hasard vous aviez ce que les médecins appellent l'intestin paresseux ou simplement distrait, il faudrait y aller à pied. C'est souverain. Et une fois rendu, quelle récompense ! La salle est spacieuse, les fauteuils recevraient sans souffrance les cinquante lauréats de la dernière exposition des hommes gras, aux États-Unis. En outre, il y a des chances pour que le fauteuil voisin du vôtre reste vide. Et alors, quelle commodité ! Vous y posez votre chapeau, votre programme, votre lorgnette. Les acteurs sont bons ; les actrices, charmantes ; les corridors, vastes. On y est si bien qu'aucun théâtre ne peut être recommandé plus chaudement que celui-là aux personnes atteintes de maladies chroniques et héréditaires. Permettez-moi d'ajouter qu'une fois la pièce finie, on a le temps de respirer avant de rentrer chez soi. Enfin, l'Odéon est pour moi le plus agréable théâtre de Paris, et, si vous m'en croyez, il le sera pour vous-même, cher lecteur.

Ceux qui aiment à causer pendant que les acteurs sont en scène trouveront leur affaire au Châtelet. Aux braves gens fanatiques de l'opérette signalons la Gaîté. Et puis, mon Dieu ! regardez autour de vous. En quelque endroit que vous soyez logés, Paris est ainsi fait en ce moment, que vous devez avoir un théâtre à votre portée, car vraiment il y en a dans tous les coins.

Si nous voulions pousser cette fantaisie jusqu'aux confins d'une saine philosophie, nous pourrions aussi comparer les répertoires de chaque scène à un régime nutritif particulier. Ainsi nous considérerions l'Opéra comme ces tables surchargées de cristaux brillants, d'argenterie superbe, de vaisselle merveilleuse et de fleurs divines. Avec cela quelques plats sérieux, mais beaucoup de hors-d'œuvre, vins capiteux, desserts exquis, liqueurs délectables et entremets — c'est du ballet qu'il s'agit ici — un peu excitants : grand luxe autour de vous, convives très comme il faut, femmes décolletées, spirituelles, à point... C'est un régime qui vous mène directement à la goutte, à la pléthore ou à la gastralgie... mais c'est bien charmant...

L'Opéra-Comique me fait l'effet d'un lunch, ou, si vous voulez que nous parlions français, d'un goûter. Rien de consistant. On y prend un plaisir extrême. Chaque mets, très luxueusement servi d'ailleurs, a un goût délicat, mais le hors-d'œuvre domine. Crevettes, caviar, olives, petits poissons secs. Cela flatte le palais, trompe l'estomac, vous donne l'illusion d'un repas. Les convives, là aussi, sont aimables et distingués, moins qu'à l'Opéra cependant. Trois heures de ce régime de temps en temps n'ont rien de dangereux; au contraire, cela émoustille. C'est un repas d'amusettes.

Le concert Colonne ressemble à ces banquets où l'on se réunit pour manger de l'éléphant, du rhinocéros, de la baleine, du caïman et d'autres invraisemblances. Les convives se donnent des airs sacerdotaux et mangent avec une importance pontificale. On devine à les voir qu'ils se disent in petto : « Certes! ce n'est pas fameux, mais tout le monde n'en mange pas. »

La table merveilleuse, c'est la Comédie française. Il faut toujours en revenir là. Salle à manger d'une sévérité bienveillante. Des plats préparés par les premiers cuisiniers du monde. Nourriture saine, sérieuse, sans fanfreluche. L'estomac et toute l'économie s'en trouvent on ne peut mieux. Ce sont les sages — et ils deviennent de plus en plus nombreux — qui vont s'asseoir à ce festin et qui en sortent — ô vertu de ces agapes ! — prêts à recommencer ce parfait repas. Jamais un estomac ne s'en est mal trouvé. On y peut voir des gens ne goûtant pas comme il faut et ne traitant pas, avec le respect voulu, le menu qu'on leur sert. Mais c'est du bien perdu seulement et personne au monde n'en a jamais eu d'indigestion...

Après la Comédie française, deux bonnes maisons où l'on mange agréablement sont l'Odéon et le Gymnase. Dans l'une et l'autre, mais surtout au Gymnase, l'ensemble a un petit côté bourgeois qui marque un degré de moins. Mais la chair est substantielle, et la digestion qui s'ensuit, très facile. Quelquefois même un peu de Gymnase repose doucement des chefs-d'œuvre...

Au Vaudeville, c'est le dîner de campagne, avec une inénarrable bonne humeur. Excellente figure d'hôte. Bon appétit des convives. Ceux-ci ne sont pas toujours très exigeants, mais quelquefois aussi on leur sert quelque plat sans pareil, comme *les Surprises du Divorce*, dont tout le monde redemande, en chantant, sans arrière-pensée, les louanges de la cuisinière. Ici la cuisinière est représentée par deux chefs... de la cuisine gauloise... où le sel n'est jamais ménagé.

Avec le théâtre des Variétés, comme avec le Palais-Royal, nous entrons dans des restaurants dont la cuisine est sujette à quelques écarts. Rien de classique, une fantaisie aimable ; mais aussi, de temps à autre, des repas qui font faire la grimace aux amateurs. Ce sont endroits où l'on accommode parfaitement les légumes les plus vulgaires en les assaisonnant avec une encessive variété de condiments très chauds et très excitants. Ici l'on a plutôt l'impression de soupers faits en compagnie d'aimables personnes. Comme desserts, des fruits défendus auxquels on mord à belles dents. Mais, avouons le, ce sont cabarets si fort à la mode que les curieux y viennent toujours nombreux, même quand les marmitons ont raté la sauce.

A l'Ambigu, bon et solide repas d'honnête et humble famille bourgeoise. La soupe et le bœuf, avec un hors-d'œuvre et un gâteau. Bon vin ordinaire. De temps à autre une fête, quelque plat sucré d'une rare perfection, puis les convives reviennent à leur sagesse et à leur tempérance.

Une table abondante et richement servie, le luxe poussé aux dernières limites ; domestiques superbes, tous les raffinements et toutes les illusions. Telle est l'apparence des représentations de la Porte-Saint-Martin. Pas un spectateur ne sortira de table sans se promettre de revenir. Mais l'estomac s'en trouvera-t-il bien ? Toute la question est là. Entre nous, les gastralgiques et les diabétiques feront bien d'imiter le guillotiné par persuasion, d'avoir de la méfiance.

Nota bene. — C'est le théâtre ordinaire de Sa Majesté Sarah Bernhardt...

Aimez-vous manger à la campagne, sur le bord de l'eau, tranquillement, avec une friture, une omelette, quelques ronds de saucisson, un potage de fantaisie et les quatre mendiants ? Quand il fait beau, c'est charmant ; cela rafraîchit et repose et, Dieu merci, rien d'imprévu. Ce n'est pas très bon, mais vous le savez d'avance. Votre palais, d'ailleurs, est habitué depuis longtemps à ces menus neutres qui ne font pas de bien et quelquefois pas de mal. Ce sont les théâtres d'opérettes : la Gaîté, les Folies-Dramatiques, les Bouffes, l'Eden, les Nouveautés, peut-être même les Fantaisies-Parisiennes, les Menus-Plaisirs.

Quant au théâtre Cluny, c'est le restaurant des pauvres diables, qui sert à ses clients les restes des cabarets de haute volée. Il arrive quelquefois, il arrive même souvent que ces reliefs soient exquis et d'une rare saveur, mais enfin ce sont des reliefs, il est indispensable de le dire.

Le théâtre Libre représente un coin particulier, quelque chose d'exotique et de spécial, où les épices, piments, kari, caviar et autres violences sont répandus à profusion dans tous les plats. Et j'ai bien peur que les gens qui s'obstineront à en faire leur régime ordinaire n'aient en peu de temps le goût atrophié et le système digestif entièrement brûlé.

Recommandons le théâtre d'Application aux amateurs de primeurs, le théâtre du Chat-Noir à ceux qui aiment à rire en savourant des fondants et du champagne, et les théâtres de marionnettes aux malheureux dont le goût est décidément par trop raffiné.

UNE PREMIÈRE

A l'heure présente il existe dans le monde écrivain et dans le monde lecteur une fureur d'analyse dont probablement la prochaine génération fera des gorges chaudes. Faut-il dire que nous avons tort ? Nos neveux auront-ils raison ? Quoi qu'il en soit, et la monomanie actuelle étant acceptée, je m'étonne qu'il n'y ait point, parmi les romanciers ou les moralistes de ce temps, un chimiste qui se soit donné la peine d'analyser les éléments d'une première représentation... de ce qu'on appelle par abréviation une Première.

On va me dire que Zola s'est offert ce plaisir au commencement de *Nana*. Oui, mais dans une forme, dans une salle et à un point de vue particuliers. Il n'a pas — à mon humble avis — pris la chose d'assez haut. Et je le regrette, car lui seul, peut-être, était capable de le faire.

J'aurais voulu qu'il dît par quelles séries de fermentations a passé la société parisienne ou tout au moins ce fragment de la société qui se flatte d'en être la crème et qui n'en est que la mousse, pour en arriver à croire que paraître à la présentation d'une

6.

pièce constitue le *summum* du chic, du bonheur et du parisianisme.

La logique voudrait, semble-t-il, qu'on attendît l'effet produit par la comédie, le drame ou l'opéra dont il s'agit, pour les aller savourer s'ils sont bons, pour s'abstenir en cas d'insuffisance.

Eh! bien, non. Nous mettons de côté le bon sens, qualité pourtant bien française, et nous allons aux premières pour satisfaire cette dépravation du goût, qui se manifeste souvent chez les fanatiques de primeurs.

Si les Parisiens étaient sages, on ne verrait aux premières représentations que des journalistes dont c'est le devoir, des éditeurs dont c'est l'intérêt, des auteurs dramatiques dont c'est la profession, et des acteurs venus là pour voir, comparer, chercher des effets. Tandis qu'au contraire, les gens du monde, les hommes politiques, les restaurateurs en vogue, les sommités artistiques, la fine fleur des cercles et une singulière salade de femmes se font une loi de se montrer à la moindre solennité de ce genre, au risque de s'ennuyer ferme si la pièce est mauvaise, ce qui arrive généralement. Encore une fois, pourquoi?

Eh! mon Dieu, d'abord et avant tout parce qu'avec ses allures libertines Paris est tout simplement la plus petite ville du monde, qu'on s'y combat à coup de rivalités ridicules et que nombre de gens veulent, par esprit de cabotinage, être les premiers à pouvoir dire soit dans un salon, soit dans un atelier, soit à la Chambre :

— J'y étais, c'est infect !

Ou bien encore :

— Mes petits enfants, il faut voir Sarah dans cette machine. Elle est arc-de-triomphale...

Et puis, voyez-vous, comme il est admis que les heureux assistants d'une première sont des êtres privilégiés, lesquels ne doivent pas être confondus avec le *vulgum pecus*, toutes les vanités — et Dieu sait si elles sont nombreuses dans la Ville-Lumière — toutes les vanités ont pour objectif de faire partie de cette élite, ou du moins de paraître en faire partie. Il faut pouvoir dire encore une fois :

— J'y étais !

Et quand on y est, quand pour or, pour argent, par l'influence d'un ami, par son mérite propre même on est arrivé à entrer dans cette salle qui, pour la circonstance, est un sanctuaire, encore faut-il qu'on vous voie, que les autres vous sachent là, qu'on dise enfin de vous : *c'est quelqu'un ou quelque chose*. Alors quelles scènes de comédie dans les couloirs où tout le monde — tout le monde, entendez-vous — joue un rôle, sauf une demi-douzaine de philosophes !

L'homme de talent, écrivain ou auteur dramatique, est là parce qu'il est forcé de soigner sa gloire. Certes, le coin de son feu ou la fine partie de wisth chez un ami lui faisaient les yeux doux. Avec quel plaisir il aurait tout lâché ! Mais on a beaucoup vanté un rival, cette quinzaine. Il ne faut pas tomber au-dessous de l'étiage. Dans l'entr'acte il parlera de sa prochaine pièce ou de son livre futur, juste au moment où passera le reporter du *Figaro*. Cela fait, il commencera un cours de charpente dramatique pour donner le change à cinq ou six caudataires qui sont venus, eux, se montrer en sa compagnie et faire dire par la masse des spectateurs jaloux :

— Voyez donc Jeandieu ! comme il est bien avec Dumas !

Ah ! si l'on savait combien peu de ces spectateurs viennent pour la pièce. Sauf les auteurs accourus dans l'espoir de la voir tomber, ou quelques critiques convaincus de la dignité de leur sacerdoce, il n'y a pas quarante personnes dans la salle qui s'intéressent à ce qui se passe sur la scène.

Presque tout le monde, au contraire, attend l'entr'acte avec la plus singulière impatience. Un rayon de joie éclaire les physionomies quand le rideau tombe aux applaudissements de la claque. On se répand dans les couloirs bruyamment. Vous ne pouvez vous faire une idée de l'obstruction des portes et des escaliers. Il y a un tas de nervosiaques qui se démènent comme diables dans un bénitier, saluant l'un, serrant la main à l'autre, appelant celui-ci, demandant : Sardou est-il dans la salle..?

Et quand votre curiosité, éveillée par tant de bruit, s'informe, elle apprend que le personnage en question est un Taupinard quelconque ou un Meyer de second rang, proche parent du monsieur qui cherche Valabrègue, qui dit à tout le monde : je cherche Valabrègue, et qui serait bien désolé de le trouver assurément, car non seulement il n'a rien à lui dire, mais il ne le connaît pas.

En dehors de ces grotesques, il faut citer un agité d'espèce particulière. Jeune homme du monde, courant, toujours essoufflé, de loge en loge, saluant avec une semblable impertinence ou le même respect les cocottes et les femmes du monde, faisant le tour du théâtre en un clin d'œil, sachant sur le bout du doigt les noms des titulaires de chaque place, aimable, mais pressé; spirituel quelquefois, mais pressé ; ne sachant d'ailleurs à qui entendre, car on l'appelle en riant de vingt côtés, tant il est pressé. Il bouscule cent personnes, fait la cour à trente drôlesses, passe comme un ouragan, revient, disparaît, s'enfonce dans une baignoire, se retrouve dans une troisième loge, et, la représentation finie, a généralement sur les bras douze rendez-vous d'amour et un duel.

L'affaire s'arrangera, bien entendu. Est-ce qu'il aurait le temps de se battre ? Quant aux rendez-vous, il courra de l'un à l'autre pendant vingt-quatre heures sans jamais arriver ni assez tôt ni assez tard.

Pendant ce temps des groupes se sont formés au foyer ou dans les corridors, groupes toujours présidés par « une de nos personnalités les plus sympathiques ». Et dans ces groupes la plus grande préoccupation de tout un chacun est de briller par des aperçus ingénieux ou un esprit de tous les diables.

Les soiristes, — vous savez qu'on appelle soiristes les personnages éminents qui rédigent dans une feuille quelconque le compte rendu à côté de la représentation et qui signent un Strapontin, un Fauteuil ou un Amphitéâtre, — les soiristes, dis-je, parcourent ces groupes, à la façon des abeilles qui vont de fleur en fleur butiner le miel. Le miel ici n'est autre chose que les deux ou trois mots très spirituels dont ils sont tenus d'émailler leur article et qu'ils cueillent, toujours à la façon des aptères, sur les lèvres des quelques hommes d'esprit, toujours les mêmes, dont c'est la profession de se laisser ainsi dépouiller de leur matière cérébrale. Ainsi tel soiriste qui passe pour extrêmement spirituel est tout simplement un parfait écouteur, très capable, d'ailleurs, de ressemeler proprement un mot éculé ou une saillie mal formulée.

Est-il besoin d'ajouter que cela se passe au milieu d'un bruit aimable? Quelquefois — les jours de chute principalement — il règne là une gaieté voisine de la folie. On s'étreint, on médit, on calomnie. Le bagou parisien, la verve du Boulevard et cette espèce d'esprit qui s'apprend, sont dépensés sans compter. On rit énormément; on s'amuse peut-être. Mais personne n'oublie qu'il est venu pour se faire voir, pour poser, pour qu'on le compte, pour qu'on le nomme dans le compte rendu. Tous et toutes s'occupent de leurs intérêts et de leurs passions, flattent, mentent à dire d'expert...

Et quelquefois au milieu de ce tohu-bohu on voit passer muet et sinistre un homme irréprochablement vêtu qui regarde tout ce monde sans avoir l'air de comprendre, et à qui l'on est tenté de lancer la phrase de Gavarni :

— Mais veux-tu bien ne pas t'amuser comme ça !

C'est un malheureux du Marais ou de Carcassonne qui s'est dit un matin :

— Il faut pourtant que je sache ce que c'est qu'une première représentation.

Il a payé soixante-quinze francs un fauteuil d'orchestre.

— C'est raide, dit-il. Mais, enfin, je verrai Sarcey, Vitu et Pailleron.

Il s'est installé, a regardé de tous ses yeux, n'a reconnu personne, demande timidement à son voisin de lui montrer Francisque Sarcey. Mais son voisin est un Américain du Sud, très riche, qui lui répond :

— A la disposition de *usted*.

Et lui passe obligeamment sa jumelle. Pas de chance. L'autre voisin a un accent tudesque et, par patriotisme, notre homme ne veut rien lui devoir.

— Parbleu ! dit-il, je les reconnaîtrai bien.

Mais, va-t'en voir ! aucun visage ne lui dit rien. Et pendant l'entr'acte il déambule lamentablement, ne trouvant personne à qui parler, se glissant dans les groupes sans se demander ce qu'il est venu faire là et ne voulant pas s'en aller par respect pour les soixante-quinze francs de sa place.

Au dernier entr'acte pourtant, il croit entendre un monsieur prononcer le nom de Labiche, en serrant la main à un vieillard, et le lendemain il dira, lui aussi :

— J'y étais, ce n'était pas bien fameux. Mais j'ai causé avec Labiche.

Malheureusement, Labiche est mort depuis dix-huit mois.

Sur la scène, au foyer des artistes, le spectacle varie selon que le succès ou la défaite se dessinent pour les auteurs. Si le public est froid, les coulisses sont vides de curieux, et les coupables, c'est-à-dire les criminels à qui l'on doit la pièce, se promènent derrière la toile de fond, les mains dans les poches, les yeux à terre, n'osant pas manifester l'espoir que le dénouement sauvera tout.

Acteurs et actrices qui descendent pour le quatrième acte leur jettent des regards gouailleurs, confiants qu'ils sont dans la formule : « Les artistes ont vaillamment fait leur devoir et, si la bataille avait pu être gagnée, elle l'aurait été par eux. »

Le directeur, lui, préside, avec un rire jaune, à la pose des décors et à l'installation des accessoires; jamais on ne vit un homme plus affairé. Il s'occupe de tout, pour ne pas être forcé de s'occuper des auteurs qu'il laisse cuire dans leur jus.

Mais si c'est un succès ! ah ! mes chers amis ! il faut voir ça. La poitrine des auteurs se bombe comme des pommes de terre soufflées de chez Bignon. Une queue de féliciteurs s'établit dans les coulisses.

— Mon cher, c'est un chef-d'œuvre ! Comme pour *les Faux Bonshommes*, on a prononcé le nom de Molière.

— Vraiment! Qui donc?

— Lapommeraye.

— Brave garçon !

— Ah! mon vieux, quel succès! clame un confrère en se jetant hypocritement dans les bras des triomphateurs. Ce que je suis content! Vous en avez pour cinq cents représentations !

Et puis chacun demande à serrer la main des grands hommes, à les embrasser, à les étouffer. C'est une procession. Dix d'abord, puis cinquante et cent spectateurs défilent devant eux, éructant des exclamations admiratrices.

Les acteurs sollicitent un regard, les actrices se font couvrir de baisers et le directeur ne lâche pas ses fournisseurs, de peur qu'un autre impresario ne les lui cueille à sa barbe pour leur prochaine pièce.

Mais cela n'empêche point les sentiments.

— Allons, messieurs, place à la scène !

— Qui êtes-vous, monsieur? Que faites-vous ici ?

— Je cherche Valabrègue !

— Et vous, monsieur ?

— Est-ce que Sardou est sur la scène ? Oh ! bravo les auteurs, bravo !

Cependant on a sonné. Les auteurs calculent les droits qu'ils toucheront. Le directeur fait afficher que les rôles seront appris en double. Chacun regagne sa place et c'est le moment où les reporters, leur siège fait, inscrivent sur leurs tablettes les noms des personnages de marque assemblés dans la salle, depuis l'éminent académicien jusqu'au coulissier ridicule, ou passant par des professions et par des pays aussi bizarres qu'inattendus.

C'est aussi le moment où se fait sentir l'utilité du restaurateur qui assiste, on ne sait guère pourquoi, à toutes les premières. Pendant la pièce et pendant les entr'actes, personne ne lui parle. Il va, seul, à travers les escaliers, ainsi qu'une âme en peine et s'amusant comme le monsieur qui a causé avec Labiche ; mais, dès qu'il s'agit de dresser la liste des « vus » ou « reconnus », on est sûr qu'il y figurera en première ligne.

A quoi faut-il attribuer cette singulière faveur ? Prépare-t-il pour le directeur qui l'invite des plats merveilleux, inédits ? Réserve-t-il pour le *reporter* un bordeaux qui fait rêver ou un bourgogne stupéfiant ? Mystère. Peut-être paye-t-il sa place, après tout...

Quoi qu'il en soit, on le cite. Il est parmi les « reconnus », son nom se glisse entre celui de Charles Garnier et celui d'Alfred Mayragues. Quand on veut lui faire plaisir, sans doute à cause du bourgogne éblouissant, on le met immédiatement après M. de Rothschild. Mais aussi celui qui veut lui être désagréable le sert en sandwich entre une Américaine du Nord et une Américaine du Sud, aux noms improbables; car il y a aussi de ces gens-là aux premières. On affirme que, ces soirs-là, un vingtième du public ne comprend pas un mot de français. Et il en est qui payent pour être vus.

Maintenant que j'ai rapidement esquissé — car

il faudrait un volume pour en faire le tableau — ce que c'est qu'une première, peut-être penserez-vous, lecteurs, que le Parisien en raffole, précisément parce qu'il y heurte toutes ces vanités, toutes ces sottises, tous ces ridicules, toutes ces mauvaises fois. Il prend peut-être un plaisir extrême à s'assurer qu'il n'est pas le seul à avoir des défauts, des faiblesses et des vices. Car, chose bizarre, tout le monde pose et dissimule au milieu de ces solennités, et tout le monde est déshabillé moralement par des censeurs inflexibles qui, eux-mêmes, n'échappent pas à la loi commune. Encore une fois, c'est sans doute pour ça que c'est amusant.

Les premières les plus courues sont celles du Théâtre-Français, où l'on peut contempler un grand nombre d'académiciens; puis celles de l'Opéra, où brille d'un éclat sans pareil la haute finance israélite, l'Opéra-Comique un peu loin, la Porte-Saint-Martin, très, très courue, et où l'élément littéraire, l'élément artistique, l'élément demi-mondain sont fort considérables. On remarque à ce théâtre un certain nombre de vieilles drôlesses, teintes et peintes, qui jouent aux jeunes femmes et qui constituent un élément de gaieté parfaite; le Gymnase, où la foule commence à se mêler; l'Odéon, très plein de gens qui n'ont leurs entrées que là. Sarcey y protège Porel et, moyennant le prix d'un fauteuil d'orchestre, on peut voir le critique du *Temps* s'enthousiasmer dans les hauteurs les plus invraisemblables du thermomètre; le Vaudeville, où florit le gommeux; les

Variétés, où les fleurs du gommeux se changent en fruits ; la Gaîté, le Châtelet, l'Ambigu, la Renaissance, les Folies-Dramatiques, les Nouveautés, les Menus-Plaisirs, les Bouffes, etc., etc,, etc.

Bien entendu, ce n'est pas toujours exactement le même public qui vient aux premières dans tous ces théâtres. Mais assurément il y a un stock de cinq cents personnes des deux sexes qui n'en manquent pas une... même au théâtre Libre — surtout au théâtre Libre — dont je ne vous ai pas encore parlé parce que les premières n'y ressemblent pas tout à fait à celles des salles payantes.

LES CERCLES

Je ne puis m'empêcher de sourire en songeant à la diversité de sentiments et de tableaux qu'éveillera ce mot de *cercle* dans l'esprit de mes lecteurs, selon la nuance sociale à laquelle ils appartiennent. Tout le monde, cela est clair, sait pertinemment

Que comme la vertu le cercle a ses degrés.

Mais peu de gens se font une idée bien nette des immensités qui séparent un cercle de premier ordre, non pas d'un de ces établissements à gérance où viennent jouer tous les rastaquouères des deux mondes, mais même d'un cercle correct fréquenté par une aimable bourgeoisie.

Voici ce que dit Charles Yriarte sur ce sujet :

« Réunissez dans un même individu, s'appelant M. Durand ou M. Legras, la science profonde d'Arago, l'universalité de Goethe, l'humour et la forme exquise de Henry Heine, la grâce de d'Orsay, la fortune du baron Sina et la probité de l'homme aux rubans verts; que le mortel ainsi doué soit encore d'un cerveau froid et de mœurs douces, qu'il n'ait jamais marqué sa place dans les démonstrations politiques. — Votre Durand est-il assez complet? — Encouragez-le dès lors à solliciter son admission au cercle de l'Union, je réponds que non seulement ses prétentions n'aboutiront pas, mais qu'elles seront même regardées comme audacieuses. »

Donc l'Union est un sommet, un pic inaccessible à tout individu ne réunissant pas certaines conditions d'éducation et de naissance. On ne voit là qu'une élite de gentilshommes et même de gentilshommes parisiens. Autour de celui-là s'élèvent d'autres pics : le Jockey Club, le Cercle agricole, le Cercle des chemins de fer... dont nous n'écrirons pas la physiologie, mais qui sont des éléments indispensables de la vie de Paris et que nous devions mentionner uniquement pour montrer, par ce qui va suivre, combien il est prétentieux d'appeler cercles des lieux d'assemblées où se passent des choses bouffonnes et où ce sont généralement les gens mal élevés qui tiennent le haut bout.

Cela bien établi, afin qu'il n'y ait pas de malentendu entre l'auteur et les lecteurs, je diviserai la matière en cercles où l'on s'ennuie, en cercles où l'on s'amuse, en cercles où l'on se compromet et en cercles où l'on se vole.

LES CERCLES OU L'ON S'ENNUIE — LES CERCLES OU L'ON S'AMUSE

Les cercles où l'on s'ennuie ont une très proche parenté avec *le monde où l'on s'ennuie*. Ils sont généralement aussi distingués, mais moins drôles, quoique tenant une place considérable et considérée dans le monde. Ils ne sont d'ailleurs pas de notre ressort. On se tromperait en les considérant comme des lieux de plaisir. Regardons-les seulement comme des rouages sociaux très utiles…

Les cercles où l'on s'amuse doivent être subdivisés en deux catégories : ceux qui s'administrent eux-mêmes, et ceux qu'administrent des spéculateurs. Les premiers sont tout ce qu'il y a de plus honorable, de plus charmant, de plus distingué. En tête figure le cercle de l'Union artistique, *vulgo*, les Mirlitons. Il est composé de gentlemens, d'hommes de lettres, de peintres, de financiers, de sculpteurs, qui tous ont marqué dans leur profession par des succès et une honorabilité de premier ordre : MM. Carolus Duran, Berne-Bellecour, Detaille… Mais pourquoi citer des noms ? Chaque année, vers le milieu du mois de février, le cercle ouvre une exposition de peinture et de sculpture, qui a une réputation européenne, où les membres des Mirlitons seuls sont admis et qui attire chaque jour pendant un mois une foule élégante et compacte.

Des toiles d'une célébrité universelle ont été exposées là pour la première fois. Alphonse de Neuville réservait chaque année pour cette fête des yeux un petit chef-d'œuvre, et l'on pourrait citer maint artiste qui, dédaigneux des succès un peu gros du Salon, ne manque jamais d'y envoyer quelque toile de derrière les fagots.

Ce n'est pas tout. Les Mirlitons ont aussi leurs soirées, leurs représentations. De temps à autre, on y donne un assaut d'armes où MM. Saucède, Carolus Duran, etc., se mesurent avec les Vigeant, les Mérignac, les Ruzé, les Rue. Presque chaque année on y joue une revue ou quelque fantaisie théâtrale sur une scène minuscule, mais très bien ordonnée, où paraissent des membres du cercle à côté d'actrices de la Comédie française, de l'Odéon, du Gymnase, du Vaudeville. C'est un honneur considérable que d'être choisi pour écrire la pièce, quelque chose comme un diplôme d'homme d'esprit et une marque de profonde estime donnée par le bureau du cercle. Il n'est point besoin de dire que, dans ce milieu de gens bien élevés, tout se passe correctement, la pièce fût-elle archimauvaise, les acteurs au-dessous de tout; ce qui d'ailleurs ne s'est jamais vu.

La faveur d'assister à ces soirées est très courue, d'abord parce que l'argent n'en peut ouvrir les portes, et ensuite parce qu'on s'y amuse de bon cœur. Après le spectacle il y a généralement agapes, comme disait Aubryet, où le champagne coule à flots et où l'on se divertit avec plus d'entrain encore que tout à l'heure.

Sur le modèle de l'Union artistique s'est ouvert un autre cercle où l'on fait des expositions, où l'on joue des pièces et où l'on s'amuse avec autant d'entrain, au moins. C'est le cercle Volney. Là aussi l'on trouve des artistes *de primo cartello*, des écrivains de talent. Il en est même qui font partie des deux cercles et qui contribuent, pour une grande part, dans l'un et l'autre, au succès des soirées. Il me semble — mais je n'en jurerais point cependant — qu'on a donné un bal au cercle Volney, un bal exquis.

Çà et là, rue Pigalle, rue Rochechouart aussi, je crois, puis dans le quartier Latin, existent d'autres cercles de tout jeunes gens, qui n'ont aucune prétention à la haute vie, mais où l'esprit et la bonne humeur règnent sans partage. De quelques-uns même le jeu est exclu. La plupart donnent à chaque fin de décembre une revue de fin d'année à laquelle la censure n'a rien à voir et qui parfois s'en ressent ; mais pourquoi s'en plaindre ? C'est probablement cette aimable liberté qui a donné à M. Antoine l'idée du théâtre Libre.

Les cercles administrés par des spéculateurs ne jouissent pas d'une réputation de vertu aussi pure, aussi immaculée que ceux dont nous venons de donner un léger croquis ; mais, s'ils sont inférieurs aux autres à ce point de vue et au point de vue de la distraction, il serait injuste de méconnaître qu'on y passe, l'hiver, tous les quinze jours, des soirées où l'on entend la fine fleur des chanteurs et des comédiennes de Paris. Trois ou quatre fois ont lieu des redoutes — c'est-à-dire des bals masqués — où, grâce à un certain sans-façon exempt de candeur, les ivresses de toute sorte atteignent un paroxysme dont il serait difficile de mesurer l'intensité.

7.

Mais, là, il faut être prudent. La société qu'on attire par des perspectives passionnelles y est forcément mêlée. Ces cercles-là ne vivent que du jeu. L'unique préoccupation des gérants est naturellement d'attirer les pontes, comme les pêcheurs attirent les goujons en leur jetant des appâts perdus. Ici l'appât perdu c'est le concert de quinzaine, c'est le bal, c'est dix autres inventions destinées à faire affluer autour des tables de baccarat des citoyens de tous les pays dont les poches soient bourrées d'or. Est-il bien étonnant que, dans de pareilles conditions, quelques brebis galeuses se glissent çà et là, au milieu des honnêtes gens, et qu'il faille de temps à autre épurer le personnel des habitués de la salle de jeu? Ce jeu, c'est vraiment la pierre d'achoppement; car, en dehors de cette salle de baccarat qui est bien, chaque soir et chaque nuit, la plus infâme des tabagies, les locaux occupés par ces cercles sont grandioses, élégants, meublés d'une façon délicieuse. Les déjeuners et les dîners, de premier ordre, sont donnés à des prix invraisemblables. On y trouve des compagnons séduisants au possible, la crème des boulevardiers. On y rit à fond, on y apprend les nouvelles avant les reporters, et on y perd son argent le plus gaiement du monde.

Combien y a-t-il de ces cercles à Paris? Sept ou huit environ. Ils vivent dans des conditions assez précaires. Nés d'une autorisation accordée par la préfecture de police — un moment même ces autorisations étaient l'objet d'un commerce et se cotaient à la petite Bourse, — ils sont comme l'oiseau sur la branche et ne tiennent qu'à un fil, l'autorisation pouvant être retirée. C'est même la seule garantie qu'on ait contre l'avidité, contre l'impudence de certains gérants qui vous feraient enlever votre chemise par des grecs, s'ils ne craignaient pas de voir descendre chez eux, un beau matin, quelque bon commissaire de police. Laissez-moi profiter de l'occasion pour me demander par suite de quel euphémisme on appelle descente de police une opération qui consiste à monter au premier ou au second étage. Quoi qu'il en soit, ces cercles sont pour ceux qui les fréquentent de véritables fleuves — le mot source étant insuffisant — de plaisirs. Toute une population de gens ardents, peu scrupuleux, victimes de leur tempérament, y viennent entretenir et soigner leurs passions. A ce point de vue, nous leur devions une mention toute spéciale.

LES FEMMES DANS LES CERCLES — UN CERCLE DE FEMMES

Dans les cercles tout à fait comme il faut, les pics inaccessibles, comme nous disions tout à l'heure, aux oiseaux de vol moyen, une femme ne pénètre jamais, sous aucun prétexte. Il est même certain que ces sortes d'établissements ont été fondés dans l'unique but de constituer une retraite où les hommes, sans se cloîtrer, fussent à l'abri du beau sexe, de ses exigences, de son influence même et de ses fantaisies. Là, l'homme se retrouve tel que la nature l'a pétri ou que la société l'a formé. Quelqu'un qui y vivrait obstinément ne serait jamais exposé aux surprises du cœur.

Dans les cercles où l'on s'amuse, et notamment aux Mirlitons et succédanès, la règle est la même. Néanmoins la gent enjuponnée a trouvé moyen de s'y glisser par infiltration. Les expositions, les soirées dramatiques ont servi de fissures. Les dames ne sont pas admises dans les salons, et cependant déjà, les nuits de représentations, les actrices prêtant leur concours à l'exécution de la pièce soupent avec ces messieurs. C'est un commencement, une dérogation aux sévérités des statuts.

Il faut dire cependant qu'en dehors de ces cas exceptionnels, les femmes ne pénètrent point dans le sanctuaire.

Que si nous descendons un degré de l'échelle, nous voyons, sous prétexte de concerts, de redoutes et autres imaginations, nous voyons nombre d'impures prendre possession du cercle à géraule, en devenir un ornement et même un moyen d'action dans les mains d'industriels qui brûlent de nous ramener aux beaux jours de Frascati. Donc, quatre, six ou dix fois par an, les femmes entrent au cercle de la Presse, au cercle de l'Escrime, etc., en qualité d'invitées à la vérité, mais enfin c'est le commencement d'une invasion dont on ne peut prévoir les suites.

Mais, que dis-je? Il existe, dans les environs de la

rue Richelieu, un cercle, un vrai cercle, ayant une existence régulière, où les dames sont admises. Chaque soir, après le spectacle et même avant, on peut y voir entrer des couples. De temps à autre, il est vrai, survient une querelle généralement provoquée par la jalousie, la rivalité ou la mauvaise humeur d'une gaillarde peu tolérante; mais quoi! n'est-ce pas la bataille pour la vie?

Enfin, on m'affirme — mais je ne saurais me porter garant du fait — on m'affirme qu'il existe un cercle exclusivement réservé aux femmes. C'est une vieille folle d'assez bonne maison qui l'a fondé. Le nombre des membres est limité. On n'y est admis, comme à l'Union ou au Jockey, qu'après affichage et vote. On est fort strict. Et toute candidate qui n'a aucune chance d'être admise ne trouverait pas de marraine. Enfin la discipline du *Ladie's Club* est très sévère. — Détail piquant : il y a un fumoir; mais il est défendu de piper dans les autres pièces. Enfin, on y joue assez gros jeu.

Ne me demandez pas en quel quartier de Paris il est situé; je ne pourrais vous le dire. L'existence de ce cercle n'est pas reconnue par l'autorité. Une indiscrétion causerait de l'ennui aux femmes progressistes et indépendantes qui en font partie. Je considère donc comme un devoir de garder sur ce point un secret rigoureux.

LES CERCLES OU L'ON SE COMPROMET
LES CERCLES OU L'ON VOLE
LES CLAQUE-DENTS

Au-dessous des cercles où l'on s'amuse, il y a une classe intermédiaire de maisons douteuses où se voit un certain luxe. Des valets à culottes courtes, un salon de lecture, beaucoup de dehors qui brillent. Une correction voulue, affichée. Chaque soir, avant l'heure du dîner, on y voit entrer des gens à l'apparence régulière. Quand il se présente un inconnu à la porte, on lui barre le passage. — Monsieur n'est pas du cercle. Que demande monsieur? En un mot, vous croiriez que, pour entrer, il faut être régent de la Banque de France au moins. Eh bien! ces endroits-là sont des antres où l'on attire les voyageurs, et où on les dévore. Qui que vous soyez, défiez-vous de ces prétendus cercles. On ne s'y amuse pas. Si vous y venez avec de l'argent, et surtout si vous le laissez voir, vingt amateurs vous regarderont avec des yeux de loup. Ne vous asseyez pas à une table de jeu : sur vingt-quatre mains qui voudraient vous étrangler, il y en a seize qui font sauter la coupe avec tant de facilité que, même après avoir été leur victime, vous diriez que ce n'est pas vrai. Tous ceux qui ne sont pas des voleurs, dans cette caverne, sont des tarés. C'est le cercle où l'on se compromet en y mettant seulement les pieds. Il jouit d'une tolérance facile à comprendre. C'est là que la police finit toujours par mettre la main sur les philosophes et sequenciers qui viennent, après des aventures diverses, s'y faire prendre comme papillons à la chandelle.

Plus bas, c'est l'infâme tripot, non pas le dernier degré, car on n'a jamais fini de descendre dans ce cloaque. Mais on est dans la boue. Sous des pelures qui s'efforcent vainement d'être correctes, on trouve là des échoués de toute origine, tombés de haut, venus de bas, filous ou sur le point de l'être, épaves lamentables de la civilisation, et qui espèrent trouver quelque millionnaire relatif à dévaliser. Leur rêve est de gagner cinq cents francs en une soirée.

— Avec ça, disent-ils, je suis sûr de mon affaire. J'achète des frusques, et je pars pour Monaco où, avec mon système !..

Et toutes les nuits on voit errer dans ces salons, si salons cela se peut appeler, les mêmes malheureux habiles à dissimuler un linge absent, portant haut la tête, racontant des histoires où les millions jouent un rôle indiqué, la lèvre sèche, l'estomac creux, essayant d'emprunter cent sous, et ne trouvant pas toujours une cigarette. A certains jours, ils arrivent avec un peu d'argent qu'ils perdent en un tour de main; ces infâmes bouges ayant, eux aussi, leurs tricheurs, sorte de malfaiteurs chassés de partout, et qui sont réduits à exercer leurs talents incontestables en soulageant les meurt-de-faim des quelques pauvres pièces de deux francs, de vingt sous et même de dix sous, qu'ils ont pêchées dans l'océan parisien. Que dire de plus ? Vous n'irez pas, je pense. C'est là ce qu'on appelle gracieusement les *claque-dents*.

LES CAFÉS ET LES RESTAURANTS

On ne saurait attendre de moi que je donne une liste complète de tous les cafés où un homme comme il faut peut aller lire les feuilles du jour, déjeuner à l'occasion, ou bien, sous prétexte d'apéritif, recueillir les nouvelles les plus fraîches et principalement celles qui ne s'impriment pas. Dans chaque quartier de Paris il existe au moins un établissement qui peut passer aux yeux de ses fidèles pour le centre, le nombril même de l'univers. J'aurais donc fort à faire pour les énumérer, et je m'empresse de déclarer que je m'y refuse.

Mais, d'autre part, je ne saurais me soustraire au devoir de célébrer..., fût-ce en quelques lignes seulement, les cafés et restaurants qui jouissent d'une célébrité quelconque.

Si nous prenons notre point de départ à la Madeleine, il faut avant tout nommer le café Durand, célèbre par sa bonne chère et aussi par la haute situation des consommateurs qu'on y peut rencontrer. C'est là qu'à diverses reprises M. le duc d'Aumale, alors qu'il commandait un corps d'armée, a traité ses amis et ses aides de-camp. C'est là également — par une singulière fortune — que le général Boulanger, les soirs d'élection, attendait les résultats du scrutin, en compagnie de MM. Rochefort, Laguerre, Le Hérissé, Naquet, Vergoin, Chincholle, Thiébaud, etc., etc.

A quelques pas, dans la rue Royale, est la taverne Weber, où l'on mange à l'anglaise; et, presque aussi proche, par la rue Duphot, le restaurant Voisin, l'une des cuisines les plus impeccables de Paris, et, comme vins de Bordeaux, la cave la plus sérieuse. Cette maison ne fait aucun étalage et poursuit sans bruit une carrière déjà illustre. Mais il est bon de la connaître pour savoir où se préparent les merveilles les plus savoureuses qu'on puisse goûter en cette capitale.

Si nous revenons sur le boulevard des Capucines, nous bronchons sur la maison Hillz, qui jouissait, il y a quelques années encore, d'une réputation panachée de restaurant de nuit.

Au coin de la rue Scribe et sous les salons du Jockey-Club, se trouve le Grand-Café, très solennel, quelque peu mystérieux, comme tous les déserts, mais qui va, dit-on, guérir de son anémie, grâce à des médications énergiques. Sur le même côté, plus loin, moitié sur le boulevard des Capucines et moitié sur la place de l'Opéra, dans l'immeuble même du Grand-Hôtel, s'étendent les tables du café de la Paix. C'est le premier café boulevardier, le premier où se distille l'essence de parisine. Il a une clientèle qu'on dit plébiscitaire et qui est en tout cas fort distinguée.

Mais voici le café Américain, à côté du Vaudeville, et au-dessous, à peu près, du cercle de la Presse. C'est un des restaurants de nuit les plus fréquentés..... Passons. Il reçoit de trop aimables gens pour en dire du mal. Il a hébergé d'assez horribles gredins pour en dire du bien. On y rencontre, à partir de dix heures, toutes les variétés d'horizontales — *quærentes quem et quod devorent*.

De l'autre côté du boulevard, le café Napolitain, spécialité de glaces et autres consommations d'été. Ce diable de café a beau faire — même faire fortune — il n'est pas encore parvenu à s'acclimater et on le prendrait vraiment pour un rastaquouère.

A deux pas l'ancien café Foy. C'est là que Bignon a grandi au point de devenir une puissance et de pouvoir, maintenant qu'il trône dans sa maison de l'avenue de l'Opéra, faire sentir aux gens de rien que ce n'est point pour eux que son four chauffe...

Le successeur de Bignon est au coin de la chaussée d'Antin et du boulevard. Un peu plus loin, de l'autre côté, le fameux, le célèbre café du Helder, dont la réputation est universelle dans le corps d'officiers de l'armée française. Un peu *mutatus ab illo*. Mais, que voulez-vous? il en est des cafés comme des empires. Ils ont leurs destinées, et dans ces dernières années le café du Helder a subi quelques orages. On dit qu'il se relève et qu'à la fin de l'été il n'y paraîtra plus.

LE LYON D'OR

Il y a dans *Mademoiselle de Maupin* une scène charmante. Deux jeunes gens — elle et lui — s'égarent amoureusement en un bois. A travers des sentiers savamment dessinés ils arrivent près d'une humble chaumine. Les murailles en sont lézardées, la toiture tombe en ruines et la porte délabrée ne tient plus que par un gond. Il pousse quand même cette porte, elle entre : ô merveille ! ce ne sont à l'intérieur que richesses incomparables, lambris merveilleux, tapisseries de Flandre et meubles étonnants, sans compter le bibelotage obligé. Les pieds s'enfoncent dans la laine de Perse et des divans de Kachemyr s'évasent aux encoignures, larges à s'y coucher pour dormir.

Je me suis toujours figuré que M. Regnard, lorsqu'il imagina l'hostellerie du Lyon d'or s'est inspiré du grand Théo et a voulu mettre en action le contraste rêvé par le poète. Cela est d'autant plus probable que l'hostelier du Lyon d'or n'est point un tavernier vulgaire, mais au contraire un friand d'art et de lettres, un amateur de peinture et un connaisseur en chefs-d'œuvre antiques, familier avec la Renaissance comme avec le moyen âge, expert en bric-à-brac du dix-septième comme du dix-huitième siècle.

Il n'est donc point extraordinaire qu'il ait trouvé piquant d'ouvrir un cabaret dont l'extérieur tout en bois festonné de lierre eût l'aspect d'une baraque vulgaire, quelque chose comme un morceau du vieux Paris oublié en pleine civilisation. Au-dessus de la porte grince l'enseigne légendaire suspendue à une barre de fer. Des vitraux enchâssés dans l'ancienne alvéole de plomb constituent les croisées primitives et charmantes. A la porte, un escalier de bois...

On ouvre, et sans que la résurrection du bon vieux temps s'arrête au seuil, vous êtes transporté dans la salle d'apparat d'un palais enchanté. Là vous attendent tous les étonnements, tous les luxes. Aux murailles, les plus fines broderies des Gobelins ou de Beauvais; sur les poutrelles du plafond, des artistes ont peint finement leurs fantaisies. Le long des colonnes s'accrochent, pour ainsi dire, des morceaux du bon vieux temps.

On vous conduit près d'une table du plus pur style Henri II, que recouvre une toile d'Alsace d'éclatante blancheur. Les verres en manière de calice sont d'un dessin inattendu et superbe, les couteaux affectent une forme dont on est charmé. Les cuillers, les carafes, les assiettes, et il n'est pas jusqu'aux récipients de l'eau, des vins généreux et des divines liqueurs qui ne soient ornées de cette grâce distinguée à laquelle il semble qu'on doive de manger meilleur, de boire plus frais et de digérer plus doucement.

On sait qu'il y a une question de la salle à manger. Les gourmands se partagent en deux écoles. Ceux-ci veulent qu'une salle à manger soit sobre de tentures, dépourvue de bibelots et meublée de telle façon que l'œil ne soit distrait en rien des fonctions masticatoires qu'on vient exercer en ce lieu comme en un sanctuaire. Dîner étant pour ces gens-là le plus important des actes humains, tout homme doit l'accomplir sans songer à autre chose.

L'autre école a pour adeptes des gens dont voici la thèse : on ne saurait, en effet, rien de plus auguste qu'un fin repas. Mais pourquoi limiter la jouissance qu'on y éprouve à la satisfaction d'un seul sens, celui du goût? La vue, l'odorat, l'ouïe doivent également avoir leur part de fête. Aussi faut-il, est-il indispensable qu'avec les mets exquis, la table porte les cristaux les plus rares et les plus fins, le linge le plus chatoyant, les faïences les plus artistiques et les lumières les plus éclatantes. Que sur les murailles s'étalent des prodiges d'art, tableaux, tapisseries. Dans les coins, des marbres et des bronzes. Et même, pour compléter la formule, on devrait entendre dans le lointain des arpèges de harpe dont l'harmonie ne vous empêchera pas de causer, tout en donnant une impression de béatitude céleste aux convives qui ne dédaignent pas le recueillement en semblables circonstances.

Eh bien ! j'ai la persuasion que M. Regnard est de cette dernière école. Il a voulu qu'on trouvât chez lui, à des prix qui ne sont point indécents, croyez-le bien, l'émoustillement de toutes les facultés. Mais en homme sachant son devoir, il a tenu particulièrement à ce que la chère, chez lui, fût irréprochable, et je vous garantis qu'elle l'est. En sorte que les clients qui se considèrent presque comme des convives, tant l'accueil du maître et de son fils y est sympathique et discret, les clients, au milieu de ce bien-être chaud, au milieu de si aimables choses, saisis et conquis par l'empressement des varlets, s'oublient souvent en une causerie familière, laissent passer les heures comme s'ils étaient chez eux et s'étonnent qu'il soit si tard quand une lumière éteinte les avertit de leur distraction.

Depuis quelques années les tavernes, les auberges et les brasseries à physionomie rustique se sont étrangement développées dans Paris. Mais la plupart, malgré les dépenses des premiers jours, se sont enfumées et sont devenues de simples débits. Le *Lyon d'or* avait l'obligation de conserver sa fraîcheur, sa jeunesse et son cachet de haute distinction, afin qu'on pût rappeler aux imitateurs que cette hostellerie a été la première construite à Paris dans cet ordre d'idées et que tous ceux qui sont venus après ne sont que des copistes auxquels il manque le goût et l'esprit de l'initiateur.

Le café de Bade — dont la clientèle est indéfinissable — ne nous arrêtera pas longtemps, pas plus que son voisin, celui qui s'est ouvert à la porte du théâtre des Nouveautés.

Saluons en passant le noble terrain où fut le café de Paris au coin de la rue Taitbout, côté ouest, et inclinons-nous plus profondément encore devant le fameux, le légendaire perron de Tortoni. Oui, messieurs, c'est là que, depuis cent ans bientôt se sont succédé les jeunesses dorées de vingt régimes, en commençant par les muscadins de l'an VI jusqu'à nos énervés de 1889. Tortoni! pour l'histoire de qui il faudrait un Tacite, Tortoni, élève de Velloni, lequel lui révéla la recette des Mustachiolli de Naples, mais qui fut plus grand que son maitre; Tortoni, sur le seuil duquel, en 1830, en 1851, se montrèrent des combattants en gants jaunes; Tortoni, enfin, qui enterra son rival d'en face, le café de Paris, et dans les salons duquel Aurélien Scholl rend sa justice littéraire et boulevardière, comme autrefois saint Louis à Vincennes, mais avec plus d'esprit peut-être — ceci soit dit sans offenser le saint roi.

Et nous continuons en dépassant la Maison Dorée, sur laquelle il règne un peu de fraîcheur ; le café Anglais, à qui le bon Delhomme donna jadis une impulsion si vive et qui, grâce à la vitesse acquise, reste un des plus fameux restaurants du boulevard. Quelques mètres plus loin, c'est le café Riche. Encore une gloire qui ne s'éteint pas, au contraire. Sur la place Favart, en face de l'Opéra-Comique brûlé, triomphe Édouard, chez qui l'on trouve une chère excellente et des égards. Les égards, voyez-vous, c'est à ça qu'on reconnaît les maisons sérieuses.

Je ne parle pas de Julien le pâtissier. A peine nous

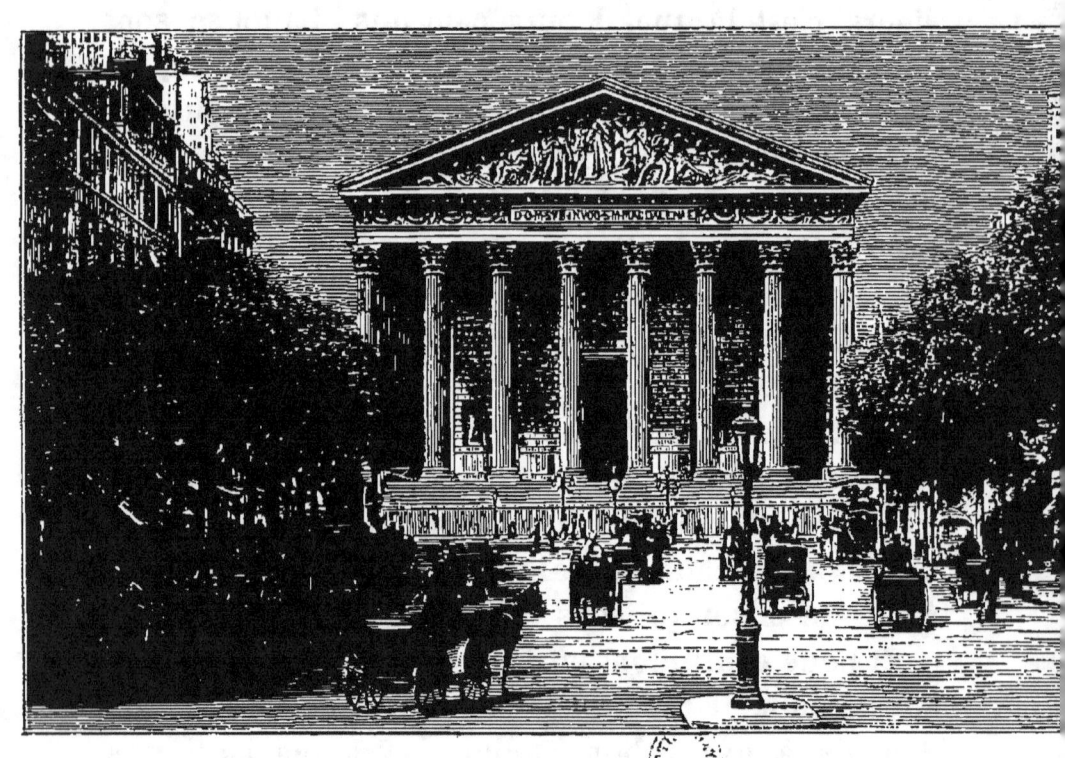

La Madeleine.

arrêterons-nous au café Cardinal, vieille maison qui vit sans effort, et nous dirons un mot du Grand U, avant de traverser la rue Richelieu.

LE GRAND U

Vous souvenez-vous du temps où les groupes de la Chambre des députés, se subdivisant à l'infini, avaient une invincible inclination à se baptiser union... de quelque chose. Il y avait déjà l'*Union républicaine*... On vit surgir l'*Union démocratique*, l'*Union des gauches*, l'*Union radicale*, tant d'unions enfin que jamais les républicains n'avaient été si désunis. Impatientée, l'*Union républicaine* imagina une de ces plaisanteries dont Paris raffole. Dans les journaux à sa dévotion on imprima désormais son titre avec un U majuscule et toutes les autres *unions* n'eurent droit qu'à un petit u, destiné à faire rentrer ces dernières en elles-mêmes et à les rappeler à la modestie qui convenait à cette foule d'unions sans importance.

Aussitôt l'Union républicaine s'appela dans tout Paris le Grand U. Et comme quelques-uns de ses membres les plus connus se réunissaient en une brasserie située au numéro 101 de la rue Richelieu, ladite brasserie a pris aussi le nom de Grand U.

On y mange médiocrement, la bière y est supportable, la lumière du jour insuffisante et l'on y rencontre d'ordinaire une salade très compliquée de personnages politiques et de fonctionnaires républicains, depuis les sous-préfets les moins convaincus jusqu'aux sénateurs les plus aimables et aux anciens ministres, en passant par les conseillers municipaux, les députés, les inspecteurs de toute sorte et les agents électoraux les plus influents.

Mais il se pourrait bien que la renommée du Grand U soit sur la pente décadente, la clientèle s'étant augmentée depuis quelque temps d'un certain nombre de bohèmes de toute farine qui se sont persuadés qu'en venant là siroter leur absinthe, ils seront tout portés pour solliciter des places et les obtenir.

Ce qu'ils ont obtenu, c'est de faire quitter la leur à ceux sur lesquels ils comptaient si bien.

LE CAFÉ DE MADRID

Sept ou huit cafés sur le boulevard Montmartre. L'un d'eux, le café de Suède, sert de rendez-vous aux comédiens de Paris et de la province. En face, le café de Madrid, depuis plus de vingt ans fréquenté par les hommes politiques du passé et de l'avenir. Il n'y a que ceux du présent qui n'y vont pas. La voix de Gambetta, celle de Floquet, celle de Delescluze ont retenti impérieuses dans la salle qui s'appelait l'estaminet Bouvet, avant l'agrandissement du café. Entre 1869 et 1871, ce fut un foyer de discussions ardentes, de conspirations au grand jour. Mais c'est principalement sous la Commune que le spectacle du café de Madrid atteignit l'apogée de l'originalité et de l'imprévu. Vers cinq heures, on pouvait voir jusqu'à cinq ordonnances tenant sur la chaussée les montures des officiers fédérés qui sirotaient leur absinthe et fumaient leur pipe. Razoua, l'excellent Razoua, consacrait généralement trois heures quotidiennement à cette absorption et à cette consomption, trois heures pendant lesquelles son planton se morfondait en compagnie du cheval arabe affecté à M. le commandant de l'École militaire.

Mais pourquoi s'attarder ? Il faudrait un volume in-octavo pour contenir les annales du café de Madrid, lequel est entré depuis longtemps dans l'histoire, et nous n'avons pas le loisir d'en conter même un chapitre. Passons.

Les autres cafés de ce boulevard sont le Mazarin, qui se recommande par sa banalité ; le café du Cercle, dont je n'ai rien à dire ; le café des Princes, le café Garen, une brasserie Zimmer, le café Véron, le café des Variétés et le café de la Porte-Montmartre. Je disais sept ou huit, en voilà dix bien comptés. C'est suffisant pour un boulevard qui n'a pas plus de cent mètres de long.

Dans le faubourg Montmartre à gauche, dans la rue Montmartre à droite, pullulent les brasseries de toute moralité et de toute consommation. Nous ne nous y arrêterons pas longtemps et nous conseillerons à nos lecteurs de n'y entrer qu'après enquête, car il en est seulement une ou deux d'abordables. C'est là qu'on trouve la brasserie des Avocats, où les femmes qui font le service sont vêtues de la robe et coiffées de la toque en honneur du palais de Justice. On m'affirme qu'il y a encore un établissement placé sous l'invocation de l'aimable compagnon du bon saint Antoine, mais je ne me suis pas cru tenu de vérifier la chose.

Le boulevard Poissonnière a pour sentinelle avancée Brébant, Brébant que le journalisme a rendu célèbre, Brébant qui a vécu sur cette réputation pendant vingt ans, et qui vient de rajeunir sa maison. Je pense qu'il aura aussi renouvelé ses cuisines et ses caves. Plus loin, une brasserie, le restaurant Désiré Beaurain, et enfin Notta, Notta lui-même, une vieille réputation un peu embrouillardée.

Le boulevard Bonne-Nouvelle sert d'asile à trois ou quatre cafés et à un restaurant dont le propriétaire fut un peu assassiné par un de ses garçons, il y a quelques années, ce qui le rendit célèbre.

Mais nous sommes poussés par notre sujet. Boulevard Saint-Denis, rien ou à peu près. Boulevard Saint-Martin, le café de la Porte-Saint-Martin où jadis se sont réunis quotidiennement les plus fameux auteurs dramatiques de Paris, ces aimables et puissants inventeurs qui ont laissé derrière eux une trace lumineuse et dont les derniers représentants sont MM. Adolphe d'Ennery, Cormon, J. Barbier et quelques vaudevillistes octogénaires. C'est là aussi que se trouve la fameuse auberge des Adrets, fondée par Mousseau dont je parle ailleurs et qui est une des curiosités de Paris. Sur le boulevard du

Temple, nous trouvons le restaurant Bonvalet, où se donnent de nombreux banquets politiques de nuance républicaine un peu usée.

C'est à peu près tout sur le boulevard.

Si nous revenons dans le centre par la rue de Rivoli, nous rencontrerons, à chaque pas, de ces brasseries à vitraux et à panneaux intéressants dont Paris est jonché depuis sept ou huit ans. Cela flatte l'œil par son air archaïsme et les allures artistiques de l'ensemble. Mais, j'ai le regret de le dire, ça n'a pas l'aspect de propreté qu'ont les cafés à table de marbre. Et vous avouerez que tout établissement où l'on mange et boit a pour premier devoir de ne pas paraître lugubre et sale.

Au Palais-Royal, deux établissements hors de pair : le Grand-Véfour d'abord, qui peut passer pour une institution nationale, puis le café Carazza, où l'on voit encore l'hirondelle peinte par Horace Vernet pour effacer la tache qu'avait faite au plafond un bouchon de champagne.

Sur la place du Théâtre-Français, le café de la Régence ouvre ses portes célèbres aux joueurs d'échecs des deux mondes. Si nous remontons l'avenue de l'Opéra, nous trouverons un ou deux cafés qui n'ont pas encore conquis leur gloire, sauf cependant le restaurant Foy. Chez Bignon, le service et la cuisine sont toujours remarquables. Mais il faut être plusieurs fois millionnaire pour y manger seulement une fois par an.

De l'autre côté du boulevard, brille Sylvain, restaurant à deux fins. Très chic le jour, lâché la nuit. Un peu plus loin, Adolphe et Pellé, dont je ne saurais dire grand'chose, n'ayant jamais eu le plaisir d'y prendre quoi que ce soit, mais qui jouissent d'une réputation suffisante. En rabattant sur la place de la Bourse, notons Champeaux, restaurant très fréquenté, grâce à sa situation, et qui profite d'une vitesse acquise et bien acquise.

Nous ne dirons qu'un mot des restaurants de nuit qu'on trouve aux environs des Halles. Il y a quelques lustres, on allait volontiers y passer une heure ou deux en nombreuse et élégante compagnie. Mais cette fantaisie paraît bien éteinte de nos jours, et de fait je ne vois pas beaucoup quel plaisir on pouvait trouver à se rendre en un quartier qui *fleure mal* et où l'on mangeait, du reste, infiniment moins bien qu'ailleurs.

Traversons l'eau, n'est-ce pas ?

**
* **

A tout seigneur, tout honneur. Découvrons-nous devant le café Procope et, sans nous soucier de ce qu'il est devenu, songeons qu'il abrita Voltaire, Diderot, Franklin, il y a plus de cent ans. Plus près de nous, Gambetta y fit entendre sa voix tonnante.

Comme restaurant, nous avons Fayot. C'est le Lyon d'or, le Marguery de la rive gauche. Sa vogue persiste, grâce à des sentiments bien humains. Combien d'étudiants, pendant qu'ils apprenaient le droit ou la médecine, ont eu le désir ardent d'y aller ébaucher une orgie sans que jamais l'état de leur bourse leur ait permis de se satisfaire ! Plus tard ils ont quitté Paris, sont devenus notaires, médecins courus, aigles de barreau de province, et quand ils viennent à Paris, c'est chez Fayot qu'ils vont. Il leur semble sans doute qu'ils prennent leur revanche en s'attablant dans cet Eden culinaire jadis gardé par un dragon auquel on ne pouvait même pas offrir les pommes d'or.

Faut-il encore parler de Magny, qui dut sa gloire à Sainte-Beuve et aux Goncourt. Pendant un temps, tous ceux qui prétendaient boire du bourgogne authentique allaient chez Magny. En est-il de même aujourd'hui ?

Passons rapidement sur le café Voltaire, de la place de l'Odéon, tout peuplé de souvenirs ; sur les innombrables cafés du boul'Mich'... et sans nous arrêter davantage sur les brasseries de femmes. Nous voulions nous étendre sur ce dernier sujet ; mais, après quelques visites à ces établissements, la nausée nous a pris et nous nous contenterons de les mentionner.

Il existe encore sur la rive gauche un restaurant quelque peu mystérieux dont les cabinets ont vu passer, dit-on, bien des robins en rupture de parquet et plus d'une noble et honnête dame dont la vertu n'est pas douteuse aux yeux de gens nombreux et convaincus : c'est la Tour d'Argent. Placé en face du pont des Tournelles, il est loin de tout quartier élégant et constitue un mystérieux séjour, favorable aux affections illicites qui veulent se cacher et par conséquent se faire pardonner.

Le quartier Latin, comme le Paris de la rive droite, a été dévoré par cette fureur de brasseries étranges, aux vocables prétentieux ou inattendus; et si nous ne craignions de nous attarder, nous les citerions les unes après les autres. Mais pourquoi en parler? Nous ne nous occuperons pas davantage de l'Ile d'Amour, du village d'Albouy, du café du C.....

Cependant nous nous ferions un scrupule de ne pas mentionner le café des Bossus, sur le boulevard Rochechouart, où les consommations sont servies par des bossus.... le bagne *Redivirus* de Maxime Lisbonne.

Vers la place de Clichy, nous saluons une vieille gloire, le père Lathuile, et nous revenons par la rue de Douai vers la rue Victor-Massé où reluit le *Chat Noir*.

LE CHAT NOIR

Que vous dirai-je? Il n'est pas facile d'expliquer le phénomène. Et je m'imagine que dans un siècle, lorsqu'il sera question de célébrer, de dédaigner ou de maudire le centenaire de 1889 — les abstracteurs de quintessence historique auront quelque mal à dessiner la grande figure de Rodolphe Salis gentilhomme et cabaretier.

C'est pourquoi, poussé par un sentiment de charité prévoyante, désireux aussi d'apporter ma pierre à l'édifice documentaire que ce moment-ci a la rage de bâtir, je vais déduire aussi simplement que possible les causes de la grande renommée à laquelle est parvenu en peu de temps le seigneur de Chatnoirville en Vexin.

Ces causes m'ont sauté aux yeux quand, pour la première fois, j'ai mis le nez de ma curiosité — tolérez cette métaphore, audacieux poètes de l'endroit — dans la salle des Gardes.

Il est une heure dans la vie des peuples où chacun veut être un personnage et s'élever une statue à soi-même — marbre, terre cuite ou carton — de peur que les autres n'y songent pas plustard. Tous les hommes se croient dignes de l'empire; toutes les femmes, de l'auréole. A chacun il faut le piedestal, le costume, l'enveloppe. On devient fou de travestissements et de mensonges. Les spectacles et les baladins sont recherchés avec tant de fureur, qu'insensiblement le peuple ne voit plus que fiction et comédie. La vie apparaît comme un opéra bouffon où il est amusant de tenir un rôle et, du haut en bas, ce ne sont que mascarades. On se déguise frénétiquement. Nul n'occupe sa place. Les gens supérieurs sont en bas, les drôles en haut. Et qui s'en étonne ? Personne ; les drôles moins que les autres.

La France allait traverser une de ces périodes quand le sous-diable chargé par Satan de pousser Paris vers ses destinées s'installa une nuit dans le laboratoire du Jardin des plantes, prit une âme d'homme qui flânait dans l'espace ambiant, la fourra vivement dans une cornue et souffla le feu. Pendant que l'âme cuisait, il la satura de parisine ; après quoi il introduisit dans le récipient deux cent vingt-sept grammes de civilisation concentrée à l'état gazeux, combina le tout avec trente-trois parties d'esprit, onze de bagout faubourien, quarante et une de blague implacable, quinze de fantaisie et un kilogramme de poudre vaniticide.

Ayant ensuite versé sa mixture dans un creuset, il la soumit à une chaleur de six cent soixante-douze degrés et vida le tout dans un moule d'où, quand la matière se fut refroidie, il tira un être humain parfaitement conformé, blond, ressemblant au général Boulanger, impertinent, railleur, spirituel, sceptique, irrespectueux, effronté même, très poli cependant et convaincu que l'or n'est pas une chimère.

Cet être ainsi créé s'orientait à peine quand il se

sentit emporté à travers l'espace. Un bruit d'ailes immenses et sinistres retentissait autour de lui.

Dix-huit secondes de haut vol, et son préparateur, le déposant au sommet de la butte Montmartre, lui montra Paris qui s'éveillait et lui dit : « Je te donne ça pour t'amuser. »

Sur cinquante Rastignac, quarante-neuf auraient eu pour premier souci de mettre dans leur jeu la finance d'abord, les femmes ensuite et la politique après. Rodolphe Salis — car c'était lui — descendit la butte, apprit la peinture, la grammaire, la musique, la sculpture, l'archéologie, la cuisine, l'économie sociale, l'histoire moderne, la magie noire, quelques mots d'anglais, la philosophie pyrrhonienne, la chimie, l'alchimie, la stratégie et l'administration; puis il ouvrit un cabaret qu'il plaça sous l'invocation cabalistique d'un chat noir.

Mais, prenez garde, il ne créa point une de ces boutiques sottes et mal odorantes en lesquelles gens de lignée, seigneurs d'aventures et buveurs de haute lice craignissent de vider leurs hanaps. Point si bête. Paris était à lui. Pourquoi ne le ferait-il pas venir et tenir dans une petite maison qu'il disposa lui-même au pied du mont Martre, son berceau. Mahomet était allé à la montagne. Salis pensa que Paris en ferait autant.

Et d'abord, méprisant les façades uniformes et blanches des demeures philistines, il édifia sous son pignon deux étages en bonnes traverses de chêne, à la façon des Français du temps jadis. De chaque côté du premier étage furent accrochées deux lourdes et mirifiques lanternes de fer forgé, ajourées, adornées et merveilleusement ouvragées avec, sur leurs quatre faces, des verrières de Lyon d'un grand prix... Comme enseigne, une tête de chat noir en bronze se détachait sur un soleil d'or. Au-dessous de la lanterne de dextre, l'huis. On y accédait par six marches qui furent baptisées le perron des Suisses parce que Salis avait projeté d'en installer un dans le vestibule. A sénestre, la salle basse. D'aulcuns la dénomment salle des Gardes. Elle est éclairée par une large baie que ferme l'hiver et le soir un vitrail peint à souhait par le divin Willette qui désire être plus grand que Salvator Rosa. La lumière du jour, en passant au travers de ce vitrail, inonde la vaste salle d'une gaieté gouailleuse. En face de la porte se dresse, monumentale, une cheminée moyen âge, dont l'entablement est supporté par deux colonnes que surmontent deux chats noirs d'allures fantastiques, lesquels semblent veiller sur la devise du seigneur de l'endroit: MONTJOYE-MONTMARTRE. Au fond de cette salle s'ouvre une porte par laquelle on pénètre dans un réduit qui fut appelé plus tard la salle François Villon, sorte de chapelle vouée au patron de l'endroit.

Lorsque tout cela fut prêt, Salis fit annoncer aux quatre points cardinaux qu'il attendrait chez lui les poètes de toutes vocations : ceux qui se servent du pinceau comme ceux dont la rime est l'arme parois empoisonnée, les créateurs par l'ébauchoir ou par le burin. Une théorie de gens jeunes, chevelus, maigres, un peu fous, fanatiques de l'idéal, férus d'amours vagues pour toutes les femmes, avides de renommée, de plaisirs et d'argent, descendit des hauteurs et monta du vallon. Devant et autour d'eux, isolés mais d'accord, se manifestaient des arrangeurs de bruit — lisez musiciens si vous voulez. Ils arrivèrent et Salis eut un sourire sardonique : — Voici l'appât ! murmura-t-il.

D'un geste noble qui soulignait une phrase accueillante, il leur montra l'hostellerie.

— Compaignons, ajouta-t-il, soyez les bienvenus. Ce logis est vostre. Rendons-nous célèbres les uns les aultres. Voulez-vous ?

Célèbres !.. Autant offrir une jatte de crème au petit minet. Tous, affamés de gloire, ils se passèrent la langue sur les lèvres; on servit des bocks et quelqu'un dit :

— Alors, nous fondons un journal!

— Parbleu ! répondit Salis, un journal, une exposition, un concert, un théâtre, un café, tout cela dans ma maison.

L'explosion de hourras qui suivit cette déclaration ébranla Montmartre, mais Salis, les prenant tous dans un coin, leur parla longuement à voix basse.

Ah ! mille dieux ! comme on dit parfois dans mon pays, combien je regrette d'avoir laissé moisir ma Muse en un bureau de journal pendant quinze ans ! Si elle était encore capable de vibrer, je lui ferais chanter

9

comme il faut cette jeunesse ardente et superbe, qui, riant, travaillant, se moquant du passé, du présent et de l'avenir, allait faire un grand trou dans la foule, amuser Paris en s'amusant soi-même, grandir au milieu des folies et transmuter le Chat Noir en une sorte de musée que chacun serait tenu d'avoir visité.

Et d'abord les valets chargés d'aller quérir la cervoise furent incontinent vêtus en académiciens, c'est-à-dire qu'avec la culotte courte et l'épée en verrouil ils portèrent l'habit à queue de pie et à palmes vertes, ainsi que cela se fait sous la coupole. L'un d'eux possède même un des fracs authentiques, indiscutables, de l'Institut, acheté au poids de l'or à la vente après décès d'un de nos plus célèbres immortels.

Puis aussitôt, de gentils peintres, que les jeunes filles verront un jour glorifiés, répandirent leur verve folle à pinceau que veux-tu. Willette, héritier direct de Zeuxis, se manifesta par l'exécution de quatre panneaux que nous voudrions décrire, mais dont nous devons nous contenter de donner les titres significatifs : *Névrose, le Père Lustucru, Par-dessus les moulins* et *Pour le roi de Prusse*... Ces quatre chefs-d'œuvre sont visibles dans la salle des Gardes en même temps qu'un tableau magistral intitulé *Apothéose* et qui représente un assaut de félins se ruant vers un sommet où piédestalise un chat noir. Le peuple de Raminagrobis bondit de tous côtés furieusement. C'est un mouvement diabolique ; on prendrait ça pour l'œuvre du vieux démon de tout à l'heure. Point. Steinlen *pinxit*, et même *optime pinxit*.

Est-il besoin de vous dire que le journal fut fondé. On y chanta toutes choses, voire un peu plus. Et pendant que des profondeurs du marécage où rampe, siffle, coasse et croasse l'abominable politique, pendant que de ces profondeurs, dis-je, monte la nauséabonde odeur du linge sale des épidémies, une inaltérable gaieté règne sur le domaine de Chatnoirville. On s'y moque de tout : de l'argent, du pouvoir, de la Chambre, du Sénat, de Boulanger, de Floquet, de Sadi Carnot, de Wilson, de Grévy, des opportunistes, de Bismarck, des radicaux, du centre gauche et du centre droit, des impérialistes, des légitimistes, de l'École des beaux-arts, des académies, des ateliers, des princes et du peuple ; et chacun de ceux qui marquent un peu dans ces réunions de gens d'esprit s'applique à orner la demeure de Salis qui leur rend la politesse en les faisant célèbres comme il le leur avait promis.

Tant d'éclats de rire, tant de chansons, tant de dessins, tant de bonne humeur, tant de soupers joyeux firent le bruit qu'on voulait. Le journal fut couru et lu. On y publia des vers exquis et des fantaisies adorables. Salis, qui s'était déjà manifesté comme rapin, écrivit des contes à faire rougir les eunesses. Le bureau de rédaction s'appela la salle du Conseil. Les cimaises et les pans coupés furent ornés d'étonnantes choses. On y vit un dessin fol de

Caran d'Ache, une *Foire aux chats* de Steinlen, rival heureux de Lambert; des éventails, des masques, un billard, un tric-trac, un tableau de Willette, et mille autres choses exquises autant qu'imprévues.

A côté, l'oratoire où Salis se recueille et pense du mal de ses contemporains est non moins agréablement orné que la salle du Conseil.

Mais Rodolphe avait promis un théâtre. Avant tout il meubla et para une salle des Fêtes. Imaginez une pièce assez vaste pour contenir autour des tables cent vingt à cent quarante personnes qui s'étouffent un peu. Plafond très haut : sept à huit mètres. Ce qui vous frappe en entrant, c'est l'accumulation des objets les plus disparates, si bien mêlés, arrangés et distribués, qu'il en résulte une incroyable et spirituelle harmonie.

D'abord des chats partout, ensuite une profusion d'éventails de toutes dimensions et de tous pays. Çà et là des faisceaux d'étendards au losange d'or encadrant un chat noir dont la langue rouge en forme de flamme menaçante est on ne peut plus héraldique, ou je ne m'y connais pas. Ici, c'est un chapiteau de colonne romane servant de socle à une poupée japonaise; là, une statue de sainte, laissée pour compte à quelque sculpteur par une fabrique en détresse, et qui doit être joliment scandalisée de ce qu'elle entend chaque soir. Plus loin, un immense masque chinois dont la principale fonction consiste, semble-t-il, à boucher une lucarne. Puis ce sont des dessins à foison, des buires, des aiguières, des bas-reliefs, encore une cheminée, des torchères en fer forgé au marteau par un artiste de Simla, au pied de l'Himalaya.

Énumérons toujours. On y voit encore des panoplies, des casques, des haches, des flèches, des arcs. A droite, le portrait du seigneur de Chanoirville en costume Louis XIII, et je vous prie de croire qu'il a véhémente tournure dans le pourpoint à crevés. A gauche un paysage de Delpy, un peu haut placé. Plus loin, la portraicture de quelque damoiselle, chanoinesse d'un chapître noble des Batignolles. A côté, des tapisseries venues de Perse avec le shah qui, comme on sait, n'est pas très blanc.

La première fête, en ce séjour délicieux, fut donnée à l'occasion de la mise en place du *Parce, Domine*, de Willette. Vous le connaissez ce chef-d'œuvre qui représente sans doute un cauchemar mi-parti sous son titre mystérieux, philosophique et clérical. Tout en haut, des danseuses en uniforme d'opéra forment une haie se perdant au plus profond des perspectives en vous donnant l'impression troublante de plaisirs effacés par le brouillard des mémoires éteintes. Devant elles passe une tumultueuse bourrasque d'êtres divers, vagues et violents, dont la cohue invraisemblable est dominée par un omnibus imprévu roulant dans l'espace ses roues fantastiques; tandis que çà et là des chats de premier plan, sommairement mais vigoureusement dessinés, s'élancent dans la mêlée en un galop de bêtes qui fuiraient un incendie. Je ne tiens pas absolument à savoir ce que cela veut dire, mais j'ai pensé en le voyant à un Goya clair, sans l'être, et j'en ai gardé un souvenir qui ne s'effacera pas de ma cervelle.

Quand cette merveille, qui fera pâlir bien des commentateurs au vingt-neuvième siècle, fut posée, on s'occupa de donner des fêtes. Les premières devaient tout naturellement être des fêtes littéraires et artistiques. Les poètes y égrenaient leurs rimes devant un public encourageur, les chansonniers se lançaient et les musiciens pupitraient. C'était charmant !

En 1886 le théâtre fut créé. D'abord une petite scène guignolesque où manœuvraient de spirituelles marionnettes. La première pièce qu'on y donna était *la Berline de l'Émigré*, par Henry Somm. Mais bientôt eurent lieu les premiers essais d'ombres chinoises. Enfin Caran d'Ache vint qui le premier en France !.. et l'on construisit le théâtre actuel, dont la scène s'ouvre dans une arcade moresque d'un dessin très pur. Au-dessus du manteau d'Arlequin s'étale un fronton sur lequel sont gravés les mots : MOUTIER DE MONTMARTRE. Au sommet un chat ailé pose fièrement la patte sur le front déprimé d'un volatile aux palmes vertes et qui pourrait bien être une oie du Capitole moderne, celui où est monté prématurément un prince quelque peu agité. A droite et à gauche d'autres chats, puis une brochette de masques en terre cuite, masques dont les yeux absents ont une apparence de vie effrayante et singulière. Ce sont les propres portraits de Rodolphe Salis, Henri

Rivière, Caran d'Ache, Willette, Henry Somm, Steinlen, Tinchant et Jules Jouy...

Tout était prêt. Salis, un beau soir, amena un homme superbe, majestueux, digne, calme et beau. Sa taille était surhumaine. Il avait des épaules comme Heraclès lui-même, des mollets exorbitants, des moustaches savamment enroulées. On lui fit revêtir un superbe costume de suisse de cathédrale. Une hallebarde détachée d'une panoplie lui fut mise dans la main, et il garda la porte. Entre temps, l'escalier d'honneur et le perron des Suisses reçurent jusque dans leurs plus modestes recoins des objets d'art, des curiosités admirables, des souvenirs précieux, des tentures rares, des fleurs naturelles d'un prix inestimable.

— Que la fête commence ! cria la voix vibrante et chaude du seigneur de Chatnoirville-en-Vexin.

Dans un siècle affolé de mise en scène, c'était assurément une idée de génie que d'offrir aux buveurs et lippeurs de Paris « près Montmartre » un décor d'opéra-comique au milieu duquel on pût se mouvoir et prendre des attitudes en une sorte de comédie incessante où les uns rempliraient les rôles de sujets, les autres ceux de comparses, et où, par-dessus le marché, un homme de tête, d'esprit et d'imagination tiendrait constamment la scène en semant autour de lui, comme dans les contes de fées, les perles d'une intarissable bonne humeur et les serpents d'une satire endiablée.

Venu à l'heure où l'interversion des rôles est telle

que celui qui se moque de tout paraît le plus sage, cet homme amusa prodigieusement les Parisiens de la Décadence. Il dut surtout son succès à une folie froide et à une fantaisie macabre qui entretient dans tous les esprits l'illusion d'une opérette géante et quotidienne dont vous, moi et lui serions, bon gré, mal gré, les acteurs.

Au milieu de la nuit lugubre où s'agitait une ville empoisonnée par des politiciens impudents, ce cabaret du Chat Noir, en lequel on disait et faisait des bêtises, apparut comme un point lumineux. Et chacun voulut visiter ce pays cocagnesque où l'on coupait brutalement le cou à toutes les tristesses. Des pèlerinages s'organisèrent. On vit monter là-haut des gens de toutes sortes, même des académiciens. Les hommes d'esprit s'amusèrent, les sots n'y comprirent rien. Et, parmi ces derniers, il faut citer plusieurs exemplaires de ce végétal conifère et stérile, poussé spontanément sur le fumier gouvernemental qui s'accumule depuis cent ans : vous avez reconnu le député.

Le Chat Noir entra ainsi dans la période triomphale. Un jour on joua *l'Épopée* de Caran d'Ache, et cette fois tout Paris s'y rua. Il fallait voir cette salle pleine de gens comme il faut s'entassant autour des tables. On n'y était reçu que sur invitation. Bien des grandes dames voulurent venir et savourèrent l'acidité de chansons un peu lestes. Le spectacle lui-même avait son attrait et *l'Épopée*, comme *l'Éléphant*, comme les autres pièces amusaient le public. Mais que dire des entr'actes où Jules Jouy, accompagné par Albert Tinchant, le poète compositeur, chantait ses plus joyeuses chansons, où Victor Meusy rivalisait avec lui, pendant que les poètes dont j'ai parlé disaient leurs strophes enflammées ?

On arriva de partout. Salis, de sa voix puissante, donnait les explications et provoquait les éclats de rire par ses lazzis. Il le tenait donc dans sa main, le Paris que le diable lui avait donné, et il s'en amusait ferme.

Il n'y a pas bien longtemps, on a joué une nouvelle pièce de M. Louis Bombled, *la Conquête de l'Algérie* (ce sont des ombres chinoises), *la Partie de Whist* de Sahib, *le Casque d'or* de H. Pille et *Cythère à Montmartre* de Henry Somm. Cette dernière fantaisie est, à mon avis, infiniment plus originale et curieuse que le reste. Aux entr'actes on a entendu M. Fragerolles, un poète aux vers de combats, qui chante avant tout son pays. Nous avons applaudi *Sentinelles, veillez !* et *Jeanne d'Arc*, que l'auteur a dites d'une voix puissante et chaude. M. Maurice Dounay a récité *le 14 Juillet*, *A ta gorge* et *la Caissière*, un chef-d'œuvre de verve et d'esprit. M. Marrot a dit aussi des vers, ainsi que M. Raphaël Chaigneau. Et puis M. Meusy a chanté *le Conseil municipal*, une merveille; *l'Impôt sur le revenu*, une satire adorable, et *les Partis politiques*, une perle que je vais transcrire ici, tant cette chanson m'a paru amusante et vraiment française.

9.

Air : *A, E, I, O, U.*

1.
 Y a l'parti Républicain,
  Ça fait un,
 Les ceux du juste milieu,
  Ça fait deux,
 Les ceux qui voudraient un roi,
  Ça fait trois,
 Le parti des Bonapart',
  Ça fait quat',
 Les survivants d'Henri V,
  Un, deux, trois, quat', cinq !

2.
 Dans l'parti Républicain,
  Ça fait un,
 Y a ceux qu'ont Ferry pour Dieu,
  Ça fait deux,
 Y a les gens d'la Ligu' des droits,
  Ça fai trois,
 Ceux qui suiv'nt Floquet l'Sarmat',
  Ça fait quat',
 Et l'parti de Barbenzinc,
  Un, deux, trois, quat', cinq !

3.
 A droite, y a l'parti de Mun,
  Ça fait un,
 Ceux qui parlent toujours d'Eu,
  Ça fait deux,
 Ceux qu'en parlent quelquefois,
  Ça fait trois,
 Ceux qui trouv'nt d'Aumal' très *bath*,
  Ça fait quat',
 Et ceux qui n'font qu'du bastring',
  Un, deux, trois, quat', cinq !

4.
 Dans le parti Césarien,
  Ça fait un,
 Les Victoriens sont nombreux,
  Ça fait deux,
 Les Jérômistes adroits,
  Ça fait trois,
 Cassagnac s'laiss' pas abatt',
  Ça fait quat',
 Cunéo, parfois, s'disting',
  Un, deux, trois, quat', cinq !

5.
 Au centre, on est Voltairien,
  Ça fait un,
 Pour l'Pape on s'mettrait dans l'feu,
  Ça fait deux,
 On supprime les octrois,
  Ça fait trois,

De les rétablir, on s' flatt',
  Ça fait quat',
A droit' comme à gauche' on trinq',
  Un, deux, trois, quat', cinq !

C.   Y a l' parti d' Monsieur Joffrin,
      Y sont..... un,
    Y a l' parti des Anarchiss',
      Y sont six,
    Y a l' parti d' l'*Intransigeant*,
      Y sont cent,
    Y a l' parti d' Reinach Joseph,
      Y sont b'zef !
    Y a l' parti d' ceux qu'en ont pas,
      Et y sont des tas !

Tout ce qui a un nom dans les lettres et dans les arts entreprit l'ascension de la rue des Martyrs. Salis marchait vivant dans son rêve étoilé. En arrivant, on rencontrait une compagnie sans pareille qui se composait de la fine fleur du printemps artistique ou littéraire. Les nouveaux venus se mêlèrent à ceux qui depuis longtemps travaillaient à l'embellissement de l'édifice. On trouva là l'aimable salade japonaise de poètes et d'artistes dont voici les noms :

Maurice Rollinat qui s'en est allé vivre dans un coin de province, y chercher la nature et le bonheur comme un sage ; Emile Goudeau, Montancey, Haraucourt, A. Allais, Fernand Yères, A. Samain, L. Denise, Paul Arène, L. Marsolleau, Jules Jouy, Georges Lorin, Paul Marrot, Victor Meusy, Maurice Donnay, Frémine, Fragerolles, Ch. Cros, G. Auriol, Delcourt, G. de Maupassant, Albert Tinchant, Richard O'Monroy, E. Deschaumes, E. Lepelletier, Ch. de Sivry, Fernand Xau, L. Cardounel, Bourget, J. Rameau, Hyspa, de Sainte-Croix, Mac-Nab, Gab. Bonnet.

Et parmi les peintres : Henri Pille, John Lewis, Brown, Rochegrosse, Willette bien entendu, Henry Somm, Caran d'Ache, H. Rivière, L.-O. Merson, Robida, Degas, Renouard, Delpy, Steinlen, Grasset, A. Masson, Besnard, Monet, Chéret, F. Rops, Duez, Gérome. J'en oublie évidemment, et des meilleurs.

Citons encore Coquelin cadet, le sculpteur Chapu et cent autres qu'il serait trop long d'énumérer.

Quand le succès fut assuré, les fantaisies les plus folles, les fêtes les plus énormes eurent lieu dans ce joli coin. Je rappellerai pour mémoire le fameux déménagement du Chat Noir, qui se fit avec une rare solennité. Des trompettes précédaient le cortège, des hérauts d'armes, des suisses, des hallebardiers circulaient en plein jour sur le boulevard extérieur, pendant que des musiciens tiraient de leurs violes d'amour les accents les plus exquis... Toujours l'opérette !

Au 14 Juillet, Salis emplit les environs de sa gaieté. Il institua des courses de voitures à bras, un couronnement de la rosière de Montmartre et enfin quelque chose d'épique : des courses de culs-de-jatte !

A toutes les élections Salis posait sa candidature. Dans une de ses professions de foi il réclamait nettement la séparation de Montmartre et de l'État. Sa verve, jamais épuisée, renaît chaque soir, étonne et charme les plus hypocondriaques des visiteurs.

Avec de tels éléments, qui ne ressemblent en rien à ce qu'on voit et entend ailleurs, ce théâtre est naturellement assiégé par un tas d'ambitieux qui se figurent naïvement qu'on va les admettre du premier coup ;

de telle sorte que le public est, selon l'expression moderne et anglaise, extrêmement *selected*. On y a vu toute la presse, la fine fleur des peintres, des sculpteurs, des musiciens, et le faubourg lui-même; — devinez lequel? Depuis qu'on y a joué *l'Épopée*, plus d'une grande dame s'y est rendue *incognito* et même *cognito*. Pour notre compte, nous y avons vu deux marquises, onze comtesses, vingt-trois baronnes, un fils de roi et de reine, deux présidents du conseil, quatre ambassadeurs, cent soixante-douze anciens ministres et des sénateurs à foison. Tous ont applaudi comme de simples romains les pièces, les artistes, les poètes, les compositeurs, et parmi ces derniers il faut mettre en lumière — il est vrai qu'il s'y met bien tout seul, mais n'importe — M. *Albert Tinchant*, un musicien exquis, un poète parfait, un exécutant superbe à qui l'on doit la plupart des partitions qui accompagnent les pièces.

Proclamons encore une fois la gloire de Salis qui vient de publier chez Ernest Kolb les *Contes du Chat noir*, nouvelles rabelaisiennes qu'il ne faudrait pas oublier dans un pensionnat de jeunes filles.

Enfin, en ce moment, le théâtre du Chat Noir donne une pièce de Robida, le dessinateur qu'il suffit de nommer.

Et si dans cinq ou sept ans le sous-diable chargé par Satan de pousser Paris vers ses destinées revient visiter son cabaretier gentilhomme, il sera peut-être joliment étonné de le voir épanoui et riche. Ses collaborateurs se seront assagis, et je parierais qu'avant quinze ans nous verrons l'un d'eux entrer solennellement à l'Académie française. Très sérieusement, Rodolphe Salis, dépouillant sa redingote grise, se fera un devoir d'assister à la réception du poète. Et pendant que celui-ci débitera son discours, si leurs regards se choquent, j'estime qu'il leur faudra une grande force d'âme pour ne pas éclater de rire au souvenir de l'habit à palmes vertes que portait le varlet sur son dos; mais ce sera encore cette fois-là Salis qui tiendra le bon bout, car il pourra, sans qu'on se scandalise trop, laisser flotter sur ses lèvres le sourire sardonique dont il est coutumier.

L'ÉDEN

Cette salle qui a coûté quatorze millions, à ce qu'on dit, a eu jusqu'ici une singulière destinée. Aucune de ses directions ne lui a donné encore la véritable affectation qui lui convient. Au début, trois ou quatre directeurs expérimentés — MM. Plunkett, Cantin, etc. — imaginèrent d'y faire représenter des ballets interminables dont *Excelsior* était le prototype. On y courut dans les premiers temps. Paris avait été chauffé à blanc par une réclame sans frein... mais, disons-le, cela ne plut réellement pas. Et puis, il y avait dans les couloirs et dans les grands locaux latéraux un parti pris trop évident de prélever le plus d'impôts qu'on pourrait sur la poche du spectateur. Les ouvreuses poussaient l'exploitation jusqu'à l'indécence. Enfin, Paris ni la France ne sont plus fanatiques de ballets. Voyez l'Opéra ; c'est tout juste si l'on en supporte un de temps en temps. L'affaire croula.

On essaya de la galvaniser. Plusieurs tentatives se produisirent. Pas plus de succès après qu'avant. Cette immense et merveilleuse salle n'attirait pas grand monde. Cependant on y voyait Marie Aguétant et Prado... Il faut dire que l'établissement, dans la pensée des fondateurs, avait été véritablement créé pour ces gens-là...

Dans ces derniers temps, M. Bertrand, directeur du théâtre des Variétés, en prit la direction et y fit jouer *la Fille de Madame Angot* par madame Judic et madame Granier. Deux mois de recettes ; mais M. Bertrand s'aperçut à ses dépens que l'opérette entrait décidément dans une phase un peu somnolente et que, par conséquent, il avait commis un impair en consacrant à ce genre momentanément délaissé une salle de cette dimension. Encore une fois on s'était trompé sur la destination qui convenait à ce superbe vaisseau.

Vint M. Renard. On annonça discrètement qu'il allait étonner les peuples, et je suis bien convaincu que c'était son intention. Puisque les peuples vont venir à l'Exposition, il était assez naturel qu'on voulût les épater. Or, qu'a fait M. Renard ? Il a continué la tradition. Tout pour Marie Aguétant et Prado.

Et la salle, qui avait une certaine grandeur, a été transformée ou du moins modifiée. De la première galerie part un escalier qui descend aux fauteuils d'orchestre et qui n'ajoute aucune beauté à l'ordonnance primitive... au contraire! Aux deux côtés de la scène, devant les deux loges d'où l'on voit si bien le public et si mal le spectacle, on a édifié deux autres escaliers n'ayant aucun rapport avec celui de l'Opéra

Par ces degrés les spectateurs ont le droit de monter sur la scène comme au temps de Molière, sans être desmarquis. Et cette scène elle-même est disposée de telle sorte qu'au milieu se trouve un espace entouré de barrières et destiné à l'exécution des ballets, des pantomimes et à l'exhibition des acrobates. Tout autour le public circule. Des boutiques sont établies dans l'hémicycle; il y a même un manège de chevaux de bois.

Je ne m'explique pas bien l'idée du directeur. On va chez lui pour voir un spectacle, et il s'arrange pour qu'on en soit distrait d'une façon absolue... Les acteurs, les danseuses, les saltimbanques sont mêlés aux spectateurs sur cette scène; on ne sait plus quoi regarder, et l'impression générale est que la nouvelle tentative est encore moins heureuse que les précédentes.

Ajoutons que dans le grand local où existait autrefois un café, il y a un cirque. Des Circassiens s'y livrent à des exercices suffisamment intéressants; mais ce qui serait ailleurs un gros succès vous laisse ici terriblement froid.

Mon opinion est que l'Éden aura trouvé sa véritable voie le jour où on l'aura converti en théâtre de chant, soit qu'on y installe l'Opéra-Comique, ou quelque théâtre lyrique plus ou moins subventionné.

P.-S. — A l'heure où je corrige mes épreuves, l'Éden est retourné à l'opérette avec *Orphée aux Enfers*. Est-ce son incarnation définitive ? Je voudrais bien renseigner mes lecteurs.

LES FOLIES-BERGÈRE

Lettre du comte Ivan Potopoff à mademoiselle Raïssa Platine, deuxième danseuse du Théâtre Impérial de Saint-Pétersbourg.

Paris, le 25 octobre.

J'y suis, ma chère Raïssa. En pleine fournaise depuis avant-hier. Si tu savais quels frémissements s'échelonnent sur tout mon corps, de la tête aux pieds ! Nous avions joliment raison de soupirer après Paris. Il faudrait annexer la Russie à cette capitale, ou cette capitale à la Russie, au choix. Il y a déjà une femme qui m'aime. Tu vois ça d'ici. Elle croit aux princes Roublards, c'est-à-dire ayant des roubles, l'imprudente !

Te souviens-tu de mon oncle Nicolas Petrowitz, le contre-amiral ?

— Si jamais tu vas à Paris, la première chose est de te rendre aux Folies-Bergère trois soirs de suite. Et puis tu verras !

J'ai suivi cet excellent conseil. Mes deux premières soirées, je les ai passées là et j'ai déjà vu. Tu sais, ma petite Raïssa, moi je n'y vais point par quatre chemins. Il est convenu que nous ne sommes plus que des amis, deux garçons, quoi, et que nous

nous écrirons comme si nous avions été au collège ensemble. Ne va donc pas te scandaliser quand tu sauras ce que c'est que les Folies-Bergère. Je t'aime toujours d'amitié, ça c'est sacré. Mais lis donc, tu vas voir aussi.

Sans avoir jamais été mêlée à la haute société française, tu te doutes vaguement de ce que c'est que le Jockey-Club. Eh bien! les Folies-Bergère n'ont pas grand rapport avec cette institution et les points de comparaison manquent. Cependant quelqu'un qui creuserait la question découvrirait sans peine que la création des Folies-Bergère a répondu à des besoins tout à fait semblables à ceux qui produisirent le cercle le plus aristocratique de Paris. Seulement il y a une différence notable dans les degrés. Mais chez les grands seigneurs, comme chez les bons bourgeois, ce sont une secrète horreur pour la nécessité de rester chez soi le soir et le désir immodéré de rencontrer quelque part les éléments joyeux à l'aide desquels on oublie les misères de ce bas monde, qui ont le plus contribué à leur faire adopter avec fureur le cercle et les Folies-Bergère.

Pour moi, je n'hésite pas, je donne la préférence aux Folies. D'abord il y a des femmes, et si les hommes y sont moins distingués qu'au Jockey, d'autre part ils sont plus naturels.

Mais, vas-tu t'écrier avec cette impatience qui nous a coûté tant de querelles inutiles, en quoi donc consistent ces Folies-Bergère? Mon Dieu, chère amie, c'est précisément d'en donner une définition qui me paraît la chose la plus difficile du monde. Suppose un théâtre qui n'est pas un théâtre, une salle de promenade où l'on peut s'asseoir, un spectacle qu'on n'est pas forcé de regarder, deux mille hommes qui fument, qui boivent, qui bavardent, et sept ou huit cents dames qui rient, qui boivent, qui fument et qui s'offrent le plus gaiement du monde.

Dès que le rideau du théâtre se lève, on joue une ouverture, une polka, quelque chose de peu passionnant et, successivement défilent devant vos yeux, si vous regardez, un homme caoutchouc, des chanteuses anglaises, le vélocipédiste enragé, sept acrobates, trois grotesques, un jongleur, etc., etc... Tous ces gens-là sont très amusants, ou très forts ou très adroits. On les paye des prix fous et ils ne sont cependant qu'un prétexte... car au fond, et ceci te permettra de sonder les profondeurs où je prends mes ébats, au fond il ne s'agit que de réunir le plus de monde des deux sexes dans le but louable d'améliorer la race de ce qu'on appelle encore des cocottes à Saint-Pétersbourg.

Les Folies-Bergère, c'est leur quartier général. Ne crois jamais ceux qui te diront que les femmes chic n'y vont pas. Toutes y ont passé ou y passeront. Celles qui ont épousé des princes allemands comme les autres. Il en est des quantités qui sont parties de là pour escalader d'étonnantes destinées. Oui, j'entends d'ici ta question : sont-elles jolies ? Pas tant que toi, parbleu ! Il s'en faut. Mais pour la plupart ce sont des mâtines qui n'ont point besoin de ça. D'ailleurs, la grande moyenne est très suffisamment agréable. Elles ont une manière de porter un nez biscornu ou une bouche trop grande et des yeux inconvenants, qui les rend redoutables. Et puis elles s'habillent ! là, comme des fées. Bien entendu, on trouve aux Folies-Bergère des maritornes et des phénomènes, comme il y a aussi des cordonniers et des garçons de bain; mais avec un peu de tact on peut se faire une société de choix, assez impudente pour être drôle et pas assez pour être canaille... Comprends-tu ?

Je devine d'ici ce que tu penses. Tu grilles de savoir si dans un pareil milieu tu réussirais. Veux-tu mon avis très franc ? Pendant trois mois on te trouverait l'air godiche. Tu as trop de cheveux, le teint trop clair, le nez trop droit et les yeux trop naïfs, malgré la réalité. Mais au bout de trois mois ou de six, quand tu aurais été suffisamment limée par des frottements plus ou moins cruels, ah ! mes enfants, quelle incomparable et triomphante Clorinde tu ferais et comme je plaindrais ceux que le destin jetterait entre tes pattes. Seulement.... soigne tes oreilles. Les Parisiennes en ont qui confondent. Impossible d'imaginer plus fine ciselure. On tombe perpendiculairement amoureux rien qu'à voir se détacher un pareil bijou sous les cheveux relevés, à racine droite. Étudie-la aussi, la racine droite. Il y a là une science qui n'est pas à la portée de tout le monde.

Que te dirai-je encore, ma petite Raïssa ? Est-ce que je sais ? Oh ! si, pourtant. Les dames qui articulent plusieurs langues y ont des succès. Il y a une grande qu'on appelle l'Absinthe ; je te dirai pourquoi quand nous serons entre quatre-z-yeux. Elle parle l'anglais, le provençal et la langue verte. Très insolente d'ailleurs. Un succès de tous les diables. Avec ces simples éléments elle se fait comprendre de l'univers tout entier qui est là chaque soir; oui, ma chère, l'univers ! On ne se doute pas de ça, mais je parie que si on chargeait le directeur des Folies-Bergère de garantir la paix européenne, il trouverait, dans ses salons, les éléments diplomatiques — tant féminins que masculins — nécessaires à la tentative.

A la vérité, je crois qu'il faut être jeune pour comprendre les Folies-Bergère, pour s'y amuser comme il faut et s'exposer à y aimer. Cependant, vers la quarantaine un homme doit voir les choses sous un jour philosophique plus amusant qu'à mon âge et inspirer, il ne faut pas en douter, une confiance plus solide aux Ariane de l'endroit, si tant est qu'il y ait des femmes abandonnées dans ce labyrinthe où manquent les Minotaure.

Il faut être jeune, répétons-le tout de même, pour tenir tête aux très nombreuses gaillardes préposées à la distribution des liqueurs fortes dans les bars. Je ne sais au juste combien elles sont, parce qu'elles m'ont paru innombrables. Il y en a de tout pays, des Russes, ma chère, et des Autrichiennes, des Espagnoles, des Italiennes, Anglaises, Irlandaises, Suissesses, Tunisiennes, Roumaines, Persanes, etc., une exposition internationale de coquines aimables. Il en est une qu'on trouve toujours décolletée comme si elle allait prendre un bain et qu'on appelle : Belle Humeur. Si, au moment où l'acrobate va se casser le cou, on entend un éclat de rire sonore, c'est elle. Elle a des dents! Elle a des yeux! Elle a une poitrine monumentale qui provoque l'exclamation. Et tout cela lui sert à vendre infiniment de petits verres. C'est, dit-on, une Allemande qui amasse péniblement une dot pour aller se marier ensuite aussi honnêtement que possible dans son pays.

Il me vient des bouffées de poésie à la plume quand je pense à ça.

Mais résumons-nous... Paris est un théâtre digne de toi. Tu peux venir. Descends droit aux Folies-Bergère, d'abord comme danseuse. De la scène tu passeras dans la salle, et de là aux étoiles. Les directeurs — quoique ce ne soit plus Léon Sari — sont très forts. Ils ont plus de conviction que le fondateur et exercent leur directoriat comme un sacerdoce.

Aussi feront-ils fortune. Et cela pour deux raisons. La première, c'est qu'ils sont intelligents, et la seconde, c'est que les Folies-Bergère sont devenues une institution tout à fait européenne, dont les fondements reposent sur le roc et qu'aucune révolution ne parviendra certainement à détruire. Je ne prévois qu'un seul incident possible, c'est que dans vingt ans la diplomatie des deux mondes réunisse un congrès à Breda pour y chercher les voies et moyens de neutraliser l'établissement.

Mais je commence à divaguer, ma petite Raïssa. Reçois un bon baiser d'ami sur ton pied d'Almée et conserve un peu d'affection à ton ami

Ivan Potopoff.

ÇA ET LA

Notre étude sur les cafés nous a entraîné si loin que nous voilà forcé de revenir dans le centre même de Paris, où nous appellent des plaisirs qui ne se peuvent classer ni dans les théâtres ni dans les cafés et qui méritent cependant une mention honorable et spéciale.

LE GRAND-HOTEL

Je me préparais à traverser la place de l'Opéra, cherchant dans mon esprit quelle curiosité je pourrais bien décrire, quand j'aperçus, marchant à quelques pas devant moi, un être bizarre, affligé d'une claudication prononcée. Son chapeau semblait le gêner au front, et il était facile de voir que sous ses vêtements frétillait un corps d'une nature particulière. A force de l'examiner, j'aperçus qu'il passait par la fente de son paletot un bout de queue, de couleur rousse.

— Monsieur, lui dis-je avec révérence, ne seriez-vous point le Diable boiteux ?

— Tiens ! c'est vous ! me répondit-il, en s'arrêtant sur sa courte jambe et en me regardant avec des yeux qui brûlaient à blanc au fond de leurs paupières.

— Vous me connaissez donc ?

— A quoi me servirait d'être ce que je suis... si je ne connaissais pas tout le monde ?

— Peut-on vous demander ce que vous faites sur ce trottoir ?

Il me prit par le bras et m'entraîna familièrement sur la place de l'Opéra.

— J'étais en train, me dit-il, de déplorer douloureusement la disparition de toute foi, de toute croyance.

— Vous ! m'écriai-je.

— Si vous vous étiez donné la peine de réfléchir, vous auriez économisé cette exclamation. Du moment qu'on ne croit plus à Dieu, on ne croit pas davantage au diable...

— Au fait, c'est vrai... Mais qu'avez-vous besoin qu'on croie ?...

— Dame ! mon cher, je me suis fait reporter, et vous conviendrez que c'est vraiment un métier diabolique. Eh bien ! je ne fais pas mes frais. Mon amour-propre est froissé chaque jour, tant il me reste peu d'autorité. On se moque de moi, et le moindre drôle pour qui le *summum* de l'habileté consiste à pénétrer chez un ministre ou chez un grand criminel jouit d'une considération qui m'échappe de plus en plus.

— Pauvre diable !

— Vous avez dit le mot. Je n'aurais jamais cru que nous eussions tant besoin de Dieu ! Profonde matière à réflexions philosophiques.

— Vous avez peut-être vieilli, depuis le commencement du dix-huitième siècle ?

— Moi ! s'écria le boiteux en faisant un soubresaut d'indignation ; mettez-moi à l'épreuve : quel est le coin de Paris que vous désirez connaître à fond ? Demandez, ordonnez, je suis à vos ordres.

Cela m'amusait. Je regardai autour de moi, cherchant ce que je pourrais bien exiger.

— Tenez, lui dis-je, montrez-moi le Grand-Hôtel en détail...

Je n'avais pas fini de parler que je me sentis perdre pied. J'éprouvai une sensation d'oiseau qui prend son vol et je me trouvai tout à coup sur la toiture de l'Opéra, en face d'Asmodée qui souriait de mon étonnement.

— Nous serons très bien ici pour ce que vous voulez.

Sans autre préambule, mon suppôt de l'enfer se mit à grandir tout à coup effroyablement. Son corps s'allongea au point qu'en se penchant par-dessus la rue Auber, il domina l'immense édifice du Grand-Hôtel. Son regard narquois restait dirigé vers moi. Cependant ses bras faisaient comme son corps. Ils grossissaient en se dévidant pour ainsi dire jusqu'à ce qu'ils fussent assez longs pour saisir l'immense agglomération de pierres par ses deux extrémités. Je vis des griffes énormes s'enfoncer dans le monument et mon Asmodée se redressa, tenant, suspendu dans ses bras, le Grand-Hôtel tout entier. Il n'avait laissé en place que les sous-sols, décoiffés pour ainsi dire des six étages qui d'ordinaire les abritent contre l'intempérie.

— Regardez ! dit-il.

L'invitation était inutile. Les yeux écarquillés, j'examinais les innombrables compartiments sans plafond qu'il livrait à ma curiosité. Cela ressemblait vaguement aux divisions d'un plan architectural, mais à un plan animé par le mouvement enragé de cent personnes occupées pour la plupart à des besognes qui n'attendent pas.

— Voyez, me dit mon diable, voici la cuisine monstre. N'est-ce pas effrayant ?

Et, en effet, sur un espace où le moindre architecte parisien bâtirait facilement trois maisons ordinaires, je vis se mouvoir un escadron de cuisiniers et de marmitons, lesquels, vu l'heure qu'il était, s'occupaient de leur sacro-sainte besogne avec un empressement faisant le plus grand honneur à leur vocation.

— Examinez ce fourneau, je vous prie, me dit Asmodée; il ne serait pas déplacé chez Satan, mon patron.

— Je vous avertis, lui répondis-je, que vos plaisanteries sont un peu démodées, mais je conviens que ce fourneau est vraiment un fourneau. Il a plutôt l'air d'un monument. Je ne puis d'ici mesurer sa longueur, sa largeur, sa profondeur, mais...

— Et les broches ?

De l'œil il me montra un coin de cuisine où rôtissaient deux cents volailles et cent pièces de gibier. Vous me croirez sans peine, le spectacle était vraiment solennel et les légendes de Gavarni vous revenaient à l'esprit en sens inverse. Dire que tout cela sera mangé! Dans un coin mijotait une marmite profonde, incommensurable, sorte d'océan portatif d'où allait partir tout à l'heure un reflux de consommés, de croûtes-au-pot, de potages variés à ravir le plus affamé des gastronomes. Je ne parle pas des sauces; elles foisonnent. Là-bas, dans un coin, quatre gaillards solides sont attelés à une montagne de hors-d'œuvre qu'ils distribuent dans les assiettes et qui les occupera jusqu'à ce soir.

— Le service culinaire est divisé en sections prenant leurs noms de la spécialité à laquelle elles sont consacrées. Et elles ont chacune un chef qui ne s'occupe, non plus que ses aides, que de sa partie. Ainsi il y a un rôtisseur qui ne fait pas autre chose que surveiller les broches. C'est le poète du lieu, car, vous le savez, on naît rôtisseur comme on naît rimeur.

A coté de lui brille un chef entremettier (le mot est consacré), un chef saucier, un chef glacier, un chef pâtissier, etc. Chacun d'eux a sous ses ordres six, huit, dix, douze ouvriers, sans compter les attrape-science. Et au-dessus de cette troupe qui, je vous en donne ma parole, a vu le feu plus souvent qu'à son tour, pour commander ces officiers supérieurs, existe un être presque sacré, un pontife, un chef suprême, tout de blanc vêtu, que vous voyez, n'est-ce pas, se promener dans son vaste domaine, convaincu de son importance et de sa supériorité, dont la réputation s'étend jusqu'aux confins de l'univers et que certains gourmands adoreraient volontiers comme un grand Lama.

— Je ne sais si je me trompe, dis-je à mon étonnant reporter, mais il me semble que le parfum d'ensemble épandu par cette cuisine monte jusqu'à moi.

— Non, répondit Asmodée, c'est moi qui, grâce à mon pouvoir infernal, vous donne cette illusion, et je me flatte que c'est le comble du reportage, car ça sent bon, n'est-ce pas ?

— Certes !

— Ne nous éternisons pas si nous voulons tout voir.

— Qu'est-ce que cette partie obscure, insuffisamment éclairée par un gaz parcimonieux ?

— Les caves ! mon cher. Saluez ! Il y a là de quoi griser la moitié de l'univers. Regardez. Voyez circuler d'un pas rapide ces sommeliers, semblables à de noires fourmis dans leurs galeries souterraines.

C'est une besogne incessante. Chaque jour il faut mettre en bouteilles quatre ou cinq pièces de vin ordinaire, une ou deux pièces de vin fin. Les barriques se succèdent sans cesse pour s'évanouir dans le gosier des clients, ce terrain toujours altéré. Il y a dans ces caves plus de vingt rues, portant les noms des grands crus et uniquement consacrées à loger les vins en bouteilles. Rien que le quartier consacré au champagne est un monde. Les liqueurs, l'eau-de-vie, le rhum, les kummels, la chartreuse, etc., etc., occupent cinq ou six divisions...

Et si vous voulez réfléchir, continua mon excellent diable, que l'administration du Grand-Hôtel vend journellement à Paris une quantité prodigieuse de pièces et de bouteilles de vin, vous comprendrez presque le mouvement incroyable auquel nous assistons du haut de notre observatoire.

— Savez-vous combien il passe de pièces de toute provenance dans ces caves pendant un an?

— Pas exactement, mais cela ne doit guère descendre au-dessous de trois mille barriques. Il y aurait une affaire à leur reprendre leurs *t'neaux, t'neaux* vides à cent sous.

— Qu'est-ce donc que cet amas de valises, de caisses, de malles qui occupent deux ou trois ares de terrain, quoique empilées les unes sur les autres?

— Ça! c'est la réserve des bagages, des bagages déposés, abandonnés ou oubliés... Car, chose extraordinaire, il y a des gens qui oublient leurs colis ; ils oublieraient leur corps, si leur âme pouvait voyager

10.

toute seule. Et ils auraient bien raison. Ce serait joliment économique.

— Je gage qu'on emplirait une douzaine de wagons avec ce que nous avons sous les yeux ?

— Au moins. Examinez maintenant les machines.

— On se croirait à bord d'un cuirassé. Je n'ai jamais rien vu de plus soigné, de plus luisant, de plus astiqué, de plus correct. Mais pourquoi dans un hôtel a-t-on installé une machine à vapeur de cette importance ?

— Mais pour tout, cher monsieur, me répondit Asmodée, pour tout ! D'abord pour les diverses applications de l'électricité.

— Bon, mais après ?

— Après ? Pour le service des eaux, ensuite pour la manœuvre des ascenseurs, pour le calorifère, pour la montée et la descente des bagages, pour des usages, enfin, qui deviennent chaque jour plus nombreux. On utilise aujourd'hui la vapeur d'une manière si courante que les cuisiniers commencent à craindre qu'on ne fasse les crèmes et les civets à l'aide d'une machine Crampton. Mais ils peuvent se rassurer : ce n'est pas en France qu'on commettrait un pareil acte de barbarie.

— Eh ! mon Dieu !

— Aïe ! ne parlez pas de Dieu !

— Je vous demande pardon ! Mais quel est cet éblouissement ?

— Le service de l'argenterie. Effrayant, n'est-ce pas ? Cela se chiffre par cinq ou six mille couverts de diverses sortes. Couteaux, fourchettes, cuillers à bouche, cuillers à café, à entremets, couverts à découper, à salade, huiliers, plats de toutes grandeurs, truelles à poisson, à asperges, à huîtres... L'énumération n'en finirait pas.

— Mais c'est un monde !

— Voici, continua mon ami Asmodée, voici les soutes à bois, les soutes à charbon. Charbon de terre, anthracite, charbon de bois..., il y en a pour des centaines de mille francs, comme à bord d'un transatlantique.

— N'est-ce pas la lingerie, cela ?

— Si. Encore quelque chose d'incommensurable : des nappes, des draps, des serviettes, en un mot, de la toile à couvrir toute la surface de Paris. Jugez donc. Il faut deux ou trois cents paires de draps par jour, trois mille serviettes et des nappes en proportion.

Comme mon reporter, tout en causant, tenait toujours le Grand-Hôtel dans ses bras, je lui demandai s'il n'était pas fatigué.

— Pas le moins du monde. Du reste je vais m'alléger quand je vous aurai montré l'économat. Vous parliez d'un volume : il en faudrait deux pour décrire à la Zola tout ce qui se voit chez l'économe. C'est plus considérable et plus étonnant que chez Potin. Tenez, rien que la verrerie a des aspects d'infini.

— Vous brodez, Asmodée.

— Pas le moins du monde. Songez donc !... On donne ce soir un dîner de deux cents couverts, commandé en dehors du train-train ordinaire. Chaque convive aura cinq verres ; ça fait mille. Comptez en outre les autres dîners de moindre importance, puis la grande table d'hôte, les verres, les carafes du café, ceux du restaurant, les verres à champagne, à liqueurs, à vins du Rhin, les carafes innombrables... Et les rechanges ?...

— Vous avez raison ; c'est à s'y perdre.

— Pour la brosserie, ce qu'on ne croirait pas, c'est presque aussi stupéfiant... Mais laissez-moi déposer le rez-de-chaussée. Nous venons d'examiner la partie inconnue et mystérieuse du Grand-Hôtel, celle qui est vraiment intéressante. Le rez-de-chaussée l'est aussi, mais à un moindre degré, car il est accessible à tout le monde et rien n'est plus facile que de s'en faire une idée. Cependant cette partie est encore extrêmement curieuse dans sa complexité.

— Ah ! mon Dieu, voilà bien du monde !

— C'est une foule attirée par l'arrivée de quelque personnage de marque. En effet, c'est un prince indien, le guicowar de Baroda, un des vassaux de l'Angleterre, qui peut mettre cent mille hommes sous les armes...

— Oh ! oh ! que sont ces voitures de gala ?

— C'est M. d'Ormesson, l'introducteur des ambassadeurs, qui vient chercher une mission chinoise pour la conduire à l'Élysée. Mais il attendra, car les Chinois sont à visiter la salle des fêtes, et ils ne laisseront pas ce spectacle pour suivre leur introducteur. Vous savez du reste que c'est une merveille, cette salle des fêtes. Mais voyez quel mouvement ! On va, on vient, les voitures entrent et sortent. C'est une véritable procession dans le bureau de réception où fonctionne le bureau spécial de poste. Voyez aussi le service de bagage, c'est presque invraisemblable. Et le cabinet de lecture ? Et le salon des chasses. Et le restaurant ?..

— Au fait, dis-je à mon boîteux, il règne là une vie telle que l'on s'assoirait volontiers en haut du perron pour voir passer l'univers à ses pieds.

— Il y a des gens qui ne font que ça.

— Vraiment ?

— Oui, je connais des Parisiens qui viennent, après leur déjeuner s'installer sur un banc ou sur une chaise en face de la grande porte, avec un journal ou un livre, quelques-uns même sans cette précaution, et qui prennent le plus grand plaisir du monde à voir aller et venir les hôtes de Paris, à deviner leurs nationalités, leurs caractères, leurs sentiments, à se demander quelle fantaisie, quels intérêts ou quelles passions les ont menés sur le boulevard des Capucines. Et quand ils sont las de se creuser la cervelle, ils peuvent de leur place jouir du mouvement endiablé du boulevard.

— Au fait, c'est tout à fait un régal de philosophe qu'une après-midi passée ainsi à étudier le monde d'après nature et à fréquenter des gens de toutes les nations sans quitter son fauteuil. Il faudra que je m'offre cette représentation un de ces jours,

— Attention ! je dépose maintenant tout le premier étage.

Ce n'étaient plus les grands, grands espaces du sous-sol et du rez-de-chaussée, mais des appartements princiers occupés par des nababs ou des rois en voyage.

— Tenez, me dit Asmodée, voici le roi de Grèce, à qui le président de la République vient rendre sa visite.

— C'est ma foi vrai !

— De l'autre côté, c'est le rajah indien de tout à l'heure, avec sa suite. Ici, l'héritier présomptif d'une monarchie très puissante. Là, Sidi ben Mohammed ben Abdallah, envoyé de l'empereur du Maroc. Plus loin, c'est tout simplement un Anglais très riche, qui s'ennuie beaucoup, et qui ne sort jamais. Plus loin encore, un éleveur de moutons d'Australie, que vous embarrasseriez en lui demandant le chiffre de sa fortune...

— Ah ! mon Dieu ! voici une dame qui va changer de chemise... Vite le deuxième étage.

— L'intérêt est moins vif, me dit Asmodée en posant son second, mais c'est peut-être plus amusant à voir. Toutes ces chambres taillées sur le même patron et offrant l'apparence des alvéoles d'une ruche sont extrêmement curieuses. Mais plus curieux encore les gens qui les habitent, surpris qu'ils sont par nous dans des attitudes, dans des positions, au milieu d'occupations singulières. Voyez ce monsieur qu'une dame embrasse avec élan : ce sont le père et la fille.

Et celui qui sonne avec fureur pour qu'on lui apporte sa note, et cette dame que sa couturière fait attendre, et ce jeune gentleman qui va se brûler la cervelle... Non ! il réfléchit et remet l'opération à plus tard.

— Voyons le troisième.

— C'est le même jeu.

— Et le quatrième ?

— Également. Il ne me reste plus dans les mains que le cinquième. A l'occasion de l'Exposition, les fenêtres en tabatière que vous voyez là seront remplacées par des croisées plus sérieuses et les pièces qu'elles éclairent mises à la disposition du public. Je le pose, n'est-ce pas ? Voulez-vous un renseignement ?

— Comment donc !

— L'administration du Grand-Hôtel a eu, toujours à l'occasion de l'Exposition, une idée géniale.

— Laquelle ?

— Elle est résolue, quelle que soit l'affluence des visiteurs et la rareté des logements, à ne pas augmenter ses prix d'un centime.

— C'est plus qu'une idée, ça ; c'est une bonne nouvelle pour tout l'univers.

— Si quelqu'un vous interrogeait sur la superficie du Grand-Hôtel, vous pourriez répondre qu'il couvre huit mille six cents mètres carrés de terrain, ce qui, multiplié par les cinq étages et le sous-sol, donne une surface totale de cinq hectares passés. Cela s'appelle un vaste parc, dans les environs de Paris. Enfin on a calculé que si l'on mettait bout à bout les tapis du

Grand-Hôtel sur une route nationale, on irait dessus de Paris à Rouen...

Cela dit, le Diable boiteux me demanda si j'étais content de ses services.

— Ravi! lui dis-je.

Au même instant je me sentis planer, puis je mis pied à terre sur le refuge de droite. Asmodée s'éclipsa en me disant :

— Recommandez-moi, n'est-ce pas, maintenant que vous connaissez mon savoir-faire.

SIRAUDIN

Ceux qui ont connu Siraudin n'éprouvèrent aucun étonnement, vers 1860, quand il se fit confiseur. Un homme dont la parole était si douce, dont l'esprit coulait comme miel de l'Hymette, ne pouvait, le jour où il s'établirait, choisir une profession qui fût plus en harmonie avec sa nature même.

Mais cela n'aurait certainement pas suffi à bâtir son succès, s'il n'avait eu d'autres qualités. Des hommes très aimables ayant un penchant irrésistible pour la fabrication des marrons glacés, cela n'est pas difficile à trouver. Ce qui est moins commun, c'est l'imagination, la finesse et le goût que Siraudin apporta dès le début dans l'exercice de son nouveau métier, sans compter la méthode qu'il mit dans l'administration de son art.

L'auteur de *la Fille de Madame Angot* sachant que, selon la formule d'Alexandre Dumas fils, le théâtre est l'art des préparations, transporta ce principe dans son laboratoire, et, convenons-en, il ne pouvait être mieux appliqué nulle part. Ayant l'habitude invétérée de tout rapporter au théâtre, il considérait, par exemple, la création d'un fondant à l'égal d'une pièce en un acte digne de la Comédie française. Et il fallait l'entendre traiter ce sujet, déclarant qu'avant tout il était nécessaire d'établir une excellente exposition. Les personnages se nommaient Sucre parfait, Parfum délicat et Couleur harmonieuse ; on mariait tout cela au dénouement, aux applaudissements des gourmets. La dragée, il la regardait comme un lever de rideau, la praline comme un intermède, les chocolats à la crème comme des entr'actes musicaux.

Et avec toute cette bonne humeur, cette verve qui ne l'abandonnaient jamais, il faisait des bonbons exquis dont ses successeurs n'ont d'ailleurs point perdu le secret ; au contraire, ils en ont plutôt inventé d'autres. La vogue immense qui s'attacha si promptement à ce nom de Siraudin n'a fait depuis que grandir et s'étendre, pour gagner l'extérieur. Dans les départements, c'est depuis quelque temps une mode, chez les gens de bon ton, de faire leurs commandes à la maison Siraudin. Grâce aux facilités que donne le colis postal, le magasin du boulevard des Capucines et de la place de l'Opéra se trouve véritablement à la portée des gens de goût de Lyon, de Marseille, de Nice même et de Bordeaux. Châtelains et châtelaines en sont réellement aussi près que la banlieue de Paris ; un télégramme, et tout est dit. Le lendemain arrivent les merveilleux bonbons dans des boîtes incomparables, et il vous semble que le boulevard est à deux pas.

Il est surtout une heure où la maison Siraudin triomphe absolument, complètement, radicalement, éclipsant un ou deux rivaux qui essayent encore de lutter avec elle ; c'est le moment où le Ciel vous impose — par la naissance d'un enfant — le devoir de procéder à un baptême. Il est impossible de se croire comme il faut si l'on s'adresse dans une telle circonstance à un autre que Siraudin. Au reste, nul n'est plus en mesure de satisfaire le client le plus difficile, et rien n'est laissé au hasard.

Vous n'avez qu'une carte à faire, qu'une lettre à écrire, qu'un coup de téléphone à donner, et aussitôt on vous envoie un album… que dis-je ? des albums spéciaux où sont accumulés les dessins les plus délicieux, les plus charmants, les plus originaux. Vous pourrez choisir les boîtes les plus luxueuses et les plus parisiennes. Les yeux les plus difficiles en seront ravis. Mais, ce qui n'est point non plus indifférent, les palais les plus sceptiques se sentiront rajeunir en savourant les idéales compositions, les sucreries vraiment étonnantes qu'elles contiendront et qui feront merveilleusement apprécier à quel point est heureuse l'union des deux maisons Siraudin et Louis Marquis — chocolats et bonbons — Pelletier et Cie successeurs.

Enfin, laissez-moi, s'il vous plaît, ajouter que les

magasins de Siraudin sont un des palais du chic et du goût parisiens. Il suffit de jeter un coup d'œil sur ses vitrines pour voir à quel point le directeur de cette usine à gâteries arrive bon premier, laissant derrière lui tous ses concurrents. Je ne sache rien de plus frais, de plus séduisant, de plus appétissant surtout que ces deux façades, l'une sur le boulevard des Capucines, l'autre sur la place de l'Opéra, juste en face du café de la Paix, et où s'étalent des rangées de boîtes, de paniers, de fleurs, témoignant chez le maître de la maison d'un goût aussi sûr que varié.

Les élégances de la devanture, les merveilles et le luxe prodigués dans cette encoignure lui ont valu d'occuper une place à part dans le panorama du *Tout-Paris*, ce clou de l'Exposition dont on connaît l'idée première. Il représente, en effet, la place de l'Opéra, et chacun des personnages qui le composent est un homme célèbre ou éminent. C'est à titre de magasin célèbre que l'établissement Marquis-Siraudin y figure en excellente place.

En résumé : vieille réputation, marque honorée, produits sans rivaux, faveur de la mode, succès boulevardier, succès mondain, succès universel, tels sont les éléments grâce auxquels les bonbons et le nom de Siraudin sont, selon l'expression d'un homme d'esprit, dans toutes les bouches... distinguées.

L'HOTEL MIRABEAU

Il y a quatre ou cinq ans, je fus amené par des circonstances particulières à visiter un homme qui est bien le prototype des gens arrivés à la force du poignet et de l'intelligence. Je veux parler de M. Higginssen, un Français d'adoption à qui la Nouvelle-Calédonie doit une incroyable impulsion et dont la vie, intéressante au plus haut degré, voudrait, pour être contée, un volume tout entier. Il habitait l'hôtel Mirabeau, rue de la Paix. Et le choix de cet hôtel dénotait bien le sens pratique du personnage. Je ne connais, en effet, rien de gai, d'engageant comme la cour de cet hôtel, rien de familial comme son service, rien de confortable comme ses appartements. La cour forme une sorte de triangle isocèle dont le sommet serait la porte même de l'hôtel. Au moindre rayon de soleil, elle s'éclaire d'autant plus joyeusement que les murs sont d'un blanc extraordinaire. Çà et là on voit passer alerte et sérieuse une miss exquise, et l'on a l'impression qu'il ferait bon voyager toujours si l'on devait rencontrer partout un hôte aussi accueillant que le maître de la maison, avec l'assurance de trouver chez lui une sorte de *home* tout à fait aimable, dont l'agrément assaisonne d'un charme de plus le plaisir de courir le monde, de s'instruire et de provoquer l'imprévu, ce condiment de la vie.

Une autre fois je retournai à l'hôtel Mirabeau pour

m'entretenir avec un grand seigneur russe dont le nom importe peu, mais qui habitait un appartement où j'eus l'honneur de déjeuner le plus parfaitement du monde. Et je fus frappé d'un fait qui m'apparut comme une découverte : à savoir, que ce ne sont pas toujours les hôtels les plus retentissants, ceux dont on parle sans cesse, qui reçoivent le mieux leurs clients. Il était impossible d'être traité plus gracieusement que je ne le fus ce jour-là.

Ici la modestie cossue et la discrétion pleine de comme il faut remplacent le brouhaha et l'importance un peu bruyante des caravansérails où l'on n'est qu'un numéro.

Il n'est nulle part une maison où règne un calme plus complet. Le service se fait avec la plus profonde réserve, sans bruit et sans étalage; c'est la distinction même.

L'ACADÉMIE JULIAN

Peinture, Sculpture

I

L'art français, dans toutes ses manifestations — littérature, peinture, musique, — a effectué depuis quinze ans la plus étonnante poussée qui se soit vue depuis des siècles. On pourrait le comparer à un arbre de vigueur moyenne qui, après avoir végété selon les règles pendant une longue suite de temps, prendrait tout à coup un développement excessif, fleurirait sans cesse et couvrirait tout, dans son voisinage, de ses fondaisons prodigieuses.

Il me fait aussi l'effet d'un modeste ruisseau devenu tout à coup fleuve débordant. Pour la peinture, c'est au Salon qu'il coule à pleins bords, submergeant les plaines environnantes. Mais, avant d'en arriver à cette majesté singulière, par quels pays passe-t-il? Quels sont les ruisselets et les riviérettes qui grossissent son cours? D'où sortent ces innombrables jeunes filles dont les noms aimables grossissent d'un tiers le catalogue de l'exposition? Comment se sont formés les soixante ou quatre-vingts jeunes gens dont le talent éclate chaque année dans le ciel artistique, à la manière de ces grenades d'artifice qui, semant dans la nuit des étoiles bleues, rouges, blanches ou vertes, éclairent tout un peuple occupé à les contempler, bouche béante?

Ces charmantes femmes et ces jeunes artistes viennent de partout. Les ateliers de maîtres ne manquent pas; on en pourrait citer jusqu'à cinquante. Et puis il y a l'École des beaux-arts; il y a encore les innombrables classes de dessin et de peinture de la ville de Paris. Il y a également... mais renonçons à l'énumération homérique de tant de pépinières... et dépeignons — puisque aussi bien nous n'osons pas nous servir du mot peindre avec des gens qui savent trop ce que c'est — dépeignons le séminaire où viennent se tremper et prendre leurs grades les pontifes et les prêtresses de l'Art, dont la renommée emplira un jour le monde entier de son éclat retentissant.

Nous avons nommé tout à l'heure l'École des beaux-arts. Tout le monde sait qu'elle est gratuite, qu'on y reçoit les enseignements d'artistes arrivés aux réputations universelles. Chaque jour, à chaque heure, un maître dans l'art de parler ou d'instruire y fait des cours d'anatomie, de perspective, de tout ce que vous voudrez. Le gouvernement a la persuasion qu'on ne peut recevoir nulle part une éducation artistique plus complète; dans le public en entoure la vénérable institution d'un respect un peu superstitieux...

Et puis... on n'y va pas, ou du moins on y va peu. Les vocations — celles, tout au moins, à qui les pensions des municipalités de province n'imposent pas l'Ecole — les vocations cherchent un autre terrain, et il faut avouer qu'elle l'ont trouvé, grâce à l'ingénieuse et féconde création d'un homme de talent auquel des générations et des générations de peintres ou de sculpteurs devront l'accession à la vie artistique, l'épanouissement de leurs facultés et le rayonnement de leur gloire.

II

M. Julian — l'homme dont cette académie aujourd'hui triomphante porte le nom — M. Julian est un peintre d'un rare mérite, il faut qu'on le sache, et un juge d'une sûreté sans égale. Ces qualités, qui l'ont poussé dans la carrière où il s'est engagé, ne sont d'ailleurs pas les seules qui lui étaient nécessaires. Le tact, la mesure, une fermeté sans pareille sous une apparence veloutée, pour ainsi dire, l'éducation la plus parfaite, une façon respectueuse de parler aux femmes avec l'art de leur faire sentir qu'elles sont des élèves.. Est-ce tout? Non, certes... Il fallait encore qu'il fût doué d'aptitudes administratives, d'une profonde connaissance du cœur humain, de la volonté formelle, inébranlable, de mener son œuvre d'amélioration en amélioration jusqu'à la perfection même.

Et — chose plus rare encore qui révèle l'artiste convaincu et passionné — le jour où, le succès ayant couronné les plus invraisemblables efforts, on pouvait craindre que M. Julian ne se refroidît un peu et ne tombât dans une apathie ou une indifférence, hélas! trop fréquentes, le directeur de l'académie reste le même, se lève d'aussi bonne heure, multiplie les ateliers, s'attache de nouveaux professeurs, cherche par quels encouragements il pourra encore combler ses disciples et apporte au bon fonctionnement de son école la même jeunesse, la même ardeur, le même acharnement qu'il y a vingt ans, alors qu'il s'agissait de faire surgir du sol l'entreprise et de l'imposer.

Ajoutons quelques mots à cette esquisse, — car, encore une fois, je n'oserais tenter un portrait. Que si nous prenons M. Julian hors de son académie, nous ne trouvons en lui aucune trace des préoccupations naturelles à un homme chargé d'un aussi lourd

Place de la Concorde.

fardeau. C'est un compagnon aimable, un causeur spirituel et gai, un homme délicat et bienveillant. Au bout d'une heure de conversation, il a trouvé le moyen de vous être agréable, de vous montrer qu'il sait beaucoup de choses, de prouver qu'il a lu tout ce qu'il faut connaître. Et vous avez un regret profond quand vous vous apercevez qu'il faut quitter un gentleman dont le seul défaut est malheureusement de ne pas s'appartenir.

III

Il existe en ce moment des ateliers Julian dans cinq quartiers de Paris : rue de Berri, dans les dépendances du panorama Neuville et Detaille. La porte monumentale, les drapeaux dont les plis couronnent l'entrée, la solennité du perron font à l'académie un vestibule quasi triomphal. Le second atelier est ouvert faubourg Saint-Honoré, 28 ; le troisième, rue Saint-Honoré, près de la rue Castiglione ; le quatrième, faubourg Saint-Denis ; et enfin le dernier, passage des Panoramas.

Ce dernier est en réalité, ou plutôt fut le premier. C'est la maison mère, comme on dit dans les couvents. C'est là qu'il faut aller demander M. Julian. Et si vous êtes introduit auprès de lui, ce ne sera pas sans avoir attendu quelques secondes à la porte de son atelier personnel ; le temps de voir peint sur les vantaux un volumineux personnage, glabre et souriant, qui, le gardenia à la boutonnière, en habit noir avec un immense plastron blanc, s'incline le plus correctement, le plus modernement, le plus comiquement du monde.

Et il est si naturel, cet introducteur des ambassadeurs, que les jours d'hiver, quand la nuit descend et qu'il fait déjà sombre, plus d'un visiteur se courbe aussi devant cet amusant fantoche, avec la conviction de rendre une politesse.

A côté se trouve un petit passage par lequel on accède à la salle où travaillent une cinquantaine de jeunes femmes dans un silence relativement extraordinaire. J'ai dit relativement.

C'est là que fut fondée l'académie Julian. Cette vaste pièce est le berceau. Ah! l'enfantement fut douloureux et le créateur, quoique Méridional, y déploya l'énergie et l'obstination d'un Yankee. On ne le croirait pas s'il n'y avait encore nombre de gens qui pourraient en témoigner. M. Julian ouvrit son atelier dont il voulait faire une école libre où chacun pût venir étudier à son gré, avec ou sans maître ; il l'ouvrit, dis-je, sans avoir un seul élève. Chaque jour un modèle posait devant des chevalets et des sièges vides. Et pendant des mois, on alluma le poêle pour chauffer la salle, on planta un Italien tout nu sur la table de pose sans qu'il se présentât un seul amateur.

M. Gustave Gœtschy a raconté, voici déjà huit ans, dans un article humoristique, comment cette solitude fut enfin violée. Un inconnu s'y risqua par hasard. Le modèle, l'éternel modèle posait aussi consciencieusemant que s'il eût été devant une vingtaine de Michel-Ange. Le visiteur, épouvanté par ce désert, allait se retirer sur la pointe du pied, lorsque M. Julian, qui travaillait dans un coin pour son propre compte, éleva la voix dans ce morne silence :

— Pardon, monsieur, dit-il, trouvez-vous l'atelier bien agencé?

— Oui, certainement.

— Le modèle beau?

— Sans aucun doute.

— Le jour est-il bon?

— Excellent!...

— Me suis-je engagé à vous fournir des voisins?

— Non.

— Alors, pourquoi voulez-vous vous en aller?

Le jeune homme ne répondit pas. Il choisit un chevalet, prépara sa palette et se mit au travail. On apprit bientôt, grâce à lui, que, moyennant une mensualité modeste, tout artiste trouverait là chaque jour et pendant des heures un modèle vivant. En sorte que, ce qui aurait coûté les yeux de la tête dans un atelier personnel, était donné là presque pour rien. L'idée était juste, féconde; elle devait réussir. Au bout de peu de temps, l'atelier s'était rempli. On a conservé pieusement le nom de ce premier disciple; on l'appelle le « fondateur » et, comme on dit, il a fait tant de petits, qu'aujourd'hui M. Julian compte six cents élèves.

Il a fallu, on le voit, une âme vaillante comme

une épée et aussi bien trempée, pour ne pas s'abandonner au découragement, pour ne pas jeter le manche après la cognée quand, après tant d'argent et d'efforts dépensés, on ne voyait luire aucun espoir de récompense. Et ce qui démontre l'excellence et la valeur de cette âme, c'est la conduite que tint M. Julian après une réussite si longtemps attendue.

IV

Pendant quatre ans, en effet, le succès fut incertain. Certes, on pouvait constater une sérieuse marche en avant, mais ce n'était pas ça. M. Julian, — qu'on me permette une distinction à l'aide de laquelle j'espère faire mieux comprendre ma pensée, — M. Julian n'avait encore que des clients, ce n'étaient pas des élèves. On venait chez lui dessiner ou peindre d'après nature, mais on ne se considérait pas comme faisant partie d'un atelier régulier... La nuance est délicate ; je crois, cependant, qu'on en peut saisir l'importance.

Tant que cet état de choses dura, M. Julian, — ne voulant pas compromettre par trop de précipitation les projets qu'il nourrissait depuis le jour où son « fondateur » monta le premier l'escalier du passage des Panoramas, — M. Julian rumina patiemment les progrès dont il se promettait merveille, et avec juste raison. Enfin, Malherbe vint... non, je me trompe... l'heure sonna où les resultats obtenus permettaient de se lancer dans une voie plus pratique, plus intelligente, plus heureuse, et qui devait faire de l'académie Julian une École des beaux-arts de la rive droite, avec plus de liberté, plus de sincérité, plus de jeunesse et l'élément gracieux des femmes en plus...

M. Julian a l'honneur d'avoir le premier compris que la peinture et la sculpture, mais la peinture surtout, étant arts qui n'exigent ni la force physique, ni un tempérament spécialement masculin, pouvaient et même devaient être utilement ouverts au sexe faible. Les jeunes filles — on l'a répété souvent depuis une dizaine d'années — sont non seulement aussi bien douées que les hommes pour apprendre et pratiquer le grand Art, mais encore bien plus susceptibles d'apporter dans ses manifestations des trésors de finesse, d'esprit, de goût surtout, qui font souvent défaut au sexe laid, ou, du moins, qui ne lui sont donnés que par l'éducation spéciale de leur œil et de leur cerveau. En revanche, les hommes ont la force et savent l'exprimer avec plus de sûreté que les femmes.

V

M. Julian commença la réalisation de ce qu'il avait rêvé en attachant à ses ateliers, déjà fréquentés par une centaine d'élèves, des professeurs de premier rang : M. Bouguereau, M. Robert-Fleury, M. Boulanger, M. Lefebvre, et, quand il créa un atelier de sculpture, M. Chapu, le sculpteur de l'élégance et de la distinction.

C'était élever autel contre autel. Et les desservants de la rive droite ne le cédaient en rien aux chanoines de la rive gauche. Peut-être même portaient-ils des noms plus répandus et possédaient-ils une faveur plus marquée dans le public, parmi les amateurs.

Cette audacieuse et intelligente initiative eut des résultats d'une naturelle fécondité. On accourut de tous côtés chez M. Julian. Les ateliers s'emplirent au point qu'il aurait fallu écarter les murailles pour accueillir les nouveaux qui se présentaient chaque jour. Une énergique résolution fut prise. M. Julian transporta tout à coup son école de jeunes gens dans une magnifique et immense maison du faubourg Saint-Denis, dont elle occupe presque en entier le troisième étage, et ouvrit dans le local du passage des Panoramas un atelier de dames avec les mêmes professeurs.

Ici une question naîtra presque spontanément sur toutes les lèvres et principalement sur les lèvres des pères et mères.

Est-ce que les jeunes filles aussi travaillent d'après le modèle vivant ?

— Oui, monsieur ; oui, madame. Mais dans les ateliers de femmes on ne voit que des modèles du même sexe. Le scrupule à cet égard y est poussé jusqu'aux dernières limites. Il n'y a pas jusqu'à un squelette qui sert à faire, les jeudis, la leçon d'ostéologie, qui ne soit du sexe féminin ; on le désigne généralement dans la maison sous le nom de mademoiselle Squelette. En dehors des professeurs, aucun fils d'Adam ne pénètre dans les salles de travail réservée aux filles d'Ève. Il faut, pour y être introduit, un cas de force majeure, ou bien encore se servir de quelque subterfuge en dehors des prévisions humaines. On a vu des reporters qui, pour n'en avoir point le démenti, se sont déguisés en marchands de couleurs ambulants et qui n'ont pas réussi pour cela.

Celui qui écrit ces lignes a pourtant parcouru ces terres inexplorées et mystérieuses. A part de frais minois qui pétillent pour la plupart de malice et d'intelligence, on n'y remarque d'ailleurs rien de bien extraordinaire : un plafond noirâtre, des murs où le papier gondole un peu plus que de raison, çà et là des dessins ou des peintures encadrés, des caricatures timides, mais sans grande valeur : car les femmes, dont la langue est parfois si cruellement acérée, n'ont ni le pinceau ni le crayon satiriques.

Au reste, le spectacle n'est pas là. Il est autour du modèle. Cinquante ou soixante personnes, pour la plupart calfeutrées dans des tabliers en toile écrue, sont assises devant leurs chevalets, tellement attentives et acharnées au travail qu'à peine s'aperçoivent-elles de la présence d'un intrus. L'une tend le bras, et, en fermant un œil, prend ses mesures avec le morceau de fusain à esquisse ; l'autre fait un mouvement d'impatience et corrige en grommelant une faute renouvelée. Celle-ci, la lèvre en avant et même un petit bout de langue passant entre deux feuilles de rose, s'applique, s'applique, s'applique et pignoche avec amour un dos qui vient bien ;

celle-là, plus mûre et pas dévorée par l'ambition, s'abandonne quelque peu à la fantaisie et traite les méplats trop familièrement. Il y a une petite blonde qui dans cinq minutes vous campe une académie sur ses pieds. J'ai vu même une rousse... Mais je roule sur la pente de l'indiscrétion. Arrêtons-nous.

Est-il bien nécessaire d'expliquer comment sont installées ces travailleuses ? Au milieu est la table de pose. Tout autour les élèves. Les places, bien entendu, ne sont pas toutes également bonnes. On donne ou plutôt on laisse prendre les meilleures aux plus vaillantes. Car c'est le lundi matin qu'elles se conquièrent. La première arrivée prend celle qu'elle préfère et la garde toute la semaine ; la deuxième, la troisième, la quatrième font leur choix à leur tour jusqu'à ce que la dernière prenne celle dont personne n'a voulu.

VI

Et remarquez que les salles sont ouvertes le lundi et les autres jours avant huit heures du matin. En hiver, par le brouillard deliquescent, c'est presque de l'héroïsme, pour une femme, d'être sous les armes à cette heure-là. Mais on est courageux en France, car l'atelier est plein dès l'ouverture. On est courageux aussi ailleurs, du reste, un bon tiers des élèves appartenant à des nations étrangères, principalement à l'Angleterre, aux États-Unis, à la Russie, à la Norvège.

Les personnes placées le plus près du modèle font la tête. Celles qui ont un peu de recul font l'ensemble. Tout ce monde travaille pendant trois quarts d'heure, puis il y a quinze minutes de repos pour le modèle et pour les artistes. C'est le moment où généralement on se dégourdit la langue, tout en faisant la revue des chevalets et en s'accablant de compliments les unes les autres.

Les plus bavardes sont les Anglaises. Encore en cela Shakspeare a raison. Mais, pour river un clou, personne n'est comparable à la Parisienne. La Suédoise, douce et naïve, sait se faire aimer. L'Américaine prend des airs supérieurs, et l'Espagnole est silencieuse, mais généralement très douée.

Je vais vous étonner, prenez-en votre parti. Parmi toutes ces jeunesses avides de succès et frémissantes d'émulation, il n'y a pas ou presque pas de mauvais sentiments. On peut dire qu'elles ne se jalousent point. Il règne au contraire dans l'atelier une bienveillance dont les nouvelles venues participent dans une large mesure, une camaraderie qui se réjouit des succès de rivales et un esprit de corps grâce auquel chacune regarde le triomphe d'une élève de l'atelier comme une victoire personnelle. Cette tendance à la bonté, cette indulgence et cette sorte d'amitié un peu générale sont les fruits de l'habile et jamais sentie direction donnée à tout ce monde avec une rare discrétion par M. Julian.

Deux fois par semaine les professeurs viennent corriger les travaux. Parmi les maîtres que nous avons nommés tout à l'heure, l'un d'eux, M. Gustave Boulanger, est mort il y a un an environ. Il ne reste donc pour les dames — et momentanèment — que MM. Bouguereau, Robert-Fleury et Lefebvre. Les jours où ils se manifestent sont de grands jours. Toutes ces dames, au comble de l'émotion, les suivent de chevalet en chevalet, boivent pour ainsi dire leurs réflexions et leurs conseils et poussent quelquefois la défiance d'elles-mêmes jusqu'à sténographier leurs paroles.

Vous croyez peut-être que tout est fini quand l'examen des travaux est terminé... Vous vous imaginer que le professeur prend son chapeau et s'en va? Quelle erreur! C'est le moment le plus psychologique de la visite. Chacune de ces dames travaille naturellement pour le Salon. Elles apportent donc leur petit produit, qu'elles cachent discrètement dans un petit coin. Puis, l'heure venue où le maître a cessé ses fonctions de magister, on l'entoure de toutes parts en traçant autour de lui un cercle de toiles menaçantes. On lui montre des choses charmantes et des choses impossibles. Les questions se succèdent et se confondraient même, si l'on ne procédait, comme on l'a fait tout à l'heure, par ordre. Chaque ouvrage est examiné à son tour, discuté, jugé, condamné ou apothéosé, à moins qu'il ne soit simplement admiré. Puis, quand tout le monde y a passé, la séance est définitivement close.

M. Bouguereau — qui le croirait? — aime particulièrement à commencer les élèves, ou, pour mieux m'expliquer, n'aime pas ceux qui ont été commencés par d'autres. Cela est singulier, étrange même, car ce ne doit pas être une partie de plaisir que de voir fabriquer des yeux et des nez avec plus ou moins de bonheur par une main inexpérimentée. Mais c'est ainsi, et il faut en louer sans réserve le grand artiste qui montre ainsi avec quelle conscience il envisage son devoir.

Si M. Bouguereau n'est pas le plus *aimé* des professeurs, il est peut-être le plus écouté. Il a quatre ou cinq façons de vous faire comprendre que ce n'est pas ça qui donne froid dans les cheveux à plus d'une ; mais, une fois la critique lâchée, il sait réparer le mal par un encouragement, par de bonnes paroles qui laissent toujours l'élève contente. Sa parole est abondante, ses idées claires, ses démonstrations d'une lucidité parfaite. Il jouit de cette autorité qui fait les maîtres respectés. La plus grande faveur — très sollicitée par les Américaines — qu'il accorde à ses disciples du beau sexe est de les recevoir dans son atelier de la rue Notre-Dame-des-Champs, au milieu de ses ébauches et de ses tableaux en cours d'exécution.

M. Robert-Fleury est moins sévère peut-être. En tout cas il laisse percer sous ses corrections et sous ses critiques une indulgence qui lui conquiert toutes les âmes. Assurément il est, lui aussi, un enseigneur de premier ordre. Parole simple, gaie et bienveillante.

M. Lefebvre est plus froid peut-être, mais il

charme les artistes en les traitant avec une loyauté, une sincérité, une bonne foi sans égales. On a dit de lui que son plus remarquable ouvrage devait être forcément « la vérité », tant il paraît avoir un culte pour cette divinité un peu nue. Une des facultés les plus extraordinaires de M. Lefebvre est sa mémoire. Non seulement il reconnaît les gens qu'il a vus en passant et une seule fois, mais il se rappelle très facilement les dessins et les peintures qu'on lui a montrés quatre, six et huit mois auparavant. Il sait, sans se jamais tromper, à qui ils doivent être attribués, quels en étaient les défauts, et cela lui sert étrangement pour démontrer à une jeune fille les progrès qu'elle a faits. Quelquefois cette mémoire a des inconvénients, car il existe des élèves qui restent stationnaires, ou font plutôt machine arrière. Et M. Lefebvre le leur dit. Mais il enveloppe cela de papier doré. Chaque semaine on classe les travaux, et les premières places sont disputées, d'autant plus disputées que les lauréats de ce modeste concours hebdomadaire ont la priorité si, le lundi suivant, ils arrivent en même temps que les autres, avant huit heures, pour choisir les meilleures places autour du modèle.

VII

Enfin — et voici où M. Julian a montré sa profonde connaissance du cœur humain — depuis le jour où l'œuvre est prospère, il a institué des concours qui ont lieu chaque mois. Ces concours équivalent aux compositions des lycées, avec cette différence qu'il y a une récompense pécuniaire pour le vainqueur : une somme de cent francs est allouée à chaque atelier pour être donnée en prix. Au premier abord cela paraît peu de chose. Mais si l'on réfléchit que la plupart des élèves sont tout jeunes, que plusieurs d'entre eux reçoivent de leur ville natale des pensions notoirement insuffisantes, enfin que cent francs, après tout, ne sont jamais à dédaigner, on trouvera extrêmement habile cette manière d'exciter l'émulation.

Il faut voir d'ailleurs avec quelle joie les victorieuses acceptent la récompense, de quel œil jaloux elles sont regardées par leurs concurrentes moins heureuses.

L'atelier du passage des Panoramas, comme celui de la rue de Berry, du reste, auquel s'applique tout ce que nous venons de dire pour le premier, a une directrice à sa tête, directrice qui est en ce moment mademoiselle Beaury-Saurel, une artiste de grande valeur, médaillée au Salon de Paris et honorée d'une récompense hors ligne à l'exposition de Barcelone. Mademoiselle Beaury-Saurel a exposé au Salon un remarquable portrait de madame Carnot, qui l'a mise hors concours.

Parmi les meilleures élèves—nous disons les meilleures, car elles sont toutes bonnes — on cite : la fille de M. le maréchal Canrobert, mademoiselle de Charette, la petite-fille du général; madame Réal-

Delsarte, madame de Gontaut-Biron, mademoiselle Dumontpallier, la nièce de M. John Lemoinne ; mademoiselle Lenglé, fille de l'homme politique bien connu; la fille de madame Marie Laurent, la nièce de madame Sarah Bernhardt, Sarah elle-même ; la princesse de Terka Jablonowska, aujourd'hui madame Maurice Bernhardt; mademoiselle Brunswick, plus connue sous le nom de mademoiselle Brandès, de la Comédie française ; mademoiselle Lépine, la fille de Quatrelles ; mademoiselle Jourdier, filleule de Robert Mittchell; mademoiselle Marceline Guyon, médaille de troisième classe au Salon, et médaille d'or à l'exposition du *Blanc et Noir*.

Jusqu'à présent nous avons parlé des ateliers des dames en ne les séparaut point dans notre pensée, puisque nous ne parlions que des travaux et des professeurs. Mais, pour éclairer d'une lumière complète le tableau, nous devons bien spécifier que MM. Bouguereau et Robert-Fleury s'occupent spécialement de l'atelier des Champs-Élysées, ou, pour mieux dire, de la rue de Berry. M. Lefebvre s'occupe seul, depuis la mort de M. G. Boulanger, des ateliers du passage des Panoramas, et c'est à cette subdivision de l'académie Julian qu'appartiennent les gracieuses artistes dont nous avons cité les noms plus haut.

Rue de Berry existent trois ateliers, deux de peinture, un de sculpture, dans lesquels viennent chaque jour : la charmante princesse Ghicka, belle-sœur de la reine de Serbie et sculpteur d'un véritable talent; mademoiselle Bilinska, dont le remarquable portrait fit une si profonde sensation au Salon. Le jury lui décerna, on le sait, une troisième médaille. Il méritait mieux — nous l'avons écrit ailleurs nous-même dans un compte rendu artistique. Citons encore : madame F. de Girardin, la fille de la baronne de Sipière, mademoiselle de Buffon, nièce du sculpteur Guillaume, membre de l'Institut; madame la marquise de Cambiaso, mademoiselle Rezzmann, mention honorable du Salon; mademoiselle Klumpke, médaille de troisième classe, etc., etc.

VIII

Maintenant passons aux ateliers de jeunes gens.

C'est au faubourg Saint-Denis, 48, et dans le faubourg Saint-Honoré qu'ils sont installés. Les premiers, vraiment merveilleux. Quatre cents élèves y grouillent chaque jour, travaillant avec acharnement et déployant la plus ardente rivalité pour conquérir les premiers rangs, ce qui est le commencement de la gloire.

Pour l'organisation générale tout est sur le même pied que les ateliers de dames. Ce sont également MM. Bouguereau et Robert-Fleury qui partagent le professorat avec M. Lefebvre et de nouveaux maîtres exigés par la quantité toujours croissante des disciples : G. Ferrier, F. Flameng, L. Doucet et l'incomparable statuaire Chapu. Il existe même des professeurs d'un ordre plus modeste. Ce sont des jeunes gens, naguère encore assis à côté de ceux dont ils sont devenus les conseillers et qui, par leur mérite, ont conquis déjà une place parmi les artistes contemporains. Tel M. Maurin, médaillé au Salon pour un excellent portrait de M. Julian, qui orne aujourd'hui le petit bureau administratif de ce dernier.

Tout ce que nous avons dit relativement à l'installation des ateliers de dames, nous nous garderons de le répéter au sujet des hommes; tout est presque identiquement pareil, avec cette nuance qu'au faubourg Saint-Denis règne naturellement une liberté plus grande, une fantaisie un peu plus décolletée. On y bavarde autant, mais on y rit davantage. A chaque pas on bronche devant quelque trait d'humour. Le prime-saut y est en honneur et se manifeste de cent façons. Sur les murailles s'étalent des peintures où l'imagination satirique des élèves s'est lancée à bride abattue dans les chemins du rêve. Il existe là des caricatures qui sont de véritables chefs-d'œuvre. Beaucoup d'élèves se sont livrés à ces jeux du talent et de l'esprit, mais il en est un, déjà connu par des tableaux remarqués au Salon, à qui l'on doit au moins les deux tiers de ces toiles et qui a fait preuve, dans leur composition, d'une richesse de moyens et d'une fertilité d'invention incroyables, mises au service du plus habile pinceau. C'est M. Dinet. Je n'ai pas l'honneur de connaître M. Dinet, mais je ne serais point surpris, s'il suivait docilement la voie où le pousse la nature, je ne serais pas surpris qu'il devînt avant quelques années une sorte de Hoggarth français, avec plus de laisser-aller et plus de finesse, surtout plus d'emporte-pièce.

J'ajoute que dans la caricature ou dans une branche plus solennelle — je ne dis pas plus sérieuse, tout est sérieux en art — M. Dinet sera un jour un maître peintre.

Les murs sont ornés aussi çà et là des compositions encadrées qui ont obtenu des récompenses mensuelles ou annuelles. Car il y a, chaque fin d'année, il y a depuis quelque temps, en dehors des prix décernés tous les mois, un concours entre les ateliers d'hommes et les ateliers de dames. On juge de l'émulation, de l'ardeur de la fièvre qui anime tout le monde lorsque le sujet est donné, lorsque l'heure du jugement a sonné. Tout d'abord ce furent ces messieurs qui remportèrent des victoires éclatantes, mais le jour vint où il fallut déchanter. Les dames, à leur tour, mirent en ligne un champion, que dis-je? plusieurs champions dont les efforts furent couronnés du plus grand succès. Mademoiselle Beaury-Saurel, dont nous avons déjà dit le talent hors de pair, remporta le premier prix; mademoiselle Bilniska, mademoiselle Klumpke et mademoiselle Ador triomphèrent à leur tour.

IX

Ce qui prouve combien est appréciée l'académie Julian, non seulement en France mais dans l'univers entier, c'est la quantité d'élèves étrangers qu'on y rencontre. Beaucoup d'Anglais, encore plus d'Américains, des Espagnols, des Norvégiens, des Suédois, des Italiens, des Russes et jusqu'à des Allemands plus ou moins déguisés en Alsaciens-Lorrains ou en Suisses, forment à peu près un tiers de l'école. Il y a parmi ces exotiques des originaux de première grandeur et des artistes de grande valeur morale.

C'est ainsi qu'on m'a montré un honorable Yankee d'une quarantaine d'années, qui, après, avoir fait fortune dans l'élevage des bestiaux en plein Arkansas, est venu à Paris, poussé par une vocation irrésistible, apprendre la peinture chez M. Julian. Nul n'est plus enthousiaste de ses maîtres et de son académie ; aussi nourrit-il un dessein qui paraîtra purement folâtre à des lecteurs français, mais qui semblera peut-être tout naturel aux Américains des États-Unis. Il rêve de fonder une ville à l'endroit même où sont ses propriétés — et où, par parenthèse, il n'y a pour le moment ni un homme ni une maison — dans le simple but de doter cette ville, d'abord d'une académie installée sur le modèle de l'académie Julian, et ensuite d'un musée qui recevra, au fur et à mesure de la production, les tableaux les plus remarquables peints par les élèves de l'école dont cet homme aimable, mécénique et bienfaisant sera, vous le comprenez bien, le professeur et le grand chef.

Dans le grand atelier Bouguereau, le massier est un Indien de Calcutta, que ses camarades, charmés par ses qualités de justice et d'aménité, ont promu à cette fonction. Car ce sont les Raphaël de l'avenir qui élisent le massier, de même que les dames nomment également leur massière. Cette fonction est une sorte de magistrature paternelle qui investit celui qui en est chargé d'une autorité s'étendant à diverses réglementations relatives aux travaux, aux places des élèves et à la surveillance générale.

Dans certains ateliers où les brimades sont encore usitées, c'est le massier qui intervient, soit pour arrêter les plaisanteries au moment où elles deviennent des méchancetés féroces, soit pour informer le nouveau des obligations qui lui incombent. C'est ainsi qu'à l'École des beaux-arts une coutume invétérée veut que le dernier arrivé fasse les courses pour tous les autres. Un jour il advint qu'un Russe de grande famille, ayant sollicité la faveur d'entrer à l'atelier Cabanel, supporta sans broncher les épreuves plus ou moins ridicules qu'on lui imposa ; mais quand on lui apprit qu'il était tenu de courir chercher quatre sous de cervelas pour un gamin de seize ans, lui qui en avait près de trente, il s'y refusa et fut prié de se retirer. Deux jours après il était chez M. Julian, et là les brimades sont inconnues, ou sont du moins réduites au minimum des fumisteries si chères aux rapins.

Ce n'est pas que de temps à autre on ne voie à l'académie du faubourg Saint-Denis quelque grande représentation funambulesque où *toute la troupe* met en scène un événement, contemporain la plupart du temps, et dans lequel les personnages les plus augustes jouent un rôle important et comique à la fois. Il n'est pas rare de voir un homme doué pour la pantomime figurer le président de la République ou le roi de Prusse. Il s'est joué là des pièces inédites auxquelles la verve des auteurs et des comédiens a donné une saveur dont les habitués du théâtre Libre se seraient pourléché les quatre doigts et le pouce ; et cela bien avant que M. Antoine n'ait eu l'étonnante idée de vouloir prouver que le grand art consiste à proférer des paroles ordurières ou à montrer les filles publiques dans l'exercice de leurs fonctions.

X

Comme les ateliers de dames, les ateliers d'hommes ont déjà un livre d'or où sont inscrits des noms que la postérité bercera dans sa gloire. D'abord deux prix de Rome, ce qui n'est pas mal pour une école dont l'établissement ne remonte pas au delà de vingt ans. Ces deux prix de Rome sont M. Doucet, actuellement professeur à l'académie, et M. Baschet, le fils de l'éditeur.

Une des gloires les plus saillantes de ces ateliers est M. Rochegrosse, l'auteur d'*Andromaque*, de la *Mort de César* et de cette *Jacquerie* à laquelle il ne manque rien, à notre avis, pour être un chef-d'œuvre. M. Rochegrosse, qui a obtenu le prix du Salon, est l'un des jeunes peintres à qui la réputation la plus grande et la situation la plus enviée puissent être prédites. Qui sait même si quelque jour il ne fera pas entrer l'académie Julian à l'Institut ?

MM. Francis Tattegrain et Renouf sortent aussi de la maison, et tant d'autres dont les noms ne viennent pas au bout de ma plume, mais qui n'en ont pas moins de talent pour cela. Parmi les anciens élèves, on peut encore citer les fils de MM. Gérôme, Berne-Bellecour, Van Thoren, etc.; les fils d'A. Delpit, le frère de Paul Bourget; de Villebois, critique au *Charivari*; Paul Adam, le neveu de Jules Noriac; Froment-Meurice fils, les fils des architectes Lebas, Lacenet, André; Guilmant, le fils de l'organiste; Faure, le fils du premier chanteur de l'univers; Barré fils, Montigny, Courbet, neveu du peintre; Pierre de Saisset, neveu de l'amiral; de Chabaud-Latour, neveu de l'ancien ministre; René de Gay-Lussac, petit-fils du savant; Espivent de la Villeboisnet, neveu du général; le petit-fils de Labiche, etc., etc.

Dans les commencements, les ateliers Julian eurent comme travailleur assidu un homme qui joua un très grand rôle en Europe lors de l'occupation de l'Egypte par les Anglais, lord Dufferin, qui a été depuis vice-roi des Indes.

C'est à cette même époque, déjà éloignée, que David, la basse de l'Opéra, pratiquant la peinture avec acharnement, se montrait le plus assidu en même temps que l'un des plus gais disciples de M. Julian.

XI

Que dirai-je des ateliers de sculpture? M. Chapu était certainement tout désigné pour révéler aux demoiselles l'art de pétrir la glaise et d'en faire des femmes à leur image. Nul n'a dans la main plus de délicatesse : avec Paul Dubois, c'est le grand styliste de l'ébauchoir. La princesse Ghicka, son élève, lui fait, dit-on, beaucoup honneur. Mais c'est surtout dans l'atelier des jeunes gens que j'ai pu remarquer des ouvrages tout à fait séduisants. Dès mon entrée j'ai reconnu dans la plupart des maquettes une pureté de lignes, une élégance dans les formes, une grâce particulière qui trahissaient très visiblement l'influence d'un professeur dont l'éloge serait une redite.

Là aussi les élèves s'amusent à dessiner des charges et *orner* les murailles ou le plafond d'œuvres amusantes qui resteront inédites. Je m'étonne seulement qu'aucun d'eux n'ait essayé, à la manière de Dantan, la caricature en biscuit ou en terre cuite... Mais je m'aventure bien. Peut-être existe-t-il parmi les élèves de M. Chapu quelque Dantan qui ne s'est pas manifesté devant moi.

En tout état de cause, je puis assurer qu'il y a là un jeune sculpteur, M. Fosse, dont le mérite est incontestable. Il mettait la dernière main à une statue en pied, demi-grandeur, du maître d'armes Rue, et j'ai rarement vu un bonhomme aussi vigoureusement planté, plus magistralement reproduit. Nous retrouverons cela au Salon, je pense, avec une récompense à la clef.

XII

Mon chapitre ne serait pas complet si je ne montrais pas tout cet aimable monde, garçons et jeunes filles, aux heures où, laissant de côté les pinceaux et l'argile, il célèbre quelque fête avec l'entrain de cette délicieuse jeunesse dont on apprécie davantage le charme quand on a été forcé de lui dire adieu.

Les dames fêtent chaque année la Sainte-Catherine; les garçons frètent un char au Carnaval et parcourent les boulevards en costumes de fantaisie. De plus, les classes réunies donnent un bal dans quelque restaurant à la mode, un bal travesti où chacun et chacune montre son goût et son esprit. Enfin il arrive que parfois les ateliers assemblés offrent une fête à M. Julian, comme cela est arrivé lorsqu'il fut décoré.

Car M. Julian est chevalier de la Légion d'honneur, et cette distinction ne pouvait être mieux placée que sur la poitrine d'un tel homme. Sans l'appui, sans la protection de personne, ne comptant que sur ses propres forces, n'attendant rien que de son énergie, de son intelligence, n'ayant jamais rien sollicité du pouvoir, ayant créé seul quelque chose de bon, d'utile, de fécond, quelque chose qui honore et grandit la France, M. Julian a été à peine récompensé selon son mérite par le bout de ruban qui fleurit à sa boutonnière.

LE GRAND-DÉPOT DE CÉRAMIQUE

Il n'est certainement pas un Parisien qui, traversant la rue Drouot, ne se soit arrêté devant les numéros 21 et 23 et ne se soit ébahi, en bon passant, sur les exquises poteries et les verreries incomparables qui y font si irrésistiblement risette au public. Quel est celui qui, aux grandes époques — jour de l'an, fête d'ami, anniversaire d'amie, — n'est pas entré là pour témoigner de la sincérité de son admiration en faisant quelque acquisition, d'un prix toujours inestimable, tant l'objet choisi devient aussitôt, par la beauté du dessin, par la pureté de la pâte ou l'élégance des formes, un bibelot à garder.

Les hommes qui ont un peu dépassé la quarantaine ont vu cette maison du Grand-Dépôt de Céramique naître modestement, s'affirmer, grandir, se développer considérablement, puis prendre des proportions colossales et enfin devenir la plus importante de l'Europe. C'est même à ce titre qu'elle doit de figurer dans ce volume où toutes les curiosités de Paris ont leur place, les curiosités qui ne sont pas banales, bien entendu.

Plus d'un, parmi ceux qui ont suivi d'un œil attentif et sympathique les développements successifs du Grand-Dépôt, s'est demandé, je gage, à quoi il faut attribuer cette prospérité, car le succès n'est jamais le résultat d'un hasard ou de la chance, comme le pensent et le disent parfois si sottement des gens de bonne foi. Tout homme qui réussit a dans son sac une idée nouvelle, des qualités prime-sautières ou une ligne de conduite dont il s'applique à ne jamais dévier. L'idée féconde de M. Émile Bourgeois, lorsqu'il fonda le Grand-Dépôt en 1862, consistait en ceci : centraliser et vulgariser les plus beaux produits de la Céramique, d'où qu'ils vinssent.

Sachant très exactement ce qu'il voulait, et résolu à le vouloir avec obstination, il ne tarda pas à faire de sa maison une sorte de musée où s'accumula en une ordonnance harmonieusement séduisante tout ce que l'art du potier ou du verrier peut produire de plus admirable, depuis ces fantaisies, inspirées de l'antique, dont les formes idéales tiennent du rêve, jusqu'aux colossales merveilles que Vallauris ou les Anglais ont mises à la mode. Toujours fidèle à son programme, il accueillit le beau à bras ouverts, sans parti pris, et repoussa impitoyablement les productions médiocres ou banales. Tout son secret était là.

Et quand on a vu ce rez-de-chaussée où tant de splendeurs vous éblouissent — naguère encore, on y admirait un non pareil service de porcelaine au chiffre de M. Lalou, directeur de la *France*, — quand on a vu ce rez-de-chaussée, quand on a visité les annexes et les dépendances de la rue de Provence et de la rue Chauchat, si l'on monte au premier étage de la rue Drouot, on marche d'étonnement en étonnement.

Imaginez trois cents services de faïence et trois cents services de porcelaine — six cents en tout — exposés là continuellement pour servir d'échantillons. En désignez-vous un ? Deux heures après il sera chez vous. Mais en désirez-vous dix, vingt du même modèle, pour un repas de cinquante à soixante personnes ? En deux heures également vous serez servi, sans que les réserves soient appauvries d'une façon appréciable.

Et les prix ? Quelque invraisemblable que cela paraisse, ils commencent à vingt francs et finissent à dix mille, ou plutôt ils ne finissent pas.

Comment, vingt francs ! Que peut-on donner pour vingt francs ? On donne, pour montrer à certains magasins les ressources dont on dispose, on donne pour vingt francs un service de soixante-quatorze pièces, dont le prix moyen est par conséquent d'environ vingt-cinq centimes. Une soupière à joli dessin bleu, vingt-cinq centimes; un saladier, le même prix. Il est aussi un service que le Grand-Dépôt va mettre en vente sous ce titre : Service Gobelins à bande. Chaque pièce est ornée — en camaïeu — d'une bande copiée sur une tapisserie des Gobelins, et qui est d'un merveilleux effet. — « Tout Paris mangera là dedans, me disait le gérant de la maison, M. Gibert ; que dis-je ? tout Paris...; toute la France... Nous vendons cela vingt-neuf francs cinquante ! »

On juge par là de la beauté des assiettes de porcelaine qui valent cent francs pièce !

La seule difficulté, quand on achète dans cette

maison, c'est l'embarras du choix. Mais on l'a prévue et, pour que vous puissiez vous décider à tête reposée, il existe au Grand-Dépôt un catalogue-album qui est une œuvre d'art et qu'on vous expédie au prix de dix francs, remboursables à tout acheteur d'une commande de cent francs et au-dessus. Le Grand-Dépôt ne se contente pas de livrer sans retard ; il rassortit dans les mêmes conditions, justifiant ainsi son titre de quartier général de plus de cent fabriques dont le nom fait autorité dans le monde industriel et qui lui ont laissé le monopole de leurs chefs-d'œuvre.

LES BALS

Il n'y a plus à Paris que deux sortes de bals :
Les bals du grand monde, et les bals de tout le monde... Les premiers pourraient eux-mêmes se diviser en deux catégories : ceux que donnent les gens tout à fait comme il faut, où sont admises seulement des personnes que les amphitryons connaissent réellement, où les choses se passent avec une dignité gaie, sans flafla. Là vous êtes sûr de ne constater ni une faute d'orthographe, ni un accroc aux convenances. Chacun y voit son monde. Et quoique ce soit un grand honneur d'y aller, aucun de ceux qui y sont priés ne s'en vante, tant on craindrait de n'en paraître pas digne. De ces bals, les prétendus journaux mondains ne parlent pas et l'éminent rédacteur en chef qui se pose en *magister elegantiarum* n'y a pas ses entrées. C'est la quintessence même du monde. Détail très caractéristique : tous et toutes dans ces réunions sont parfaitement à leur aise et l'on s'y amuse du meilleur cœur, sans hauteur et sans pose.

Viennent ensuite les bals donnés par des maîtresses de maison extrêmement distinguées, dont quelques-unes même sont nées. La plupart en tout cas portent des titres et des noms illustres. Mais pour une cause ou pour une autre, éducation, déclassement imperceptible, fréquentations fâcheuses, il en est qui ont été atteintes du terrible phylloxera qu'on appelle cabotinisme, et celles-là ne donnent de bals, de fêtes, de garden-parties qu'à une condition, c'est que les journaux qu'on lit, et au besoin les autres, se fassent les Dangeau de leurs salons, racontant *urbi et orbi* les merveilles invraisemblables de leurs réceptions. Ce sont elles, d'ailleurs, qui corrigent les épreuves.

J'ai connu autrefois une servante anglaise qui avait la fâcheuse habitude de se griser abominablement avec cette eau-de-vie de grain que les sujets de Victoria appellent du *wisky*. Son service en souffrait, je m'empresse de vous le dire, et la pauvre enfant changeait souvent de condition. Un jour il lui arriva de se placer chez une bonne dame qui ne poussa pas de trop hauts cris quand elle la vit en cet état. Elle essaya au contraire de la raisonner et de la guérir. Mais comme un matin l'excellente convertisseuse achevait un sermon sur les beautés de la tempérance, Annah répondit avec une étrange ingénuité :

— Mais, madame, à quoi servirait de travailler, si l'on ne pouvait de temps en temps boire une bouteille de wisky ?

Je ne puis m'empêcher de songer à cette histoire quand je vois certaines grandes dames travailler, elles aussi, pour la réclame avec une ardeur aussi obstinée. Il me semble les entendre dire :

— Mais à quoi bon se frotter à des gens de peu qui vous plaisent médiocrement? à quoi servirait de se donner le mal affreux que nous nous donnons ? Sous quel prétexte se lever tôt, courir la ville, visiter cent personnes, avoir dans son antichambre une nuée de tapissiers, de glaciers, de dessinateurs qui ne vous comprennent même pas, si nous n'avons la joie de voir notre nom imprimé dans une feuille du matin aussi souvent que celui de mademoiselle Lavigne, artiste lyrique et comique? Oui, nous en convenons, les concessions que nous faisons au mauvais goût, les fils de pas grand'chose que nous recevons, les écarts de tenue que nous nous permettons, tout cela nous humilie un peu, nous excède et nous fâche ; mais c'est si agréable de lire le compte rendu de nos fêtes dans un style extramoderne, à la première page du journal des gens copurchics. Nous ne donnerions pas de bal si l'on ne devait pas en parler.

On comprend, n'est-ce pas, que dans de pareilles conditions, la fine fleur du « comme il faut » se retire, à la façon des sensitives, et qu'il n'y ait aucune comparaison à établir avec les gens du monde dont nous parlions en première ligne et ces derniers.

Avant de raconter les bals de tout le monde, il est

nécessaire de dire quelques mots des réunions dansantes de la colonie étrangère. Et quand nous disons « colonie étrangère », tout Parisien comprend à demi-mot. Il ne s'agit pas des Russes qui sont si Français, ni des Anglais qui ne se mêlent jamais aux autres flots, ni des Autrichiens, ni des Scandinaves, ni même des Italiens. Il s'agit à peine des Espagnols. Donc, si vous avez le sentiment de la géographie, vous savez ce que j'entends, ce que tout Paris entend par colonie étraugère.

La plupart de ceux qui tiennent la tête de cette société sont des gens riches, très riches, extrêmement riches, si riches qu'ils ont fiui par se croire les gens les plus importants des deux mondes. Leur argent les a grisés, et, venus à Paris pour en étaler l'omnipotence, ils ont eu pour premier souci de recevoir, de donner des bals et d'y inviter l'aristocratie.

En gens qui se croient pratiques et qui le seraient sur les bords du Potomac, ils ont commencé par s'attacher un journaliste à tout faire. Et puis, guidés par lui, ils ont ouvert leurs salons. Dire que ceux-ci sont restés vides serait mentir, d'autant plus que des milliardaires trouvent toujours des admirateurs. Le peuple d'Israël a converti bien des chrétiens au culte du Veau d'or. Mais ce qui n'est douteux pour personne, c'est que l'aristocratie qu'on attendait est restée chez elle, et si la bourgeoisie a donné, c'est sans enthousiasme. Que faire, en ce cas, pour vexer les grands seigneurs et pour attirer des gens de marque ? Dépenser de l'argent, beaucoup d'argent, infiniment d'argent. Alors ces honorables exotiques ont imaginé de faire danser des cotillons au cours desquels les jeunes filles et même les jeunes gens recevraient des bijoux de prix ou des cadeaux aimables — une cinquantaine de mille francs jetés par la fenêtre, ni plus, ni moins.....

Et les journaux de s'esclaffer, de crier à la distinction, au miracle. La dame à qui ses moyens permettaient de faire semblable galanterie s'imaginait que les demoiselles de grande famille regretteraient le plus amèrement du monde de ne s'être pas trouvées à la distribution. Elle vit bien qu'elle se trompait quand, le lendemain, le père d'une des reines du fameux cotillon lui renvoya un bracelet échu à sa fille et « qu'il avait le regret de ne pouvoir accepter ».

Cette leçon, et d'autres encore, n'empêchent pas la plupart de ces étoiles de la colonie étrangère de se figurer qu'elles ont vu chez elles ce qu'il y a de mieux à Paris. Elles s'imaginent aussi qu'ayant causé avec des déclassés et appris quelques potins sur l'un ou l'autre, elles connaissent parfaitement notre pays, nos mœurs et nos gentilshommes. C'est pourquoi, rentrées dans leur patrie, elles racontent et écrivent des études singulières sur la France, en disent mal de mort, insultent nos femmes, essayent de salir nos gentlemen et ne se doutent point, les malheureuses, que lorsqu'on est riche comme elles le sont, il leur est aussi difficile de savoir le prix des choses et la vérité qu'aux rois absolus.

Pour être sincère, il faut ajouter qu'elles font un

certain bruit et comme elles tiennent en rentrant dans leur Amérique du Sud, du Nord ou des îles, à poser en astres parisiens, elles ne manquent pas de faire insérer, moyennant finances, dans des journaux, l'annonce de leurs *five o'clock,* de leurs bals et de leurs déplacements. Peut-être même, à l'instar de ce Gascon qui mentait si bien, finissent-elles par croire que c'est arrivé et qu'elles ont laissé aux Champs-Élysées une réputation de comète sans égale. Ces réputations-là, on sait ce qu'en vaut l'aune.

—

Il est dit que je n'arriverai pas aux bals de tout le monde, car j'allais oublier de mentionner une des plus glorieuses manifestations du luxe et du plaisir, exclusivement réservée à la jeunesse, à la véritable jeunesse, les bals blancs. Vous savez évidemment ce que c'est : des réunions où il n'y a que des jeunes filles et des jeunes gens. Toute personne ayant échangé devant l'autel l'anneau nuptial en est sévèrement exclue, excepté pourtant la dame qui reçoit, et encore, celle-ci n'a-t-elle le droit de donner un bal blanc que si elle a une fille non mariée, laquelle remplit dans ces circonstances les devoirs de maîtresse de maison.

Les danseuses, dans ce cas, sont rigoureusement obligées d'être en blanc et de préférence en mousseline. C'est charmant, nulle part on ne s'amuse plus franchement, avec un laisser-aller plus pudique et plus délicieux.

Les bals de tout le monde sont ces réunions dansantes qui sous des prétextes politiques, sociaux ou de charité, sont devenus si fréquents depuis deux ou trois lustres. En tête de ces fêtes, il faut placer les bals de l'Élysée où l'on rencontre dix mille personnes de toute profession, de toute opinion, de tout calibre.

Je tiens à bien établir, avant d'aller plus loin, que je ne rends pas M. Carnot ni son prédécesseur, ni son successeur, responsables du méli-mélo de toilettes, de physionomies, de conversations et d'appétits qu'on y rencontre. La démocratie veut ça et la démocratie a heureusement des avantages qui compensent richement ces petites cocasseries. Mais enfin, ces bals solennels manquent de solennité et beaucoup de ceux qu'on y rencontre doivent être surtout étonnés de s'y voir comme le doge de Venise à la cour de Louis XIV, mais seulement pour d'autres raisons.

Il faut d'abord avoir bien, mais bien envie d'y aller. Quand vous avez constaté que cette envie est irrésistible, vous vous adressez à votre député, n'est-ce pas, ou à un sénateur, ou à Charles Chincholle, et vous lui demandez une invitation. Il résiste. Vous insistez presque brutalement. Il s'exécute. Le soir venu, vous louez un fiacre et vous prenez la file par les Champs-Élysées, la rue de Rivoli, etc., etc. Parti de chez vous à neuf heures, vous abordez le fameux perron du chef de l'Etat à une heure après minuit. Et vous entrez dans la fournaise où vous rencontrez votre bottier, qui est après tout un citoyen comme vous, un peu moins bien habillé seulement. M. Carnot vous reçoit avec sa bonne grâce universellement proclamée. L'orchestre résonne. On ne danse pas. Il y a trop de monde. Le buffet vous apparaît de loin comme une terre promise, mais une terre promise d'un accès si difficile qu'on est exposé à mourir, comme Moïse, avant d'y arriver. Oh! ce buffet! quel Homère il faudrait pour chanter le siège dont il est l'objet. Ce qu'il y a de certain, c'est que les premiers occupants une fois installés sont réfractaires à toute capitulation. Ils y sont, ils y restent. Il en est même qui y restent toute la nuit. Trois heures sonnent, puis quatre. C'est l'heure où les salons se vident. Vous vous en allez, un peu honteux de ne pas avoir trouvé là le plaisir et les contentements que vous y cherchiez. Mais, ô puissance de cette jeunesse dont je parlais tout à l'heure, vous voyez, en passant, des heureux qui, sans souci des sandwichs, de l'étiquette, de la cohue, des récriminations grincheuses, s'en donnent à cœur joie et attendent s'il le faut que la moitié des invités soient partis pour danser de toutes leurs jambes et pour rire de toutes leurs dents. Ils ont vingt ans!

D'autres bals de tout le monde, succédanés de ceux de l'Élysée, mais avec une trop grande proportion de vestons courts et de cravates de couleur, ce sont les bals de l'Hôtel de Ville. On y rencontre même quelques becs salés qui ne se manifestent pas chez le Président de la République. Et là aussi, quand la foule commence à s'écouler, quand chacun s'est bien tassé et a pris son aplomb, on danse, on saute, on bavarde et l'on s'esclaffe à la bonne franquette, ce qui ne me gêne pas, je vous assure, ni vous non plus, je pense, car vous et moi nous sommes couchés.

En outre de ces fêtes qui appartiennent à la catégorie des réjouissances publiques officielles et obligatoires pour ceux qui les donnent, il y a presque tous les soirs d'hiver à Paris des bals merveilleux, amusants, dont le but suprême est généralement la charité et qui attirent une foule considérale de gens appartenant à toutes les catégories de la société. Il y a le bal pour la Caisse de retraites des sous-officiers de terre et de mer; celui de l'Orphelinat des arts, celui des Femmes de France... celui des femmes du monde et cinquante autres que je n'ai pas l'intention d'énumérer. Le prix d'entrée — car vous savez probablement qu'on paye pour y entrer — se fixe ordinairement à vingt francs, chiffre suffisamment élevé pour que tout le monde n'y vienne pas facilement étaler ses grâces, et suffisamment bas pour qu'une famille bourgeoise puisse s'offrir cette folie une fois ou deux en vingt ans.

Quelques-uns de ces bals, ou tout au moins l'un d'eux, a lieu à l'Opéra. C'est le plus brillant. L'or, le velours, la peluche, la soie, le brocart servent d'accompagnement à une symphonie de pantalons rouges et d'épaulettes d'or. C'est vraiment un spectacle à voir que le grand escalier au moment culminant de la nuit, alors que les traînes couvrent dans leur développement plus de dix degrés et que le vaste vaisseau retentit des clameurs de l'orchestre, légèrement assourdies par le bruit des conversations et la gaieté des gens heureux.

D'autres bals, presque aussi beaux, ont lieu au Grand-Hôtel, et principalement à l'hôtel Continental où l'on peut dire que tout Paris a dansé peu ou prou. Je ne sais rien de plus aimable que ces réunions, où règne une certaine liberté de bonne compagnie et où l'on se divertit fort entre connaissances de même société. Il y a là d'ailleurs des gens qui ont des principes. Ils ont payé et veulent en avoir pour leur argent. C'est donc un élément forcé de bonne humeur.

Je me permettrai une légère remarque : on joue quelquefois gros jeu dans les bals. Les gens sages, s'ils veulent me croire, agiront prudemment en ne se mêlant point à des parties dont les divers partenaires ou adversaires ne leur seraient pas parfaitement connus.

Paris, nous n'avons pas besoin de le dire, voit chaque jour d'autres bals plus ou moins distingués, plus ou moins originaux. En un temps comme le nôtre il n'est pas surprenant que l'on danse beaucoup. On a vu jadis le bal des Incohérents, qui fit florès et fut l'une des plus spirituelles imaginations d'un homme de beaucoup d'esprit... On a chaque année, le 14 Juillet, d'innombrables bals en plein air où dansent des gens qu'on ne croirait pas capables de telle légèreté. Faut-il compter les bals populaires, les bals-musettes, les bals communs et les bals canailles ? Car Paris a vu tous les bals imaginables depuis cent ans, à commencer par le bal des victimes et à finir par celui qu'on nous promet pour décembre prochain.

Tous les bals imaginables... sauf un, cependant, qui a eu lieu dans la bonne ville de Trente... Pallavicini, qui a écrit l'histoire du concile, raconte que les membres de cette assemblée donnèrent un bal à Philippe II, roi d'Espagne. Toutes les dames de la ville y furent invitées, une musique délicieuse s'y fit entendre. Ce fut le cardinal de Mantoue qui ouvrit le bal avec une des plus nobles dames de la cité, et tous les pères du concile ainsi que Philippe II y dansèrent une grande partie de la soirée.

Il est fort probable que ce spectacle ne sera plus réservé au monde et je sais plus d'une Parisienne affamée de premières qui regrettera en lisant ces lignes de n'avoir point été quelque chose ou quelqu'un à Trente en 1562, à la condition cependant de vivre encore de nos jours.

LES BALS DE L'OPÉRA

Ça, c'est autre chose. Sans l'escalier, le bal de l'Opéra, presque deux fois centenaire, n'existerait plus. Vraiment, M. Garnier en bâtissant ces rampes de marbre, en dessinant cette double révolution, en jetant à chaque pas des lustres, de la dorure, du marbre et des sculptures admirables, M. Garnier a dû penser aux bals de l'Opéra, et aux costumes qui en sont la conséquence, bien plus qu'aux vêtements lugubres dont nous affligeons la fin du dix-neuvième siècle. Peut-être même a-t-il pensé, dans sa haute intelligence, qu'un jour viendra où nos neveux, répudiant les habits pointus et les chapeaux-tube, promèneront le velours, la soie, le brocart, les épées étincelantes et les coiffures épiques sur ces degrés où s'édifia la fortune d'Halanzier.

Quoi qu'il en soit, c'est seulement les jours de bal que le grand vestibule de l'Opéra atteint son maximum de pittoresque. On ne saurait, sans l'avoir vu, se faire une idée de l'étincelant spectacle qu'on a sous les yeux. Au milieu de cet or, de ce bronze et de ces lumières, les déguisements, quelque médiocres qu'ils soient dans leur banalité, jettent des notes incroyables d'imprévue gaieté. Pourvu qu'il y ait là quelques masques, une vingtaine de dominos aux couleurs voyantes et trente plastrons d'un blanc immaculé, le spectacle est féerique. Il suffit à galvaniser l'institution. Rien que cela vaut l'argent.

Quant à ce qui se passe dans la salle, au foyer ou dans les dépendances du monument, ce doit être aussi gai pour les jeunes gens que ça l'était pour nous, il y a vingt-cinq ans. A cette époque, du reste, on clamait déjà que les bals masqués étaient morts. Il n'en était rien. On y trouvait encore d'aimables coquines faisant des efforts héroïques pour qu'on les acceptât comme femmes du monde et un certain nombre de veuves que leurs maris n'ont pas amusées pendant leur vie et qui viennent de bonne foi cher-

Grand escalier de l'Opéra.

cher des intrigues au milieu d'une foule dont la distinction doit bien les surprendre.

Coquines et veuves y sont encore. Seulement elles

sont moins jeunes. Mais, vous pouvez m'en croire, on y rencontre aussi de jolies femmes en quête d'aventures. Les journaux et les caricatures n'en parlent plus à la vérité. Mais c'est pour cela que bien des amoureux en rupture de ménage s'y donnent rendez-vous, s'y amusent et s'y aiment de tout leur cœur.

La musique y est toujours vigoureuse. Je sais bien qu'il n'est pas chic d'y danser. Mais je suppose, monsieur, je me flatte, madame, que danser est le cadet de vos soucis. S'encanailler un peu, se mêler à la foule qui vous presse, entendre quelqu'un vous manquer de respect, être confondu avec toutes sortes de gens, dire des choses étonnantes à un ami qui ne vous reconnaît pas, sont des plaisirs pour lesquels les amateurs se renouvelleront sans cesse.

Et puis, c'est surtout pour le dénouement qu'un homme de goût va au bal de l'Opéra. Le dénouement, c'est le souper. Si l'on ne soupait pas, ce serait une soirée mortelle et il ne vaudrait pas la peine de rester debout jusqu'au milieu de la nuit... Mais heureusement l'on soupe, en un bon gîte bien gai, bien clos, où l'on peut trouver *le reste* du bonhomme La Fontaine, pour peu qu'on ait d'esprit.

Que si vous insistez pour démontrer combien le bal de l'Opéra est devenu réellement moins brillant, dans son ensemble, qu'autrefois, je vous répondrai que les bals masqués ne sont pas une institution démocratique. On l'avait bien compris en 93, puisque la Commune les supprima, dans la crainte sans doute que des conspirateurs ne se coalisassent sous le masque. Un bal masqué, pour être agréable, doit être composé de gens comme il faut, dépensant beaucoup de finesse et d'esprit. Mais, dès qu'une semblable société est envahie par des danseurs grossiers et criards, il y a grande chance qu'elle ne se divertisse plus outre mesure.

D'autre part, il me semble qu'on ne fait pas assez d'efforts pour en rajeunir l'agrément. Depuis 1719 c'est toujours la même chose. Comment un peuple de tant d'imagination ne trouve-t-il aucun assaisonnement qui en rehausse le ragoût ?

Madame la duchesse d'Orléans raconte dans sa correspondance le trait suivant :

« Le 17 février 1721, il s'est passé une chose terrible à un bal masqué. Six masques sont entrés, dont deux portaient des flambeaux et quatre un brancard sur lequel se trouvait un homme masqué et couvert d'un domino. Ils l'ont déposé au milieu de la salle et se sont retirés. On a demandé au masque qui était sur le brancard s'il voulait danser ; comme il ne répondait pas, on lui a enlevé son masque et l'on a trouvé que c'était un cadavre. »

Il y avait deux ans que les bals masqués existaient en France, quand cet événement se produisit, et tous les historiens sont d'accord pour constater que le cadavre, dont on ne sut jamais l'histoire, fit une profonde impression sur la société moisie de la Régence, mais qu'il contribua beaucoup à assurer le succès des réunions masquées.

Je ne demande point que six Pranzini viennent à chaque bal de l'Opéra déposer une demoiselle Regnault au milieu du vestibule de M. Garnier. Mais n'y aurait-il pas moyen de secouer un peu la curiosité publique et de lui forcer la main, en l'attirant quand même à des fêtes qui par elles-mêmes sont en somme les plus amusantes du monde ?

LE BAL DES ARTISTES

Vous savez, probablement, que les artistes dramatiques — c'est ainsi qu'on désigne dans leur monde les acteurs des deux sexes — font presque tous partie d'une Société de secours mutuels fondée par le baron Taylor ; mais vous ignorez assurément qu'ils ont toujours trouvé, pour administrer leurs finances, des hommes d'un dévouement et d'une intelligence remarquables. Ceux-ci ont déployé dans l'exercice de leurs fonctions des qualités d'économie, d'ordre, et ont su donner à l'association une direction si sage que la prospérité la plus éclatante a récompensé leurs efforts et que les artistes dramatiques sont aujourd'hui des gens cossus, ayant des centaines de mille francs de rente à l'aide desquelles ils servent d'innombrables retraites à leurs vieillards.

Les ressources qui alimentent chaque année la caisse sociale sont de plusieurs sortes : d'abord les cotisations et ensuite les bals qui se donnent dans toutes les villes de France au bénéfice de l'association. Celui de Paris — qu'on appelle communément le bal des artistes — a été pendant longtemps une des fêtes les plus brillantes et des plus gracieuses qui fût à la portée des gentlemen de passage. Le monde féminin des théâtres a toujours inspiré une vive curiosité aux personnes qui vivent ordinairement dans un milieu familial ou bourgeois. Il semble aux jeunes gens, surtout, que ces dames, comme les acteurs du reste, appartiennent à une classe d'êtres mystérieux et troublants. Le bal des artistes fournissait à n'importe qui l'occasion de les voir de près. C'était une sorte d'empyrée, tout plein de déesses adorables, qui descendait pour un instant sur la terre. Les mortels, flattés de cette condescendance, accouraient en foule et, se souvenant de leur mythologie, se flattaient que plus d'une nymphe se métamorphoserait, en leur faveur, selon les aimables usages des temps fabuleux, ou consentirait, tout au moins, à suivre l'exemple donné jadis par mademoiselle Danaé. Et l'on allait en foule au bal des artistes. Et la fête se déroulait sans pareille.

Dans les temps reculés que les jeunes gens considèrent comme voisins du déluge, c'est-à-dire vers 1860, on y refusait du monde et toutes les actrices de Paris tenaient à honneur de s'y montrer. Mesdames Augustine et Madeleine Brohan, madame Plessy, mademoiselle Thuillier, de l'Odéon, l'excellente Déjazet, Hortense Schneider, Lise Tautin, mademoiselle Battu, de l'Opéra, mademoiselle Fargueil, mademoiselle Victoria, aujourd'hui madame Lafontaine, madame Doche, madame Laurent, mademoiselle Antonine, mademoiselle...

Mais pourquoi continuer cette énumération?... Toutes, elles y étaient toutes. Et toutes, elles avaient du talent, sans compter qu'elles gardaient, dans les relations avec le public, une discrète modestie qui n'est guère plus en honneur aujourd'hui.

La moitié du ballet de l'Opéra y dansait à la bonne franquette. Il suffisait d'avoir un peu d'esprit ou quelque aplomb pour se lier d'amitié avec une étoile. Je sais un jeune homme, point millionnaire, qui en décrocha plusieurs et, s'il ne les vit point tomber dans son assiette, comme ce roi de féerie, il les vit parfaitement bien piquer dedans avec leur fourchette à la fin d'un souper extrêmement joyeux, ce qui est d'ordinaire l'indice d'une patente familiarité.

Pourquoi les choses ne se passent-elles pas de même aujourd'hui? Pourquoi le bal des artistes est-il moins gai, moins suivi? Pourquoi, lâchons le mot, n'y va-t-on plus? Les organisateurs sont toujours éminents. M. Halanzier, président de l'Association, se donne un mal abominable chaque année pour faire renaître le succès. Et le succès ne vient pas. Encore une fois, pourquoi?

Mais tout simplement parce que la partie de plaisir est devenue banale. C'est toujours la même chose, un éternel bal semblable cette saison à celui de la saison précédente. Voulez-vous que je vous dise? Vous manquez d'imagination et vous manquez d'observation. Les actrices sont demoiselles ou mariées, n'est-ce pas ? Il y en a même qui pratiquent les deux situations. Celles qui exercent la profession de mère de famille sont enclines à rester dans leur ménage et à éviter les grosses dépenses. D'ailleurs, très honnêtes, elles n'auraient aucun plaisir à se laisser faire la cour. Les autres sont en possession de seigneurs d'occasion, qui leur interdisent d'aller flirter avec des inconnus.

Et malgré les objurgations de M. Halanzier, le bal, qui se donne aujourd'hui à l'Opéra, est aussi triste qu'il était fou quand cela se passait à l'Opéra-Comique.

Le remède ?

Imaginer, au cours du bal, quelque chose d'entièrement neuf qui fasse courir la foule comme à un spectacle de vogue et qui intéresse assez les comédiennes et les comédiens pour les y faire affluer avec plaisir. Et, si l'on ne trouve rien, remplacer cette sauterie agonisante par quelque autre chose pendant cinq ou six ans. Au bout de ce temps-là, on reprendrait le bal, comme on reprend une bonne pièce, et tout le monde y courrait avec joie.

— Oui, mais quelle autre chose pendant les cinq ou six ans ?..

— Eh ! mon Dieu, tenez, un souper servi dans la salle de l'Opéra à deux cents artistes, hommes et femmes, et à six cents invités qui payeraient très cher. Voulez-vous parier qu'on s'y amuse comme des fous, qu'on y danse après, quand même ce ne serait pas dans le programme, et qu'on en parle pendant dix ans, si vous avez le bon esprit de donner autre chose l'année suivante.

LE BAL BULLIER

Il existe en France quatre mille notaires, trois mille avoués, quinze mille médecins, sept cent quarante mille avocats et un million de déclassés qui me voudraient mal de mort si je ne parlais avec respect et sentiment du bal Bullier où se fréquentent messieurs les étudiants et mesdemoiselles leurs camarades. Par camarades je n'entends pas les jeunes personnes qui conquièrent leurs grades en droit ou en médecine. Non, j'entends les étudiantes telles que Nadaud les a chantées et les a fait chanter, grandes prêtresses de l'amour libre.

Pourquoi les avoués, etc., m'en voudraient-ils si je ne parlais pas de Bullier? Est-ce que ce bal est une des curiosités de Paris? Est-ce qu'il est plus intéressant que celui de l'Elysée-Montmartre, par exemple? Y voit-on danser des étoiles? L'esprit y est-il plus vif qu'ailleurs? J'éprouve quelque embarras pour répondre à toutes ces questions. Non, la vérité c'est que le bal Bullier est celui où passent successivement tous les étudiants de Paris. C'est là qu'ils dépensent leurs premières exubérances et rien n'est beau, dans le souvenir des hommes, comme le théâtre de leurs premières joies, de leurs premières audaces, de leurs premières amours.

Si nous songeons en outre que, chaque année, médecins, avocats et déclassés se dispersent aux quatre vents de la France et d'une commune voix chantent les douceurs de Bullier, disant autour d'eux que c'est un paradis, prophétisant à leurs neveux et à leurs enfants qu'ils y trouveront toutes les caresses condensées, vous ne vous étonnerez pas que l'endroit ait quelque réputation, et qu'il passe pour être incomparable.

Vous n'attendez pas de moi que je vous en fasse la description. Depuis quarante ans bientôt, des générations et des générations d'étudiants y ont passé. Il n'est pas rare de trouver d'anciens notaires qui vous disent d'un air entendu :

— Bullier, ce n'est plus ça! De mon temps, si vous aviez su ce que nous faisions...

— Eh! bonhomme, croyez-vous qu'on va courir vous chercher pour vous faire assister aux fredaines des garçons de vingt ans? Est-ce que de votre temps vous alliez quérir les vieux pour vous aider?

La vérité, c'est que partout où règne presque exclusivement la jeunesse, on s'amuse de tout son cœur. C'est là le secret de l'éternel succès du jardin Bullier. Allez-y donc si vous avez encore vingt-cinq ans. Mais, pour Dieu! gardez-vous d'y mettre les pieds si vous en avez cinquante.

LES GRANDS MAGASINS

COMÉDIE EN QUELQUES TABLEAUX

PREMIER TABLEAU

La scène se passe dans une maison extrêmement moderne du quartier Monceau. Cinq dames de charité tiennent conseil. Ce sont : madame Quatrecour, présidente ; mademoiselle Yseult de la Chaise, vice-présidente ; madame Tardyfume, secrétaire ; madame Vanitatum, trésorière, et madame A. Tendry, qui représentent l'assemblée, comme dans *les Plaideurs*.

MADAME QUATRECOUR. — La séance est ouverte, ma chère madame Tardyfume ; voulez-vous lire le procès-verbal de la dernière séance ?

(*Madame Tardyfume bredouille pendant trois minutes.*)

MADAME QUATRECOUR. — Je mets aux voix l'adoption du procès-verbal. (*Le procès-verbal est adopté. — Après s'être un instant recueillie.*) Mesdames, vous devinez sans doute l'objet de cette assemblée générale, et vous ne vous en êtes pas dissimulé l'importance, puisque nous voici au grand complet.

MADAME A. TENDRY. — Oui, nous sommes bien cinq.

MADAME QUATRECOUR. — Petit poisson deviendra grand. Mais il ne s'agit pas de cela pour le moment. Vous savez que notre protégée Ernestine Michaux à laquelle nous nous intéressons depuis si longtemps, après être parvenue à sa nubilité, a été demandée en mariage par le conducteur de l'omnibus des Ternes n° 834, et que nous avons consenti à cette union. Le moment est venu d'acheter le trousseau d'Ernestine. Nous comptons consacrer à cette bonne œuvre une somme de six cents francs. Je vous ai réunies pour savoir où et comment nous ferons cet achat.

Madame Vanitatum. — Oh! cela me paraît simple comme tout.

Madame Quatrecour. — Vraiment?

Madame Vanitatum. — Mon Dieu! oui. Nous prenons les six cents francs, nous allons au Louvre et, en moins d'une heure, l'emplette est faite.

Mademoiselle Yseult de la Chaise — Je demande la parole.

Madame Quatrecour (*à madame Vanitatum*). — Pourquoi le Louvre? Est-ce que cet établissement présente, à votre avis, des garanties d'honnêteté, de loyauté plus grandes que les autres magasins?

Mademoiselle Yseult de la Chaise (*impétueusement*). — Moi, je propose le *Bon Marché*. Je vous en prie, madame, ne n'interrompez pas. Je ne m'abaisserai pas jusqu'à attaquer le Louvre, mais vous conviendrez bien que les articles que cette maison met en vente cachent sous une apparence d'élégance et, disons le mot, de chic, des faiblesses que l'on ne trouve pas chez son rival de la rue de Sèvres. Au Louvre, c'est de la mousse, du soufflé, quelque chose d'artificiel et de clinquant qui vous saute aux yeux, vous enguirlande. Puis, quand vous êtes revenue chez vous, vous vous apercevez que votre acquisition est malencontreuse.

Madame Vanitatum. — Mais vous pouvez faire un rendu?

Mademoiselle Yseult de la Chaise. — Nous parlerons de ça tout à l'heure. Tandis que le Bon Marché... le Bon Marché!...

Madame A. Tendry. — Un peu papa...

Mademoiselle Yseult de la Chaise. — Le Bon Marché est la demeure même de la loyauté. Ici, rien de surfait. Tout ce qui y brille est or. En rentrant vous respirez une atmosphère de confiance. Et puis, voyez ces employés ! Quel zèle ! quelle convenance ! Presque tout de suite, *on s'occupe de vous*, selon l'expression de M. l'inspecteur...

Madame Tardyfume. — Oh ! les jours d'exposition, cependant...

Mademoiselle Yseult de la Chaise. — ... tandis qu'au Louvre, de deux choses l'une : ou bien les employés vous assomment par leurs offres de service, ou bien il n'y a moyen ni d'être servi, ni d'être débité... On y passe quatre heures pour y acheter un paquet de cure-dents.

Madame Vanitatum. — Moi, on me sert assez vite au Louvre.

Mademoiselle Yseult de la Chaise (*fière-*

ment). — Moi, jamais on ne m'y a servie... Je rougirais...

Madame Vanitatum. — Alors, comment savez-vous.....

Mademoiselle Yseult de la Chaise. — Tandis qu'au Bon Marché les employés sont exquis et je ne m'étonne point si mademoiselle Figeac y a trouvé jadis un mari.

Madame Vanitatum (*à part*). — Est-ce que, par hasard, elle y chercherait son Jaluzot...?

Mademoiselle Yseult de la Chaise. — On parlait de rendus tout à l'heure... Quand vous en faites un au Bon Marché, l'employé vous adresse son gracieux sourire. Pas une observation. — « Mais comment donc, madame, veuillez passer à la caisse. » Pour un peu on vous adresserait des félicitations. Allez au Louvre, rapportez quelque chose, et voyez l'air rogue dont on vous reçoit. — « Madame, vous dit-on, cet objet a été porté. » Et si vous êtes une bête, ça vous intimide et vous passez pour une voleuse.

Madame Vanitatum (*agressive*). — Ça dépend sans doute des gens, car, pour moi, jamais...

Madame Quatrecour. — Mesdames...

Madame A. Tendry. — Pour mettre tout le monde d'accord, si on allait au Printemps?

Madame Tardyfume. — Ah! par exemple...

Madame Quatrecour (*sévèrement*). — Notre protégée n'est point de la banlieue. Les magasins du Printemps, depuis l'incendie dont M. Jaluzot a tant souffert, paraissent avoir pour clientèle préférée les habitants de l'Eure, du Calvados...

Madame A. Tendry. — Eh! bien?

Madame Quatrecour (*raide*). — N'insistez pas.

Madame A. Tendry (*toujours conciliante*). — Alors Pygmalion me semblerait indiqué?

Mademoiselle Yseult de la Chaise. — Pourquoi pas la Samaritaine, avec des bons Crespin aîné?

Madame Quatrecour. — Voyons, mesdames, soyons sérieuses. Il ne peut être question ici ni de Place Clichy, ni de Tapis Rouge, ni de Ville de Saint-Denis... Circonscrivons la lutte, n'est-ce pas, entre le Louvre et le Bon Marché.

Madame A. Tendry. — Oh! mais, vous savez, ça m'est absolument égal.

Madame Vanitatum. — Le Bon Marché est vraiment loin.

Mademoiselle Yseult de la Chaise. — Et puis, vous savez, le Louvre va ouvrir un rayon d'épicerie?

Une voix. — Allons donc!

Mademoiselle Yseult de la Chaise. — Après, un rayon de charcuterie; ensuite viendra la triperie, la boucherie, la marée, les huîtres, les légumes verts... L'an passé il voulait monter une pharmacie, mais il n'y a pas eu moyen... Il y a une loi, il paraît... Mais il n'y en a pas pour l'empêcher de vendre des abats, des merlans, du foie de veau, des andouilles et autres matières graisseuses.

Madame Quatrecour. — C'est la liberté du commerce, ça, ma chère mademoiselle Yseult.

Mademoiselle Yseult de la Chaise. — Allez voir au Bon Marché s'ils vendront jamais de la rate de veau. Jamais, jamais !

Madame Quatrecour. — Calmez-vous, calmez-vous, mademoiselle. Au reste la question ne peut être tranchée que par un vote.

Madame Vanitatum. — Je demande le scrutin secret.

(*On vote silencieusement. Le dépouillement du scrutin donne lieu à un pointage.*)

Madame Quatrecour. — Voici le résultat du vote, mesdames : pour le Bon Marché il y a cinq voix...

Madame Vanitatum. — Comment cela se fait-il ? (*Se frappant le front.*) Ah ! je me suis trompée ! J'ai voté sans le vouloir pour le Bon Marché !

Madame Quatrecour. — Le vote est acquis — Ernestine Michaux aura un trousseau du Bon Marché.

DEUXIÈME TABLEAU

La scène se passe dans l'arrière-boutique d'un bonnetier du faubourg Poissonnière.

Madame Dumont, la bonnetière. — C'est une horreur, ma chère madame Durand. Ils nous mettront sur la paille ! Figurez-vous que depuis dix ans que le Louvre a donné...

M. Dumont (*rageur, passant la tête par l'entre-*

bâillement de la porte). — Ne parlez pas du Louvre, c'est une infamie!

(*La tête de M. Dumont disparaît.*)

Madame Dumont. — Ces magasins-là ont élevé la piraterie à la hauteur d'une institution.

Madame Durand. — Nous ! c'est le Bon Marché qui nous fait le plus de tort.

M. Dumont (*passant la tête*). — Ne parlez pas du Bon Marché, c'est un comble !

Madame Martin. — Mon mari va faire des conférences dans lesquelles il dévoilera les turpitudes de ces grands misérables et dans lesquelles il fera jurer aux femmes de tous les commerçants de Paris de ne plus se fournir dans ces sentines...

Madame Dumont. — Il y a longtemps qu'on ne m'y a pas vue.

Madame Martin. — Moi, je n'y mets jamais les pieds!

Madame Durand. — Je préférerais mourir que de leur acheter un cent d'épingles..... Tenez, je connais une dame qui va quelquefois au Louvre.

M. Dumont (*passant la tête*). — Ne parlez pas du Louvre, c'est un cloaque !

Madame Dumont. — Nous voulions former un syndicat pour lutter avec avantage contre ces bandits qui nous écrasent. L'idée était simple et féconde. Il s'agissait tout simplement de réunir quarante industries diverses qui auraient mis leurs capitaux en commun et qui auraient constitué une concurrence au Bon Marché.

M. Dumont. — Ne parlez pas.....

Madame Dumont. — On se serait envoyé les clients. Mais il fallait une administration forte, menée par une main solide, et il n'y avait vraiment que mon mari pour occuper utilement la place de chef suprême.

Madame Martin. — Évidemment.

Madame Dumont. — Croiriez-vous que sur les quarante syndiqués il y en avait trente-sept qui se croyaient aussi capables d'être directeurs?

Madame Durand. — En comptant votre mari?

Madame Dumont. — Non, sans le compter. Et remarquez qu'il y en avait deux qui n'étaient pas venus parce qu'ils étaient malades.

Madame Martin. — Alors, tous directeurs?

Madame Dumont. — Oui, ma chère. Vous comprenez qu'on y a renoncé. On allait peut-être se traîner à la remorque d'un imbécile comme Baliseau, le mercier !

Madame Martin. — Ça n'empêche pas que c'est bien malheureux... Mais si tout le monde nous imitait, si personne n'y allait, le Bon Marché et le Louvre ne tarderaient pas...

M. Dumont. — Ne parlez ni du Louvre ni du Bon Marché, ce sont des malfaiteurs!

Madame Dumont. — Ce qui est certain, c'est que pour mon compte je renouvelle le serment de ne jamais y entrer.

Madame Martin. — Et moi donc !

14.

Madame Durand. — Et moi donc! Plutôt me casser les deux jambes.

LE LENDEMAIN AU BON MARCHÉ

Madame Durand, en haut de l'escalier, voit arriver à droite madame Dumont et à gauche madame Martin. Stupéfaction.

Madame Durand. — Comment! vous ici, ma chère madme Dumont?

Madame Dumont (*confuse*). — Eh! vous-même!

Madame Durand et Madame Dumont (*ensemble*). — Eh! voici madame Martin!

Madame Martin. — Ne croyez pas, mesdames, que je sois ici pour mon compte. C'est une tante de province, tante à héritage, que je ne veux pas contrarier. Elle m'a donné le mandat impératif de venir ici... faire un achat... Sans quoi... vous pensez bien...

Madame Dumont. — C'est comme moi... Je cherche quelqu'un. Je ne suis pas ici pour mon compte.

Madame Durand (*indignée*). — Eh! bien, croyez-vous que moi...

Madame Martin. — Je vous demande pardon... mais je tiens à rester le moins possible dans cette caverne, et je vous...

Madame Durand. — Moi aussi, au revoir.

Madame Dumont. — Au revoir. (*A part.*) Voilà deux impudentes menteuses!

Madame Durand (*à part*). — Eh! bien, elles ont de l'aplomb.

MADAME MARTIN (*à part*). — On ne saurait avoir désormais confiance en ces dames.

Toutes trois poussant un cri... — M. Dumont!

(*Rideau.*)

TROISIÈME TABLEAU

Une chambre d'hôtel. Deux jeunes mariés.

Lui. — Qu'est-ce que tu écris à ta mère ?

Elle. — Je lui parle de notre visite d'hier au Louvre.

Lui. — Voyons ?

Elle (*lisant*). — 2 février 89. — Si tu savais, petite maman, comme je suis contente! Hier nous sommes allés au Louvre. Quelle merveille ! C'est une ville tout entière. Et que c'est engageant, tentant, dangereux, aimable ! Tu penses bien que nous avons fait des folies. André aurait acheté la maison. Il m'a offert un manteau tout fait, avec de la fourrure admirable, et qui me va !... Quatre cents francs ! Mais tu le verras, c'est pour rien. Au reste, tout ce que nous avons vu nous a étonnés par son bon marché. C'est extraordinaire..., etc.

CÉCILE.

Huit jours après.

9 février.

Nous sommes retournés au Louvre. Je suis un peu plus froide. Tout m'a paru cher, cette fois. On m'a expliqué qu'il fallait n'y aller que les jours d'exposition. Et puis, tu sais, mon manteau : il ne va pas. Ça ne peut jamais aller comme ça, tout fait, sans compter que j'en ai vu ailleurs, sur mesure, qui coûtaient beaucoup moins. J'ai bien envie d'être furieuse.

CÉCILE.

14 février.

Ah ! cette fois, maman, nous ne retournerons plus au Louvre. C'est décidément aussi cher qu'ailleurs, et les articles, — comme ils disent — doivent être examinés avec soin. Il y a du choix et plus de choix dans le médiocre que dans le supérieur. Cette fois je suis furieuse. Je ne porterai plus mon manteau. Il est horrible. Toutes les grisettes en portent de pareils en poils de lapin, qui leur coûtent trente-neuf francs. On ne m'y reprendra plus et nous sommes convaincus que c'est beaucoup plus cher qu'ailleurs. Demain nous partons pour l'Italie...

CÉCILE.

15 avril.

En repassant à Paris, nous sommes entrés au Louvre. Je ne devais plus y mettre les pieds. Je te dirai, après-demain, ce que j'ai vu.

CÉCILE.

MADAME BLANCHE LEBOUVIER

Je n'ai pas oublié, madame et lectrice, que le plaisir suprême pour une jolie femme est de trouver une couturière chez qui vous puissiez à loisir causer chiffons, commander une robe inédite et acquérir un manteau dont toutes les autres soient jalouses. Oh ! rassurez-vous ! Je ne vais pas vous envoyer chez les deux ou trois Anglais dont on vous rebat les oreilles depuis si longtemps. Ce sont aujourd'hui des astres qui s'éteignent. Ils ne sont pas assez vingtième siècle. Des décadents! madame, des décadents!

Vous le savez, il en est des maisons de modes et de couture comme des empires. Elles ont leur période ascendante et glorieuse, puis leurs jours d'effacement. Pendant dix ou quinze ans, un conquérant respire une atmosphère d'apogée, après quoi il tombe lentement dans l'oubli. Pourquoi? Quelle est la raison de ces détrônements? Je ne saurais le dire, mais il me vient un vers latin qui me paraît de circonstance :

Félix seul *potuit rerum cognoscere causas!*

Je vais essayer de faire comme ce *Félix*.

Vous vous souvenez qu'à la fin du premier Empire, les maréchaux de Napoléon, comblés d'honneurs et d'argent, manquaient d'enthousiasme pour des campagnes nouvelles : un bon fauteuil et le coin du feu leur semblaient plus doux que des chevauchées sans fin à travers les obus. Il en est probablement de même de ces maréchaux de la mode. Riches, gras, gonflés de leur importance, ils n'ont plus l'effort facile; leur imagination s'épuise, leur goût vieillit.

Vienne une tête jeune, ardente, servie par des yeux sûrs et des doigts habiles ; qu'à ces qualités, la nouvelle venue joigne l'audace, sœur du génie; qu'elle soit animée du souffle puissant qui fait les créatrices, et les vieux restent dans les ténèbres, d'où quelques-uns d'ailleurs n'auraient jamais dû sortir.

Donc le couturier est mort, vive la couturière ! D'ailleurs ne faut-il pas être hérétique de naissance et deux fois relaps pour s'imaginer qu'un homme saura jamais — je ne dis pas mieux, mais autant qu'une femme — draper, chiffonner, dresser, assortir et harmoniser les étoffes ?

En ce moment on compte à Paris deux, peut-être trois couturières absolument étonnantes. Voulez-vous me suivre chez l'une d'elles ? Il existe au numéro 3 de la rue Boudreau, tout à côté de l'Eden, un petit hôtel absolument exquis. C'est là que s'est nouvellement installée une manufacture de merveilles. Sur une plaque de marbre noir, à gauche de l'entrée, un nom : Blanche Lebouvier. Une porte s'ouvre; vous pénétrez. A droite un salon d'attente et le boudoir d'essayage. Devant vous un escalier où les plantes d'appartement dégringolent en cascade. Ce n'est pourtant pas le luxe fou qui pourrait irriter un esprit étroit. Non, c'est le confortable chaud qu'il faut offrir aux clientes de haute lice. Tout, en cette maison entièrement consacrée à l'art d'habiller les jolies femmes, tout est élégant et discret: on sent chez l'artiste qui la dirige un esprit droit et un jugement solide. Le quartier, chef-lieu du chic, l'emplacement même de l'immeuble donnant sur la rue Auber et se trouvant par conséquent sur le chemin de tout, indiquent chez madame Blanche Lebouvier le sentiment parisien le plus sûr...

Montons au premier... pénétrons dans le sanctuaire... Quels éblouissements ! La soie, le satin, l'or, le brocart, le velours, les foulards, les crépons, la mousseline de soie, les dentelles, les dentelles et les dentelles s'étalent de toutes parts. Au milieu de ces étoffes banales qui attendent la main de la fée pour être converties en miraculeux vêtements, vous voyez une jeune femme à l'œil intelligent, au regard assuré, à la mine séduisante, toute rayonnante de charme. C'est madame Blanche Lebouvier. Elle va et vient parmi des robes incomparables et des manteaux à faire rêver des infantes.

Elle sera la triomphatrice de l'Exposition et de l'année prochaine. Mais hâtez-vous; ses clientes sont déjà légion. En tête nous pourrions citer plus d'une marquise, et à coup sûr trois comtesses dont malheureusement nous ne sommes pas autorisé à écrire les noms; mais en revanche nous pouvons dire que mademoiselle Jeanne Granier fait faire là toutes ses robes, madame Judic le plus grand nombre de ses costumes, mademoiselle Crouzet aussi, et tant d'autres que nous ne saurions énumérer. Hâtez-vous, encore une fois, si vous voulez être traitée en fidèle de la première heure.

Je ne saurais mieux finir, pour peindre d'un dernier coup de pinceau l'étoile nouvelle qui se lève, qu'en lui appliquant le mot de la baronne d'Oberkirch :

« Chez certains couturiers, les femmes sont habillées comme la veille; chez madame Blanche Lebouvier, elles le sont toujours comme le lendemain. »

FÉLICIE VACHER

Il s'est introduit depuis quelques années, dans les modes féminines, une coutume qui consiste à ne point porter une robe ou un manteau sans les compléter par un chapeau qui s'harmonise avec eux. Grâce à cet usage, les toilettes de femme ont aujourd'hui la plus parfaite unité de tons et de forme.

Donc, en sortant de chez Blanche Lebouvier, une femme du monde doit se rendre chez sa modiste, lui conter ce qu'elle vient de décider avec la couturière et lui commander une capote qui soit dans le mouvement, ou le chapeau de style grand genre.

Mais nous en sommes arrivés, en France, à une telle épuration du goût, à une nécessité si absolue d'un ensemble harmonieux, qu'il faut maintenant avoir recours à de véritables artistes pour leur confier l'exécution de cette partie essentielle du costume des dames. Toute modiste sait à la rigueur prendre une forme, la dresser, lui donner une physionomie et obtenir une apparence de chic dont des yeux inexpérimentés pourraient se contenter. Mais il existe à peine, dans ce Paris qui est le centre des élégances, il existe à peine quatre ou cinq intelligences et une dizaine de mains en état de bâtir un véritable chef-d'œuvre.

Deux de ces mains appartiennent à Mme Félicie Vacher, dont l'atelier, situé 41, boulevard Malesherbes, est une sorte de musée de la mode où chaque objet qui passe sous vos yeux vous frappe par sa grâce, par son originalité, par son esprit : car, vous le savez aussi bien que moi, il est des chapeaux qui sont bêtes, il en est qui ont toute la verve du monde. Nous en avons vu chez Félicie Vacher qui étaient éloquents.

Au reste il faut voir cette jeune femme, avec sa physionomie alerte et son regard pétillant d'intelligence, il faut la voir prendre un ruban, un chiffon, une plume et un fil de laiton, triturer le tout avec un sourire fin et mettre sous vos yeux ahuris la plus délicieuse, la plus élégante, la plus imprévue des perfections.

Pour les sottes elle a un défaut : elle est personnelle. Ne vous avisez pas de lui imposer des lois, non. Elle vous regarde, vous jauge et vous dit :

— Madame sera bien coiffée, j'en réponds !

Quatre jours après elle vous livre un miracle.

PARFUMS ET PARFUMEURS

Puisque dans cet ouvrage il doit être question, autant que possible, de tous les plaisirs que l'humanité civilisée peut goûter, et comme en parlant des spectacles, de la musique, de la cuisine, j'ai fait toucher du doigt les satisfactions de la vue, de l'ouïe, du goût, il est vraiment indispensable que je consacre un chapitre à l'odorat et par conséquent aux parfums qui en sont les joyeux amis.

Nous vivons en un temps où les nervosiaques et les hyperesthésiés sont innombrables. Pour la plupart, sentir une mauvaise odeur est un supplice, mais, par contre, respirer un parfum bien fait constitue une extase. Il est des odeurs qui font rêver de paradis, et les parfumeurs, à mon sens, en inventant une eau ou un baume suave, m'apparaissent comme des bienfaiteurs.

Que nous sommes loin des naïves préparations balsamiques d'autrefois, quand le charlatanisme et la routine faisaient presque tous les frais de la parfumerie!.. Aujourd'hui c'est la science sévère et impeccable qui préside à ses travaux. Il ne s'agit plus de ragoûter plus ou moins agréablement la fleur d'oranger ou les huiles fines. Tout parfumeur qui veut mériter ce nom doit avant tout être un chimiste. C'est même grâce à la chimie que l'industrie... ou, pour mieux dire, que l'art du parfumeur s'est élevé à des hauteurs dont seraient joliment surpris César Biroteau et Balzac lui-même.

Parmi les hommes qui ont le plus contribué à développer ce filon de la richesse nationale, il en est un qui, par son énergie, son intelligence, son coup d'œil, est monté de la modeste situation d'employé secondaire à celle de patron, d'inventeur, de millionnaire. Nous voulons parler de M. Antonin Raynaud, actuellement maire de Levallois. Nul, par ses travaux, n'a fait faire plus d'incroyables et utiles progrès à sa profession. Je viens de prononcer un mot qui résume toute sa vie. Il semble, en effet, que M. Raynaud n'ait jamais eu d'autre préoccupation que d'être utile: utile à son industrie, utile à ses contemporains, utile... à son pays, utile à l'univers même. C'est ainsi que pourrait se résumer cette vie bien remplie.

Mon lecteur n'est pas sans connaître cette suave parfumerie *Oriza*, dont les innombrables et délicieux échantillons font journellement le tour du monde. C'est M. Antonin Raynaud, propriétaire actuel de la maison L. Legrand, qui l'a créée. C'est lui encore qui, tout récemment, a imaginé la solidification des parfums liquides — il les a baptisés « Oriza solidifiés dits concrets » — invention qui a rendu son nom familier à tous les laboratoires de l'Europe.

Je ne sais rien de plus exquis que ces odeurs merveilleuses. C'est vraiment la fête de l'odorat. Les pères de l'Eglise prétendent qu'il est en enfer des âmes condamnées au feu éternel pour avoir trop sensuellement aimé les parfums. J'avoue que je serais de ceux-là et que l'*Oriza* pourrait bien me jouer ce tour. Mais ce n'est pas seulement l'Oriza qui triomphe chez M. Raynaud. Tous les excellents parfums, les eaux de toilette, les crèmes, etc., y sont aussi traités avec la dernière perfection.

Que si maintenant vous me demandez pourquoi parmi tant de parfumeurs j'ai choisi M. Raynaud, je vous répondrai simplement : Parce que M. Antonin Raynaud n'est pas seulement un industriel et un marchand. C'est aussi un économiste et un philanthrope. Le petit garçon de Grasse qui s'éloignait de sa ville natale à treize ans pour venir chercher fortune à Paris a eu le bon esprit de s'instruire et de familiariser son esprit avec les problèmes sociaux. A force d'étude et de travail, il a peut-être trouvé la solution du problème qui se pose en ce moment devant la société moderne. Mais le développement de cette idée nous entraînerait trop loin. Sachez seulement que le maire de Levallois-Perret a consacré plusieurs années de sa vie à des œuvres d'utilité publique; il a fondé une maison hospitalière où l'on recueille les anciens ouvriers de la parfumerie. Si je ne craignais d'effaroucher sa modestie, j'ajouterais qu'il est capable de tenir les plus hautes charges dans l'Etat et que sa vie entière a respiré un parfum qui n'est pas à la portée de tout le monde : celui de l'honnêteté et de la loyauté.

Palais de l'Industrie.

LES CHAMPS-ÉLYSÉES

L'AVENUE DES CHAMPS-ÉLYSÉES

Il n'y a qu'une seule manière pour un étranger d'aborder les Champs-Élysées : c'est en voiture. Plus tard seulement, quand on les a parcourus d'un bout à l'autre, quand on les connaît, quand enfin on s'est teinté de parisine, on s'y promène utilement à pied.

Maintenant, une autre question :-

Vaut-il mieux voir la merveilleuse avenue que couronne héraldiquement l'Arc de l'Étoile, vaut-il mieux la voir pour la première fois de jour ou de nuit?

Vous savez, un plaisir ne vaut souvent que par la façon dont il est goûté. Si vous voulez garder un souvenir ineffaçable de cette promenade, il faut vous y faire porter, un soir d'été, vers dix heures, par un beau temps.

Dès que vous avez dépassé la place de la Concorde, et que votre voiture est entrée dans la voie Appienne de Paris, vous découvrez devant vous une file d'innombrables voitures dont les mille et mille lanternes emplissent la molle nuit de scintillements sans fin. Vous vous figurez que vous pénétrez dans la voie lactée, et que vous vous trouvez, par une magie, sur le grand chemin du Paradis. Je ne sache rien de plus gracieux, de plus aimable, de plus grand. Il y a là deux kilomètres que la nature prévoyante a favorisés d'une pente douce, en sorte que d'en bas, d'en haut, du milieu même, vous voyez toujours et sans cesse se mouvoir ces lumières infinies, comme des lucioles sur le chemin de la Corniche par une nuit sans lune.

Au reste, les lumières fixes foisonnent aussi. Vous apercevez à gauche un grand café-concert, et il est possible qu'à la volée vous voyiez un acrobate franchir des espaces ou que vous entendiez la voix canaille de quelque virtuose adorée.

A droite aussi, ce sont les cafés des Ambassadeurs, de l'Alcazar d'été, et autres concerts enfouis sous les arbres, abrités par les arbustes et inondés, littéralement inondés, par les flots aveuglants d'une lumière exorbitante...

— Qu'est-ce que cette masse sombre ?
— Le palais de l'Industrie, aïeul encore vénéré de nos grandes expositions universelles.

— Et là ?
— Le Jardin de Paris.
— Et ceci ?
— Le Cirque d'été.

Votre voiture monte, monte toujours. Voici le rond-point. A gauche, aussitôt après, la *Niche à Fidèle*, qui fait songer au feu duc de Morny. Puis la place de l'Étoile, le club des Pannés, désert à cette heure, l'avenue du Bois-de-Boulogne, bordée par des palais d'un bout à l'autre. Allez toujours. Voici la porte Dauphine : vous entrez dans le Bois. Vingt minutes d'air pur; puis, rentrée à Paris. La connaissance est faite.

Le lendemain, dans l'après-midi, vous recommencez la même promenade en voiture, et vous apercevez mille choses dont vous vous doutiez peut-être, mais que l'obscurité enveloppait, hier, un peu trop : le panorama de Philippoteaux, celui de l'antique Jérusalem, deux ou trois restaurants, le panorama de la bataille de Rezonville. Vous allez au Bois, où vous faites deux tours de l'allée des Acacias, puis vous revenez par les lacs, la porte Maillot et l'avenue de la Grande-Armée.

C'est seulement après ces deux voyages d'exploration diurne et nocturne que je vous permettrai une promenade à pied aux Champs-Élysées, le soir, entre neuf et dix, soit que vous alliez au Cirque, soit que vous vous risquiez au Jardin de Paris.

LE SALON

J'ignore si les peintres de l'heure présente sont contents de leur sort, mais on peut affirmer en toute conscience qu'ils sont vraiment bien ingrats s'ils se plaignent de la société actuelle. Qu'il s'agisse d'un cabotin ou d'un faiseur de natures mortes, en aucun temps on ne s'est occupé plus ardemment de tout ce qui touche à l'art, de tout ce qui en dérive : c'est une passion. Depuis quinze ans, tout homme qui sait établir une perspective ou peindre un veau est considéré comme une créature d'essence supérieure. La France entière s'extasie devant des toiles pour avoir l'air de s'y connaître.

Cela n'a guère commencé qu'en 1872, lorsque les tableaux de Neuville et de Detaille furent refusés à l'exposition des Champs-Élysées pour cause de patriotisme et quand le *coup de canon* de Berne-Bellecour fit le vacarme assourdissant et mérité que l'on sait.

On se demande vraiment de quelle façon s'y prirent alors les huit mille Raphaëls de Paris pour se donner de l'importance. Toujours est-il que peu à peu ils sont devenus une sorte d'État dans l'État. Tout imprudent qui se permettrait d'y toucher soulèverait un *tolle*. Ce sont nos maîtres.

Au palais de l'Industrie la peinture a organisé une administration qui prospère, et il faut voir de quel œil M. Vigneron vous reçoit quand vous allez demander un renseignement ou une carte d'entrée. Ce sont des airs impériaux. Il y a des écrivains ayant passé une partie de leur carrière à rendre célèbre tel ou tel artiste de moyenne valeur, lequel serait resté, il y a vingt ans, embrouillardé dans les limbes d'une obscurité définitive et cruelle : que ces écrivains restent une saison sans produire un compte rendu, ils sont mis en réforme et ce sont leurs obligés qui se montrent les plus sévères.

Pourtant, que ne doivent-ils pas à la presse! Depuis quinze ans il n'y a pas eu un peintre malade sans que les journaux aient battu le rappel pour organiser une vente à son bénéfice. Et qu'on ne s'y trompe pas. C'est la plupart du temps l'assurance que leur nom sera publié par les feuilles, qui décide le confrère à donner sa toile, bien plus qu'un mouvement spontané de charité professionnelle.

Et les innombrables expositions, d'aquarellistes, de femmes peintres, de noir et de blanc, de ceci et de cela, de tel paysagiste et de tel *vitrier!* Est-ce que la presse n'entonne pas les louanges et la réclame du haut en bas des journaux ? Le dernier des barbouilleurs est toujours plus ou moins lié avec un homme de lettres qui, moitié par condescendance et beaucoup par lassitude, lâche quelques lignes d'éloge et sacre un nouveau grand homme.

Voilà quinze ans qu'il en est ainsi. Le public, qui autrefois ne s'occupait qu'accidentellement d'un artiste et toujours quand celui-ci avait forcé à grands coups de chefs-d'œuvre les portes du temple de la Renommée, le public, depuis les sommets jusqu'aux couches inférieures de la bourgeoisie, sait le nom des peintres comme il connaît les acteurs, et cela grâce, encore une fois, à la faiblesse des dispensateurs de la célébrité.

Il en est résulté par ce temps de grenouilles enflées que nous traversons, il en est résulté que le Salon de peinture est devenu l'endroit le plus fréquenté de Paris. Tout le monde y va. Chacun y étale son avis et soutient une école. Jusqu'aux dimanches où, l'entrée étant gratuite, le palais des Champs-Élysées déborde d'un monde qui se croit obligé de parcourir les salles encombrées de tableaux et qui est persuadé que, s'il manquait à cette visite, la terre se demanderait anxieusement jusqu'à quel point il serait convenable, à elle, de continuer à tourner.

Tout cela est fort bien. Nous vivons au milieu d'une civilisation surchauffée. Personne n'est plus à sa place dans l'État. De l'argent, de l'argent, de l'argent! Tel est le cri qui sort de toutes les bouches et aussi de toutes les poches avec une telle profusion qu'on est pénétré d'admiration pour un peuple sachant faire servir la même pièce de cinq francs dans une journée au plaisir de vingt personnes différentes. De l'orgueil, de l'orgueil, de l'orgueil aussi à foison, et de la vanité encore plus, et de la suffisance bien davantage! C'est pourquoi ce mot de *salon*, qui est resté accroché à l'Exposition de peinture comme ces vieilles enseignes collées sur les maisons modernes, a survécu aux étonnantes modifications que l'institution a

L'avenue des Champs-Élysées.

subies. Mais je suis persuadé que, si l'on s'élevait contre ce vocable de *salon* qui n'a plus de raison d'être, ce seraient les plus petites gens et les plus détestables peintres qui seraient au premier rang et crieraient à la révolution.

C'est qu'il n'est plus possible que quelqu'un, dans Paris, riche ou pauvre, n'assiste pas aux événements mondains et artistiques. Si l'on savait quelles familles sont représentées chaque carnaval au bal de l'Élysée et le nombre de domestiques ou de concierges qui assistent chaque premier mai au vernissage, toute la France s'esclafferait d'un rire sans fin.

Le Vernissage.

Il y vingt-cinq ou trente ans, quand tous les tableaux du Salon étaient accrochés, que la représentation était prête, la commission d'examen, qu'un pouvoir sage et pondérateur panachait de peintres et de gens de goût, faisait savoir aux artistes que le 30 avril serait consacré au vernissage de tous les tableaux.

Alors, de tous les coins de Montmartre et de Paris — comme on dirait au Chat Noir — accouraient les paysagistes et les figureurs, les mariniers et les animaliers. Le palais de l'Exposition était littéralement encombré d'échelles aux degrés desquelles se suspendaient mille gaillards en blouses blanches qui, sous l'œil d'autant de Michel-Ange, étendaient la confiture du vernis sur les tartines qu'il fallait faire avaler au public. C'était une journée charmante : on était entre soi; plus de rapins que de maîtres, bien entendu. La gaieté n'y perdait rien. On se béchait un peu les uns les autres. Le plus spirituel avait raison. C'est là que fut inventé plus d'un mot d'argot qui est devenu plus tard citoyen patenté de la langue française.

Il est notoire aujourd'hui que deux ou trois chefs d'école — des petites écoles du jour à la vérité — ont trouvé leur chemin de Damas, sur le sommet d'une échelle, au jour de vernissage, en écoutant une dissertation macaronique sur le bleu dans les arts.

Vers 1858, on appelait couramment *fusil* dans ces réunions tout peintre qui, pour sortir de la mêlée, essayait de faire étrange et de tirer l'œil. Manet fut un fusil.

— Et quel fusil ! disait un nommé Laurent depuis disparu ! quel fusil ! il part tout seul.

Mais bientôt quelques intrus, amis des peintres, suppôts du pouvoir ou favoris de la presse, parvinrent à se glisser parmi les ayants droit au vernissage. Naturellement ils ne manquèrent pas de s'en vanter.

— Gérôme expose une machine ! mon cher... C'est esbrouffant...

— Et Ingres ?

— Une source ! moi, je n'aime pas ça. Mais il y a un Cabanel et deux Decamps !...

Il n'en fallut pas davantage. Les malins se turent, mais il se dirent :

— L'an prochain, ce sera bien le diable si je n'en suis pas.

Et ils en étaient vraiment, l'année suivante. Mais, comme ils n'y mettaient pas plus de discrétion que les autres, de nouveaux malins venaient augmenter à chaque ouverture de Salon le nombre des privilégiés, qui du reste étaient alors bien plus préoccupés de s'amuser que de parcourir les salles pour y faire les pédants. Les choses en arrivèrent à ce point que l'on finit par inviter quelques personnes. Les journaux rendirent compte du vernissage comme d'une première. Tout le monde voulut en être, y compris le chef de l'État et les derniers farceurs. Tant et si bien qu'à la fin cela devint une cohue où il n'était plus question de bonne humeur.

Les peintres, sachant bien que cette journée allait décider de la voie que prendrait la critique, montraient une figure inquiète et maussade. La foule, stylée par deux ou trois habiles, se massait devant cinq ou six tableaux qui se trouvaient adoptés. Les reporters, dont l'astre se levait, n'avaient qu'une préoccupation, se faire montrer les célébrités des deux sexes, cabotins et cocottes, pour les signaler dans leurs feuilles. Beaucoup d'hommes ne venaient que pour les femmes. La plupart des femmes regardaient les toilettes des autres bien plus que les tableaux. Vers deux heures, la foule et la poussière en arrivaient à leur maximum de densité. On se portait dans les embrasures des portes. Quelques députés folâtraient dans le grand salon en compagnie d'un ou deux bas-bleus dont le talent n'a émergé que grâce à leur imposante fortune. De tableaux, de peinture, d'art, plus question du tout. On se groupait, on se contait les scandales. Quelques maris cherchaient leurs femmes évadées, comme on cherche une aiguille dans du foin...

Néanmoins ces journées de vernissage avaient encore leur physionomie. Depuis, messieurs les peintres se sont dit qu'il y avait quelque argent à tirer de cette fureur qu'ont les Parisiens d'assister à la fausse ouverture du Salon. Le mercantilisme dans l'art étant à l'ordre du jour, on a frappé d'un impôt de dix francs toutes les personnes qu'autrefois on invitait.

Ce n'est pas plus gai, ce n'est pas moins poussiéreux. Il s'y passe les mêmes aventures qu'avant. Seulement les gens qui paient dix francs sont maintenant chez eux et ont le même droit qu'un spectateur des Variétés ou du Palais-Royal qui voudrait siffler.

C'est pourquoi on ne se gêne pas pour s'entretenir des petites énormités qui sont commises chaque année par le jury et aussi par les personnages et autres parçous de salle qui sont chargés de placer les tableaux. Il y a là des poèmes à faire frémir les cendres du Pérugin, qui pourtant doivent être joliment refroidies aujourd'hui. Tout le monde est au courant des scandales. On sait qu'un artiste sans talent, qui peut dépenser adroitement cinq louis, verra son tableau fêté, tandis qu'un autre peintre, plein de mérite et de savoir, sera carrément repoussé parce qu'il ne sera pas en mesure d'enrichir tel ou tel sous-ordre dont l'habileté est le précieux auxiliaire des malins.

Qu'on ne s'y trompe pas : nous n'accusons point les membres du jury de partialité, ni de vénalité. Nous disons qu'il y a des heures où un garçon de salle adroit peut mettre une croûte dans un beau jour sous les yeux des jurés les plus bienveillants. Nous ajouterons que, le concours hippique ayant lieu pendant les opérations du jury d'examen, la moitié au moins de ceux qui sont délégués par la confiance de leurs confrères pour les défendre en toute justice passent leur temps à voir sauter des obstacles ou à téléphoner de l'œil avec les personnes du sexe qui ont un faible pour le plein air. Pendant ce temps-là on refuse de bons tableaux qui n'ont pas le nombre de voix nécessaires pour être admis et l'on comble de bienfaits un plat d'épinards qui a su préparer sa bienvenue.

Il n'est pas un Parisien qui ignore aujourd'hui le nom de certains employés subalternes dont les appointements ne dépassent pas trois mille francs par an et qui achètent des maisons de quarante mille de temps en temps.

Quoi qu'il en soit, le vernissage aujourd'hui n'est plus que le premier jour de l'Exposition et, si l'on veut y retrouver encore l'apparence des anciens jours où l'on n'était pas trop écrasé, il faut y aller de très bonne heure, avant neuf heures si c'est possible.

On y surprendra peut-être encore quelques secrets de coulisse. On se fera une opinion personnelle sur les toiles exposées et l'on aura la joie d'avoir tout vu au moment où les convenances vous obligeront à aller déjeuner chez Ledoyen.

CHEZ LEDOYEN

Ah ! voilà certainement ce qu'il y a de plus charmant dans le vernissage. C'est une partie de plaisir à laquelle beaucoup de gens rêvent quatre mois à l'avance. Certains gaillards poussent même l'intelligence jusqu'à supprimer entièrement la visite au Salon et font consister tout le plaisir de la journée dans la séance chez Ledoyen.

Ce n'est d'ailleurs pas maladroit. On y mange admirablement ce jour-là comme toujours et l'on s'y amuse follement. La foule des clients affamés est si considérable que les garçons de service ne suffisent plus à partir de midi aux nécessités de leur charge. Les tables qui s'échappent de la tente réglementaire en longues queues affectant, dans les allées des Champs-Élysées, des allures de farandole biscornue, les tables, où déjeunent déjà les plus prudents, sont assiégées par des familles entières, par des groupes. Autour du restaurant on voit errer, comme âmes en peine, les plus jolies femmes du monde, pour lesquelles il n'y a pas la moindre place. On se bat quand un déjeuneur repu quitte sa chaise. Il faut voir quel regard désespéré vous jette une jeune personne que vous avez prévenue dans la conquête d'une place. On a vu des jeunes gens se marier plus que convenablement pour avoir su se laisser attendrir dans cette circonstance.

Ce n'est pas tout que de s'asseoir, du reste. Il faut aussi manger, il faut boire. Et c'est là le plus difcile. Mais ce jour-là, que ne ferait-on pas pour déjeuner vraiment chez Ledoyen?

Comme cent voix différentes appellent à la fois le garçon, celui-ci perd infiniment plus de temps à promettre son concours qu'à servir. Aussi les familiers n'hésitent-ils pas. Plutôt que d'attendre une heure, tel gentleman va lui-même à l'office prendre des assiettes, des fourchettes et tout ce qu'il faut pour mettre le couvert. Une dame part à la conquête d'une miche et un officier de la Légion d'honneur rapporte de la glace. Il n'y a que le vin qui doit passer par les mains sévères et fidèles du sommelier. Mais les jolis minois le séduisent. Quand tout est prêt, il faut manger, et c'est là le plus difficile, non pas que la victuaille manque. Certes! ce jour-là, Ledoyen nourrirait la Grande Armée s'il avait l'honneur qu'elle fît une halte chez lui. Mais il faut happer au passage les maîtres d'hôtel qui dispensent la truite et l'aloyau, et ceux-là seuls qui l'ont essayé peuvent se rendre compte des impossibilités de l'opération...

Au milieu de tout cela on rit de toutes lèvres, on se divertit de chaque chose, on se prête des salières, on dit du mal de son prochain, votre voisine vous demande à boire et l'on goûte vraiment un de ces plaisirs, très courts mais très parfaits, qui font oublier absolument les misères humaines. Et ce n'est pas un mince bonheur.

Entre deux hors-d'œuvre on parle des tableaux. Celui-ci en dit du bien, celui-là du mal. On s'extasie sur le Henner et l'on parle de l'avenir merveilleux réservé à Alfred Smith. Madame Ixe et mademoiselle Zède entament une discussion sur l'art contemporain, d'autres disent qu'elles se chamaillent à propos d'un peintre... Du bruit, de la bonne humeur, de la vie, beaucoup de jeunesse et d'esprit...

Et notre gaillard de tout à l'heure, celui qui a dédaigné d'entrer au Salon, n'a qu'à tendre l'oreille pour en savoir autant qu'homme du monde sur les exposants, sans avoir senti la bousculade et tout en ayant déjeuné le plus suavement et le plus tranquillement du monde.

Huit jours ou un mois après, pendant les douces soirées de mai ou de juin, on se retrouvera, moins pressés et mieux servis, aux mêmes tables. Ce sera peut-être moins folâtre, mais ce sera plus correct et l'on dînera dans les règles d'une gastronomie irréprochable, avec les caresses d'une brise aimable sur la nappe, pendant qu'au loin se font doucement entendre des bruits d'instruments qui à deux pas ne sont peut-être point de la musique, mais qui, à cette distance, flattent doucement l'oreille, sans qu'on soit tenté d'interrompre la conversation.

Pour mon compte, je ne sache rien de plus parfaitement délicieux qu'un bon repas chez Ledoyen tout à fait en plein air, à côté des rhododendrons de la ville de Paris. Le soleil se cache derrière le palais de l'Industrie, les gens trop hâtifs vont au Bois. Pour peu que vous entamiez une primeur en compagnie d'un vieil ami ou d'une jeune camarade, je vous prédis que vous resterez là jusqu'à nuit noire et que vous ne vous éloignerez qu'à regret de ce palais de la bonne chère.

Il est bien entendu que nous ne retournerons pas au vernissage. Vous en savez autant que moi sur ce plaisir qui a un peu dégénéré depuis dix ans, mais dont le succès durera jusqu'au jour où toutes les couches sociales, depuis les anciennes jusqu'aux nouvelles, s'y seront succédé.

L'EXPOSITION D'HORTICULTURE

Il existe derrière le palais de l'Industrie, aux Champs-Élysées, un petit monument qu'écrase un peu son voisin aux colossales proportions. C'est le pavillon dans lequel la ville de Paris avait fait son exposition en 1878. Quand on débarrassa le Champ de Mars, le Conseil municipal voulut garder cette élégante construction et la fit transporter à côté du Jardin de Paris.

Depuis cette époque ledit pavillon a servi à mille usages, mais plus spécialement à des expositions de toute sorte, peinture, bières, etc. On avait même projeté d'y ouvrir une exhibition d'enfants gras, mais on craignit que les spéculateurs dont le cerveau avait conçu l'idée ne se rendissent pas compte des dangers et de l'inconvenance de l'entreprise. Le projet fut abandonné.

Passons.

Une des expositions qui s'y installe régulièrement chaque printemps et qui attire un monde fou est la fameuse exposition d'horticulture. Autrefois elle avait lieu dans le palais de l'Industrie même, après les trois jours de fermeture du Salon, et l'on entremêlait les statues et les arbustes, les groupes de marbre et les roses sans pareille. C'était charmant; mais, il faut bien en convenir, le Salon nuisait aux fleurs et la Société d'horticulture a bien fait de se mettre dans ses meubles.

Elle convie les Parisiens à sentir et à contempler ses merveilles vers la fin de mai, d'ordinaire. Depuis quelques années, tout l'effort des exposants se concentre sur les orchidées et l'on voit, dans ce genre, des choses invraisemblables. Mais, faut-il le dire, un tel engouement passera, et ce qui ne cessera jamais, c'est l'admiration qu'on éprouve pour les belles et simples fleurs de nos jardins : les roses, les clématites, les œillets, les azalées, etc., etc.

Sous ce rapport, du reste, l'exposition d'horticulture n'a point dégénéré et les fanatiques de fleurs merveilleuses y passeront toujours deux ou trois après-midi sans pareils.

CIRQUE D'ÉTÉ

On voit encore, à la campagne, chez l'adjoint au maire, des cheminées sur lesquelles se dressent deux vases de fleurs artificielles, l'un à droite, l'autre à gauche. Quand je pense aux Cirques d'hiver et d'été posés aux deux bouts du Paris qui s'amuse, ils me font exactement le même effet. Tous deux aux extrêmes bords de la cheminée. Les Parisiens de goût ont une préférence pour l'établissement des Champs-Élysées, et je suis de leur avis, quoique la dernière fois que j'y suis allé — c'était, il est vrai, à la fin de la saison — on y respirât une forte odeur ammoniacale très rude à ce pauvre nerf olfactif.

Je l'ai dit ailleurs, je n'apprécie pas la nouvelle méthode de M. Franconi qui s'obstine à vous servir par lichette les menus de son programme, économise ses clowns et se soucie peu de réfrigérer son public. Je suis d'avis également que le système des jours chics est déplorable, tant au point de vue du public que pour le directeur lui-même.

Vous savez ce que c'est que les jours chics. Une fraction du tout Paris, généralement composée de dames très aimables et de jeunes gens très dévoués auxdites dames, décide un beau matin qu'on ne fréquentera tel ou tel spectacle qu'à jour fixe, et que par conséquent on s'y rencontrera, on y luttera de luxe, de fantaisies, de méchanceté ou de bonne grâce. On s'arrangera de façon à occuper la salle entière et à éloigner ainsi toute autre fraction du public. Pour le Cirque d'été, il y eut d'abord un seul jour fixe, le samedi. Mais nombre de gens ayant vainement essayé d'entrer ce jour-là, on en décréta un second, le mercredi. Ces soirées sont charmantes. La troupe fait feu des quatre pieds. La salle est généralement bondée. On s'y lorgne, on s'y déchire, on s'y embrasse et même on s'y divertit beaucoup.

Mais si, naïf, vous voulez aller à ce Cirque d'été la veille ou le lendemain des jours chics, vous êtes affligé d'exercices vieillots, de pantomimes sottes, d'acrobates et d'écuyers qui ont l'air de vous regarder comme de simples imbéciles, indignes qu'on se décarcasse pour eux. Tant et si bien que les lundi, mardi, jeudi et vendredi, ce n'est précisément pas une cohue qu'on y rencontre, et l'on indispose ainsi le public, le vrai, celui qui fait le fond de la clientèle. J'ai dit aussi que ce système avait des inconvénients pour les directeurs. On comprendra aisément, en effet, que le Cirque d'été, dans ces conditions, ressemble aux théâtres de province, qui ne font de recettes sérieuses que le jeudi et le dimanche. Il est, en outre, bien facile de prévoir que le jour où il ne sera plus chic d'aller au Cirque d'été le samedi —

et il suffirait du moindre incident pour cela — les recettes quotidiennes tomberaient au-dessous de l'étiage.

A la vérité, c'est l'affaire du directeur. Aussi n'en parlé-je que pour mémoire. Ce qui me met en peine, c'est l'indifférence qu'on paraît professer pour tout ce qui n'est pas cocotte, viveur ou rastaquouère.

LE CONCOURS HIPPIQUE

Voici une institution qui a été adoptée — nous pouvons dire frénétiquement — par la mode.

Fondés il y a une quinzaine d'années, les concours hippiques — dont je n'ai pas à m'occuper au point de vue utilitaire — ont obtenu dès les premiers temps un succès de curiosité et de bon ton. Il est distingué de s'y montrer. Je n'oserais dire qu'on s'y amuse follement, mais on s'y ennuie en parfaite compagnie.

Les concours hippiques allant donner des représentations régionales en province, il est presque inutile de dépeindre ces réunions. Vous savez en effet en quoi cela consiste. On dispose un immense manège en carré long. Tout autour on dresse des tribunes dans lesquelles il est très chic de se montrer. Au centre de la piste se tiennent des seigneurs d'importance devant lesquels on fait passer des chevaux, attelés, montés, conduits à la main. Chacun dit son avis. On récompense les éleveurs ou on ne les récompense pas, selon la valeur de leurs produits. Puis on vide entièrement la place. C'est le moment où arrive le beau monde. C'est aussi le moment où ont lieu des courses de toute sorte. Aujourd'hui course au trot, demain course d'obstacles, plus tard exhibition des attelages à quatre, ou bien saut de la rivière et course de haies. En province on bâtit des barraques pour cette solennité; à Paris, on opère en plein palais de l'Industrie et il n'est pas possible de trouver un local plus propice.

Aux vainqueurs on distribue des récompenses honorifiques qui consistent en objets d'art, en flots de rubans, etc., etc. De telle sorte que les gentlemen riders et les officiers de cavalerie se font un point d'honneur de montrer leur talent de centaures et conquièrent, en même temps que la gloire d'être au premier rang, la joie d'attirer les regards bienveillants et flatteurs des charmantes spectatrices.

Et malgré soi l'on songe aux tournois d'antan et aux belles damoiselles qui de leurs blanches mains couronnaient le chevalier loyal et victorieux. Peut-être en viendra-t-on à faire remettre les flots de rubans que recevront les officiers de hussards par de gentes personnes, et ce n'est pas nous qui irons à l'encontre de cette aimable réforme.

CONCERTS LAMOUREUX

M. Lamoureux est un chef d'orchestre d'infiniment de talent, qui a tenu le bâton alternativement à l'Opéra-Comique et même, croyons-nous, à l'Opéra; mais qui chaque fois a donné sa démission pour des causes de dignité professionnelle et aussi, dit-on, parce qu'il a un tempérament de charbonnier, c'est-à-dire d'homme aimant à être le maître chez soi.

En situation d'ailleurs de se passer d'émoluments — sa fortune étant plus que suffisante — M. Lamoureux, suivant la voie tracée par M. Pasdeloup, a pris la direction d'un orchestre auquel il fait exécuter ordinairement de la musique moderne — qu'on appelle classique précisément parce qu'elle ne l'est pas encore. Mais, voyez la déveine! M. Lamoureux ayant voulu jouer du Wagner avec un peu d'ostentation, alors qu'il ne dépendait plus que du public, c'est le public — ou du moins une partie du public — qui s'est fâché et qui lui a fait mille misères. Pour être sincère, il faut convenir que les manifestants qui s'opposaient aux représentations données par M. Lamoureux étaient pour la plupart des gamins ou des amateurs de vacarme, saupoudrés de petits pâtissiers. Si l'autorité avait mis un peu d'énergie au service de la liberté; si M. Lamoureux lui-même n'avait point jeté un peu tôt le manche après la cognée, il est fort probable que tout ce bruit se serait éteint et que les représentations auraient fourni leur carrière sans encombre.

Aujourd'hui M. Lamoureux donne, au Cirque d'été, des concerts aussi intéressants que ceux dont M. Colonne, au Châtelet, est le grand chef. On y savoure de la musique endormante, mais au milieu de laquelle éclate de temps à autre quelque merveille sans rivale ou quelque éblouissement imaginé par un homme de génie et exécuté par un ensemble de musiciens admirable.

LE CLUB DES PANNÉS

Les géographes du monde flottant ne sont pas d'accord sur la situation exacte du club des Pannés, Les uns, qui passent cependant pour des Parisiens impeccables, le placent à l'entrée du bois de Boulogne, les autres au rond-point des Champs-Élysées, d'autres enfin en des parages invraisemblables.

Il est indispensable de fixer ce point délicat, d'établir pour toujours la longitude et la latitude de ce trottoir, désormais célèbre, sur la carte du Tendre et sur celle de Paris.

On appelle décidément club des Pannés cette potinière qui fleurit sous les marronniers touffus, au coin de la place de l'Étoile et de l'avenue du Bois-de-Boulogne. D'un côté de ladite avenue est l'allée des cavaliers, de l'autre le club. On reconnaît l'emplacement au nombre considérable de chaises que le monopoliste de la Ville a eu la précaution délicate d'y semer. C'est le royaume de ceux qui veulent bien et qui ne peuvent pas.

Arc de Triomphe de l'Etoile.

Est-il besoin d'expliquer pourquoi on l'appelle ainsi ? Le mot panné signifie, on le sait, maigre d'argent. Ceux qui, malgré le désir qu'ils auraient de jouer un rôle dans le monde parisien et de se montrer au Bois dans des voitures somptueuses, en sont réduits à ne pas franchir la porte du Paradis, se réunissent là pour faire de la mousse à peu de frais. Leur grande joie est de se donner de l'importance en saluant leur tailleur ou quelque coulissier, en adressant un aimable coup de main à des cavaliers de leurs amis. On en connaît qui sont parvenus à nouer ainsi des relations utiles. En tout cas la plupart se donnent des airs d'hommes du monde et de temps à autre le bruit se répand que l'un d'eux a fait un brillant mariage avec une étrangère de qualité, généralement mulâtresse. Au club des Pannés on remplace par un siège Carré le trotteur de six mille francs ou le dog-car de dix mille et l'on est du tout Paris.

Il faut dire cependant que le club des Pannés n'aurait jamais conquis la moindre réputation parisienne, s'il n'avait été le théâtre de l'enlèvement de mademoiselle de Campos. M. Mielvaque lui a fait un nom. Et la jeunesse nickelée de notre temps ira peut-être, pendant de longues années, y chercher l'aventure amoureuse et métallique dont sont affamées entre vingt et vingt-cinq ans toutes les cervelles humaines.

On ne se doute pas du retentissement qu'a eu l'événement. Dans les sous-préfectures languissent, en France, cinquante mille conquérants persuadés que s'ils pouvaient montrer leur moustache en croc au club des Pannés, aucune princesse ne résisterait à leurs séductions.

Il en est d'autres plus modestes et plus poètes qui se contentent d'admirer Mielvaque et Campos. Quel gré ils leur savent d'avoir osé s'aimer? Quels vers ils martèlent pour célébrer cette fureur de passion et de jeunesse! N'est-il pas divin, en effet, que Michel et Mercédès aient rajeuni si audacieusement les formules romantiques? D'autres se seraient enfuis à la brume. Non, c'est le vieux jeu. En plein jour, à la bonne heure !

Nous avons rencontré un de ces rimeurs qui nourrissait un projet hardi. Il parlait d'ouvrir une souscription dans tout l'univers, souscription à laquelle es jeunes gens et les vierges auraient seuls le droit de prendre part et dont le produit servirait à élever un monument commémoratif de l'amoureuse entreprise.

Il voyait cela comme dans une aurore. La jeunesse, non pas cette jeunesse de convention dont on est accoutumé de voir le derrière sur les tombeaux à prétextes, mais la vraie jeunesse, déchaînée, montrant son rire contagieux, étalant sa poitrine bondissante, la jeunesse promettant l'extase, la jeunesse du printemps tendant les bras à l'amour, à l'illusion, au rêve, à l'espérance, à toutes les bonnes hoses dont les imbéciles font fi! la jeunesse, dis-je, apparaîtrait jetant à profusion les roses, les lis et cent mille autres fleurs qui rouleraient jusqu'au sol et le recouvriraient de sa jonchée.

Sur un des côtés, dans un cartouche, l'hydre de la duègnerie castillane terrassée par un Cupidon toréadorisant, au milieu d'un cirque endiablé dont les cent mille spectateurs battraient follement des mains.

Puis là-haut, en beau marbre rose, dans une gloire, Michel et Mercédès, enlacés sous les feux du blond Phœbus, celui-ci entraînant celle-là, tous les deux extasiés. L'illusion, la joie, le bonheur et l'ivresse brûleraient à leurs pieds des parfums infinis. L'humanité tout entière passerait au pied de cet *ex-voto* de l'amour; et le sourire des poètes gagnerait jusqu'aux lèvres des jeunes miss hypocrites.

— Je sais bien, ajoutait mon poète, que je ne suis pas de mon temps en parlant ainsi. Aujourd'hui le goût exige un scepticisme impudent pour les choses du cœur; un homme dans le mouvement ne se sert, en un tel sujet, que de demi-mots et de sous-entendus. Point de sel à une anecdote si elle ne vous jette dans les jambes quelque boîte à surprise provoquant de petits cris et de calmes éclats. On n'est pas chic si l'enthousiasme vous étreint. Ces sujets-là se traitent comme la dernière aventure de la vicomtesse ou la première folie de la baronne, à mots couverts, avec des périphrases, des néologismes et tout l'assaisonnement vigoureux mais discret des salades modernes. Mais, cette fois, est-ce possible? L'héroïne est de la grande école des pieds dans le plat. Faut-il donc falsifier le poivre et mâcher l'expression ?...

— Mon ami, dis-je au poète, vous êtes bien vibrant et je vous souhaite le succès. Mais n'oubliez pas que vos souscripteurs seront tous du club des Pannés.

Et il tomba de son ciel.

LES PANORAMAS

Il n'est pas possible de parler des Champs-Élysées sans dire notre sentiment sur les trois panoramas qu'on y rencontre. Et comme il serait incoordonné d'exprimer dans une autre partie de cet ouvrage ce que nous pensons des autres qui parsèment Paris, nous allons les énumérer tous, de façon à couler cette question de vaste peinture en une fois.

Tout compte fait, je crois que pour l'instant les amateurs peuvent contempler dans Paris quatorze panoramas, plutôt plus que moins. D'ailleurs il s'en manifeste tous les jours. Mais, pour le moment, nous nous en tiendrons à quatorze.

Le plus ancien est celui des Champs-Élysées, à deux pas du Palais-Royal, dans le bâtiment qui symétrise avec le Cirque d'été. On peut le considérer comme l'ancêtre. Pendant vingt-cinq ans au moins il a régné paisiblement dans son coin, ne faisant aucun bruit et recevant la visite des Anglais ou des provinciaux qui veulent tout voir. C'était le colonel Langlois qui le dirigeait. Il représentait, d'abord, une scène de la guerre de Crimée, puis, plus tard, une bataille de la guerre d'Italie et, depuis déjà une quinzaine d'années, on peut s'y rendre compte de l'investissement de Paris par les troupes allemandes. L'œuvre en elle-même, quoique signée Philippoteaux, n'est pas passionnante.

Jamais, croyons-nous, jamais on ne se serait

enthousiasmé d'ailleurs pour cette manifestation de l'art si MM. A. de Neuville et Detaille n'étaient venus brusquement donner aux panoramas une vie et une importance qu'ils n'avaient jamais eues. Ce ne fut qu'un cri d'admiration quand ils ouvrirent, 5, rue de Berry, le fameux panorama de Champigny qui obtint, et à juste titre, le plus colossal succès. Aujourd'hui les mêmes peintres offrent dans le même local une bataille de Rezonville qui est également un chef-d'œuvre. Si vous n'en voyez qu'un, que ce soit celui-là ; mais si après vous en voyez d'autres, ne vous étonnez pas de ne trouver rien qui soit digne de lui être comparé.

Vint ensuite le panorama de *la Bastille* et celui des *Cuirassiers de Reischoffen*. Ce dernier, qui s'était installé rue Saint-Honoré, a disparu pour faire place au Nouveau Cirque. L'autre existe toujours. Il est très remarquable et n'a qu'un défaut : celui de faire un peu trop bande à part et d'exiger un véritable voyage.

Il en est un autre qui obtient aussi un gros succès dans le plus excentrique et le plus inaccessible quartier de Paris, c'est le panorama de la Jérusalem moderne, par M. Olivier Pietrat et M. H. Fauvel. Il a été dressé tout en haut de la butte Montmartre, derrière l'église du Sacré-Cœur, dont il n'est pas une annexe, mais dont il peut passer pour le complément. Ce qui distingue le plus cet ouvrage, c'est le sentiment de vérité qui s'en dégage, non pas tant au point de vue des personnages, qu'à celui du paysage dont on ne saurait trop louer le ton et la profondeur.

Ces mêmes compliments s'adressent au panorama des mêmes auteurs qui représente aussi Jérusalem, mais la Jérusalem au temps du Christ. Celui-ci, qui met en scène le crucifiement est visible aux Champs-Élysées, avenue Marigny.

MM. Gervex et Stevens en ont ouvert un nouveau, il y a quelques jours à peine. C'est le *panorama du Siècle*, aux Tuileries, dans le jardin. Le talent des deux auteurs est tel que je considère comme une superfluité de louer leur œuvre. Elle met en relief les qualités et les défauts de l'un et de l'autre, mais comme les qualités l'emportent de beaucoup, leur succès est incontestable. D'aucuns prétendent qu'ils avaient l'un et l'autre un talent trop fin pour le compromettre en une grande machine comme un panorama. Peut-être bien. Ce qui me frappe, moi, c'est que le sujet même qu'ils ont adopté n'est pas précisément excitant, et je serai fort surpris si le public ne reste pas un peu réfrigéré.

Faut-il parler de ce panorama Grévin qui vous fait voir Paris du haut de la tour Eiffel? C'est du commerce bien entendu, nous en convenons.

Avenue Bosquet il en est un qui va fournir une période de gloire. C'est le panorama de Jeanne d'Arc, par M. Pierre Carrier-Belleuse. D'abord, il est bien présenté. On y pénètre par une véritable porte de forteresse, avec créneaux et mâchicoulis, et l'on y éprouve ainsi, disait un homme d'esprit, une sensation du temps.

L'œuvre en elle-même a beaucoup de mérite. Trois ou quatre des tableaux sont vraiment d'une réelle valeur. Je citerai principalement le premier : *les Voix*; le troisième : *la Prise d'Orléans, la Cathédrale de Reims*, qui séduisent tout le monde et qui contribuent pour une très large part au succès incontesté dont jouit ce panorama, Il est situé 15, avenue Bosquet.

Non loin de là vous pouvez en voir un autre, qui représente Naples, et en diorama la mort du prince impérial.

Avenue de Suffren il en est encore un que dirige un honorable et très ardent Brésilien. Celui-ci nous montre avec une exactitude scrupuleuse et une entente merveilleuse des pays tropicaux la *baie de Rio-Janeiro*. Auteur, M. Langerock. Ces messieurs offrent encore une fois aux Parisiens l'occasion de voyager sans effort et de voir sans fatigue la plus belle baie de l'univers.

Sur le quai, à l'intérieur de l'Exposition, voyez le panorama de la Compagnie Transatlantique. Le point culminant où est placé le spectateur n'est autre que la dunette de *la Touraine*. De là on voit la rade du Havre et toute la flotte des transatlantiques. Un diorama vous montre à côté la ville d'Alger.

Presque à deux pas est le panorama du Pétrole, sur la berge même de la Seine. Très curieux et on ne peut plus gratuit, comme du reste celui qu'on visite sur l'esplanade des Invalides, dans le pavillon du ministère de la guerre.

J'avais gardé pour le dessert le *Tout-Paris*, de M. Castellani. Mais c'est pour le moment un panorama clos et peut-être sans domicile. L'auteur a eu des démêlés avec les pouvoirs pnblics, à cause de son affectation à placer le général Boulanger au premier plan et le président Carnot au second. Son œuvre avançait ou retardait au choix, et l'on cherche un coin où le montrer quand même aux hôtes de Paris.

LES CAFÉS-CONCERTS

Ça, c'est la joie des Champs-Élysées. Je ne sache rien qui donne à ce quartier un semblable air de fête. Le soir il y a là un ruissellement de lumières dont on est ébloui. En même temps les orchestres jettent sous les grands arbres leurs notes vibrantes, une femme chante devant un public qui déborde, le ciel est pur, l'air est doux. Il semble que la vie soit faite ici d'une autre sorte que partout ailleurs. Ce sont bien les Champs-Élysées et l'endroit mérite son nom.

Le premier de ces cafés, à droite, le plus étincelant, est le *café des Ambassadeurs*; le second, adossé à ce dernier, l'*Alcazar d'été*. Ils ne se font point concurrence. Mais ils tâchent d'en donner à tout le monde. A l'Alcazar d'été, un peu plus de musique, Paulus, des chanteurs presque sérieux, peu ou pas de tours de force. Aux Ambassadeurs, madame Faure quelques chanteuses donnant dans le comique excessif et des acrobates, beaucoup d'acrobates.

De l'autre côté de l'avenue, moins brillant, ayant l'air de bouder, le *café de l'Horloge*. Celui-là pousse un peu les choses à l'extrême. Beaucoup de gymnasiarques, des hommes-serpents, des jongleurs et du chant dans les intermèdes pour ne pas laisser périr le principe.

Dans les autres quartiers de Paris, il existe beaucoup moins de cafés-concerts dignes de ce nom qu'on pourrait le croire. On les compterait : l'*Eldorado*, avec Bonnaire, Amiati et quelques autres étoiles; la *Scala*, non moins courue; l'*Eden-Concert*, où madame Castellano a eu l'idée vraiment intelligente et ingénieuse de donner des séances de chansons classiques qui ont eu le plus grand et le plus légitime succès. Ces séances ont lieu le vendredi, je crois. Il y a encore l'*Alcazar*, dont nous avons parlé. Le *Grand Concert Parisien*, faubourg Saint-Denis, qui lutte victorieusement parfois avec ses rivaux et produit de temps à autre quelque comique hors de pair et une *prima donna* remarquable.

Il serait injuste d'oublier *Ba-ta-clan*, qui eut une réputation extraordinaire ; le concert des Fantaisies nouvelles, boulevard de Strasbourg; le Grand concert de l'Époque, la Gaîté-Montparnasse, le Grand concert Européen, les Percherons, le concert du Cadran, à Auteuil, sur le bord de l'eau, le concert du Globe, le concert des Ternes, etc., etc.

Tout cela fait feu des quatre pieds. Tous donnent

des représentations amusantes, intéressantes, curieuses; chacun d'eux a son public, son succès, ses artistes aimés et la plupart des directeurs de ces établissements font fortune — signe du temps — bien plus vite et bien plus sûrement que les directeurs de théâtres, auxquels la limonade est défendue.

Ce sont, par cela même, des spectacles de décadence. Mais qu'y faire ? Se fâcher, s'indigner, essayer de réagir et combattre le bon combat, ce faneur de l'art pur? A quoi bon? Est-ce qu'on remonte le courant?

LE BOIS DE BOULOGNE

I. — LE VIEUX BOIS DE BOULOGNE

Combien trouverait-on de Parisiens, aujourd'hui, sachant que le bois de Boulogne s'appelait jadis bois de Rouverai ? A la vérité, cela se passait — comme dans la chanson — au temps du roi Henri... II : on serait donc excusable de l'ignorer. D'autant plus que cette appellation n'est plus de mode, depuis trois cent trente ans et que le bonheur des peuples ne tient probablement pas à un vocable.

Mais, par exemple, il ne faut pas remonter à l'antiquité pour trouver un bois de Boulogne n'ayant aucun rapport avec le parc anglais que l'on connaît. D'abord il était beaucoup plus vaste que de nos jours. Entre Neuilly et le Point-du-Jour il s'avançait jusqu'au point où commence aujourd'hui l'ancienne avenue de l'Impératrice, englobant du côté de Passy le Ranelagh qui n'existe plus et le château de la Muette qui en est maintenant séparé par des voies et des propriétés assez nombreuses.

A cette époque le bois de Boulogne était déjà cher aux Parisiens qui l'avaient appelé ainsi, on le devine bien, parce qu'il fallait le traverser pour aller à Boulogne. C'était presque loin de Paris. On s'y rendait en partie. Les bretteurs s'y venaient battre. Les amoureux s'y égaraient volontiers sans avoir à redouter les malfaiteurs dont il est hanté actuellement. Toute la *fashion* — on disait fashion en ce temps-là — s'y rendait à cheval ou en voiture, peut-être même à pied. Car il doit toujours y avoir eu un club de Pannés. Puis vint la construction des fortifications de Paris. Le malheureux bois fut amputé presque d'un quart, mais il ne s'en porta que mieux, lorsque la ville de Paris, pour exécuter la loi du 24 juin 1852 qui lui en avait concédé la propriété, confia au talent de M. Alphand la mission d'en faire un jardin de dimension suffisante pour que Paris tout entier pût s'y ébattre et que la jouissance d'un tel domaine donnât à chaque Parisien l'illusion qu'il était millionnaire. M. Alphand se mit à l'œuvre. Il trouvait là l'occasion de faire un chef-d'œuvre et de se tailler en plein drap une réputation d'ingénieur sans rival. Il n'y manqua pas. En deux ans, il creusa des lacs nombreux, il imagina des rivières, il éleva des collines, dessina mille merveilles, fit jaillir des cascades, étala des pelouses sous les pieds des promeneurs, traça trois cents routes, deux cents chemins et des sentiers à foison ; cela ne lui coûta pas plus de six millions d'ailleurs, et tous ceux qui connaissent leur bois avoueront que ce n'est pas cher.

Mais ils ne sont guère nombreux ceux qui peuvent se vanter d'avoir étudié à fond les tours et détours de la mirifique promenade. Parmi les Parisiens les plus endurcis, en trouverait-on cent seulement en état de guider un provincial ou un étranger à travers les taillis, sans le secours d'un cocher?

II. — LE TOUR DU LAC

Jusqu'à ces dernières années, on ne savait du bois de Boulogne qu'une chose, c'est que pour être chic il fallait faire, chaque après-midi, le tour du grand lac en voiture ou à cheval, pousser, les jours de liesse, jusqu'à la cascade heureusement flanquée d'un restaurant, et enfin assister de temps à autre aux courses sur la pelouse de Longchamps.

Mais qui se doutait, sauf les voisins, que du côté de Neuilly existât, derrrière le Jardin d'acclimatation, une sapinière bienfaisante et pittoresque, égayée par une grande pièce d'eau de plusieurs hectares, sur les bords de laquelle on trouve installés de vénérables pêcheurs à la ligne qui payent pour taquiner les carpillons en ce lieu, loin des brutalités rivales, une redevance annuelle à la Ville. Qu'ils se montrent les gens capables de décrire la promenade, longée par une rangée unique de marronniers merveilleux qui constituent le contraire d'une allée ordinaire. Car ici les arbres sont au milieu de deux chemins charmants qu'ils ombragent. Non loin de là quelques familles connaissent seules le tapis vert semé d'arbres de toutes espèces et sillonné d'innombrables petites rivières sur lesquelles sautent des ponts rustiques ou que barrent des rochers modestes, grâce auxquels on peut traverser l'eau. Et cette merveilleuse prairie qui s'étend devant Bagatelle, l'aimable habitation de sir Richard Wallace. Et Bagatelle elle-même ressemblant — avec le pavillon Louis XV qui lui fait vis-à-vis sur le bord de l'eau — à un décor d'opéra brossé par un peintre de trop d'imagination.

Nous avons parlé de la Cascade. Qui connaissait le tir aux pigeons dont on parle beaucoup et ce club des Patineurs si célèbre par les fêtes qu'il ne pouvait jamais donner, le dégel et lui se faisant réciproquement les plus mauvaises plaisanteries. Ah! par exemple, on n'ignorait pas le pré Catelan dont Roqueplan fut un jour directeur, ce qui incita les journalistes du temps à faire étalage d'une redoutable érudition et à raconter comment le sire Catelan, ambassadeur d'un roi de Navarre, fut traîtreusement occis en un carrefour où s'élève un bureau de tabac, ce qui étonnerait joliment le mort s'il revenait. On le connaissait vraiment, mais personne au monde n'y allait. On restait sur le bord du grand lac, en vue des îles, et Roqueplan lui-même ne poussait jamais plus loin.

Ah ! ce tour du lac ! En a-t-on rabattu les oreilles de l'univers tout entier ? Y a-t-on assez ri ? Quelles litanies on réciterait rien qu'à se rappeler le nom des impures qui y furent marchandées ou achetées. Toute la haute galanterie parisienne y avait établi une sorte de foire aimable et gaie, où venaient, de tous les coins du monde, des seigneurs de nuances diverses auxquels on ne demandait que d'être riches. Quelques-uns le paraissaient seulement et n'en étaient pas moins bien reçus. Oh ! Emma Crueh, vieux *Kioupidône !* Céleste Mogador ! Hortense Schneider ! Oh ! la vieille garde ! Eh toi, Rigolboche, qui étonnas Paris en conduisant une si lamentable rosse attelé à une guimbarde plus sinistre encore ! où sont les beaux jours de la grande Exposition ?

Ah ! vraiment, cela tenait de la féerie. Pendant six mois on vit se promener des rois et des empereurs sur ce macadam. Il y eut même un Osmanli qui, descendu de son trône, passa sous nos regards, étonné surtout de s'y voir. Napoléon III, déjà triste, y croisait Marguerite Bellanger, tout en conduisant son phaéton attelé de chevaux admirables ; un peu plus loin c'était l'impératrice, dans sa daumont à la livrée verte et or, qui laissait tomber ses saluts gracieux sur un peuple vraiment charmé. On y vit le tsar Alexandre II, et le roi de Prusse flanqué de Bismarck, et l'empereur d'Autriche, et Victor-Emmanuel, et tant d'autres potentats.....

Imaginez de quels yeux certaines duchesses compromises, quelques baronnes trop folles et la fine fleur des galantes et honnestes dames de Paris contemplaient ces têtes couronnées. Ah! si le mot hypnotisme avait été alors la monnaie courante du langage parisien comme de nos jours, on l'eût bien souvent prononcé tout en essayant de le mettre en action. Quelle année! où les ambassadeurs, petites gens, se perdaient dans la foule. A part, cependant, madame la duchesse de Metternich dont la voiture d'un beau jaune — il n'y avait alors que celle-là dans Paris — faisait une tache qui vous tirait l'œil et violentait la curiosité.

Mais pourquoi retourner vers ces scènes? Tout cela s'est envolé. Il semble que cent ans se soient écoulés. Le tour du lac, fini! L'on n'y rencontre plus que les vieux seigneurs suédois à la recherche des Metella d'antan, ou quelque Américain poussif qui se figure être encore dans le train, et qui, tout en promenant son ventre, se dit avec une délicieuse ingénuité :

— Je ne me trompe pas; il y a moins de monde que dans ma jeunesse.

La foule s'est déplacée; oui monsieur le baron, elle s'est déplacée. C'est maintenant dans la grande allée des Acacias qu'il faut aller chercher les élégances.

III. — L'ALLÉE DES ACACIAS

Ah! oui, je sais bien, elle n'est pas d'une gaieté terrible, cette allée des Acacias ; et je me suis toujours figuré que le limonadier de la Cascade avait artificiellement fait adopter son parcours en y envoyant promener assidûment des gentlemen soudoyés ou des princesses sans aïeux. Les reporters firent le reste. Mais, que voulez-vous? C'est la mode : il n'y a rien à faire. Le tour du lac était vraiment trop monotone ; ce paysage des îles finissait par vous fatiguer dans sa splendeur théâtrale.

L'humanité n'est émoustillée que par le changement. C'était intolérable. Il fallait trouver autre chose. On avait à la vérité cette admirable promenade qui va de la porte de Bagatelle au même restaurant de la Cascade et où les attelages merveilleux et les cavaliers irréprochables auraient eu le plus grand air... On aurait également trouvé dans le Bois trois ou quatre autres sites grandioses ou exquis pour encadrer les files de véhicules dont se compose le bon ton, en cet an de grâce...

Eh ! bien, non. C'est l'allée des Acacias qui a eu l'héritage du tour du lac, comme l'on voit, çà et là, un pauvre hère bâtard et plat succéder à quelque seigneur élégant, noble et beau, ou un laideron remplacer dans la faveur d'un prince une créature merveilleusement douée. C'est la mode.

Mais que les amateurs du chic ne s'y trompent pas, la procession est un peu mêlée. Les calèches et les pur sang, dont le regard est parfois charmé, sont coudoyés par d'étonnants carrosses. Le fiacre lui-même, avec son automédon sans tenue et son cheval résigné, s'y étale effrontément et abondamment. On y voit jusqu'à des tapissières et des cabriolets portant des êtres ahuris qui regardent sans comprendre. C'est la démagogie du chic.....

En sorte que les gens vraiment comme il faut, ceux qui n'ont pas besoin d'y chercher fortune ou aventure, s'y montrent à peine une heure par semaine, le mercredi. Ce jour-là, les facteurs sont renversés. Landaus de quinze mille francs, phaétons de haute volée, ducs sans pareils, vis-à-vis charmants, victorias nouvelles s'y suivent en grand nombre et submergent honteusement le malheureux char numéroté qui ose prendre la file...

IV. — LES CHEVAUCHÉES DU MATIN

Le vrai monde a d'ailleurs une autre façon de jouir du Bois. C'est le matin qu'on s'y rend à cheval ou en voiture, et cela tous les jours, sans manquer, pour y cueillir les roses du visage. On cite des dames de haut rang qu'aucun événement n'empêche de partir pour le Bois à huit heures. Il n'y a pas de fatigue qui compte, pas de nuit passée au bal qui tienne. C'est un devoir d'hygiène.

D'ordinaire hommes et femmes vont à cheval. L'amazone tout habillée part de l'hôtel en coupé, se fait porter jusqu'à l'allée des Poteaux à côté de la porte Dauphine, et là, monte l'alezan ou le bai-brun qu'un groom est venu conduire à l'avance. Et avec l'escorte d'un ou deux gentlemen, elle prend cette

L'avenue du Bois-de-Boulogne.

fameuse allée des Poteaux qui est devenue un élément indispensable du roman moderne, car il paraît que cent intrigues se nouent et se dénouent à l'ombre de ses taillis, chaque jour.

A coup sûr, elle est étonnamment fréquentée, car on ne compte pas moins de mille ou douze cents cavaliers et amazones qui la parcourent au plus fort de la saison, c'est-à-dire au printemps, de mars à la fin de mai.

Il n'y a pas cependant que des amazones. Une femme élégante a plus d'une façon de se présenter au Bois le matin. D'abord, toute personne qui s'éloigne déjà de la jeunesse est toujours comme il faut en se faisant porter dans une voiture très correcte à un cheval. Puis il y a une mode qui fait rage : conduire soi-même un double poney attelé à un dog-car ou à un tilbury avec capote rabattue. La charrette anglaise est encore de bon ton pour une toute jeune fille ou même pour une personne que son embonpoint ferait trouver ridicule à cheval.

Les voitures dans ce cas ne prennent pas, bien entendu, l'allée des Poteaux, exclusivement réservée aux cavaliers. Elles se dispersent généralement dans le Bois et reviennent, par routine, à la grande allée des Acacias, où, entre dix et onze heures, des frères, des maris et ... des protecteurs donnent leurs leçons de guides aux plus gracieux minois de l'Ile de France.

Et si, par hasard, au milieu de tout ce monde qui s'amuse ou qui fait la roue, vous apercevez une jeune femme en costume neutre, affectant la simplicité et dont les regards se dirigent avidement sur toutes les autres personnes de son sexe, comme si elle cherchait un objet perdu, ne vous étonnez pas trop. Vous avez simplement devant vous une première employée de grande couturière qui fait son Bois par profession, pour voir ce qui se porte et le combiner avec ce qui se portera.

Il en est, de ces créatures de la mode, qui ont appris l'équitation exprès pour tenir cet emploi. Elles sont d'ailleurs discrètes, *à cheval* sur les principes et savent se tenir à leur place avec un tact dont beaucoup de mondaines auraient grandement besoin.

J'ai vu également là le directeur de l'incomparable Chapellerie Delion, passage des Panoramas, qui va étudier la mode masculine et créer le chapeau de demain en examinant ceux d'aujourd'hui, si bien qu'il n'est pas un homme bien élevé qui puisse se coiffer ailleurs que chez lui.

De ce côté des hommes, on cite également un ou deux couturiers et des chefs de rayons allant au Bois, chaque matin, pour étudier, voir, comparer et, selon l'expression bouffonne de l'un d'eux... composer.

Il y a aussi, au Bois, même le matin, tout un monde interlope de maquignons, d'écuyers, d'étrangers bizarres, et même de Français étranges. Pour reconnaître ces gens-là d'un regard, il est nécessaire d'avoir longtemps pratiqué l'allée des Poteaux et tous les coins où l'on s'amuse. L'expérience seule fera voir que tous ces divers mondes se rencontrent, se frôlent, se heurtent quelquefois, mais ne se mêlent jamais.

Dans le bois de Boulogne ont lieu, aux diverses époques qui leur sont assignées, des fêtes, comme celle des fleurs, des courses, telles que celles du Racing club, et bien d'autres événements que des malveillants pourraient nous accuser d'ignorer, si nous ne prenions les devants en avertissant nos lecteurs que chacune de ces solennités sera naturellement l'objet d'un chapitre spécial.

LES COURSES

Le bois de Boulogne n'a l'air de rien. En maint endroit il affiche les modestes allures d'un jardin et, quand on veut dresser une nomenclature de ce qu'il contient, on s'aperçoit que c'est un monde.

Quatre ou cinq restaurants, le Jardin d'acclimatation, le pré Catelan, le tir aux pigeons, Bagatelle, vingt autres maisons louées à des particuliers par la ville de Paris, le club des Patineurs, le terrain sur lequel les membres du Racing club se disputent des prix chaque dimanche, huit ou dix cafés dispersés çà et là, des bateaux sur le lac des deux îles, la pêche à la ligne à l'étang de Saint-James, tout cela semble énorme et pourtant n'est rien, pour ainsi dire, à côté des deux hippodromes de Longchamps et d'Auteuil, sur lesquels se courent les deux prix les plus considérables et les plus intéressants du monde entier.

LONGCHAMPS

Une admirable prairie égayée par un pittoresque moulin que submerge le lierre et qui se vante d'être le dernier vestige de l'abbaye de Longchamps. Un peu plus loin, la Seine sur les bords de laquelle s'élèvent de longues files de peupliers carolins, et de l'autre côté du fleuve les coteaux empamprés de Suresnes ; à deux pas la cascade ; un peu à gauche Bagatelle, qu'habite Sir Richard Wallace, et devant Bagatelle le champ d'entraînement parsemé de bouquets de bois. Imaginez un gai soleil, dix mille voitures, cinquante mille âmes dans la prairie, quinze chevaux montés par des jockeys bariolés, cent ou deux cent guérites assiégées par les joueurs du pari mutuel, des toilettes divines sur des femmes adorables, beaucoup d'émotion, les tribunes regorgeant de monde, le pesage devenu trop étroit, le restaurant de la Cascade envahi, un bourdonnement joyeux, du mouvement, de la vie, de la gaieté, et vous aurez une idée d'un jour de courses à Longchamps. Il y a là un paysage que les peintres cherchent souvent très loin, une scène où se joue l'éternelle comédie mondaine, un tableau de genre incomparable, une joie pour les yeux, un plaisir pour tous les sentiments et une atmosphère au sein de laquelle on est joliment content d'être au monde.

Il serait un peu ridicule de ma part et inopportun en même temps d'entreprendre ici la peinture d'une réunion hippique. Les Groenlandais eux-mêmes savent ce que c'est. La seule chose qu'on puisse ignorer, c'est qu'il est imprudent d'y risquer son argent. Quelques incidents ont prouvé depuis peu qu'à ce jeu les cartes sont parfois biseautées. C'est donc un bon conseil que je vous donne dans la sincérité de mon âme et avec la persuasion que d'ailleurs ça ne vous empêchera pas d'en faire à votre tête, selon l'usage.

Les courses de Longchamps commencent toujours le lundi de Pâques et se poursuivent, sous la dénomination de réunions de printemps, jusqu'à ce que les chevaux et les sportsmen se transportent à Chantilly pour le prix du Jockey club. Au retour de Chantilly commencent les réunions d'été qui se succèdent avec une grande rapidité jusqu'à la grande semaine c'est-à-dire la semaine du Grand Prix.

Depuis quelques années le prix de cent mille francs et la semaine qui le précède ont été l'occasion de fêtes charmantes et nous tendons visiblement à faire de ces quelques jours une sorte de carnaval d'été dont le dimanche du Prix de Paris est le couronnement. Ce dimanche-là tout le monde est en l'air, riches ou pauvres, gais ou tristes. La ville entière se dirige vers le bois de Boulogne. Beaucoup n'arrivent pas jusqu'à Longchamps, mais la plupart sont partis avec l'intention de s'y rendre.

Par l'allée des acacias qui débouche à la cascade on aperçoit en arrivant une foule invraisemblable. Dans l'hippodrome, cent cinquante mille âmes, des voitures sur vingt rangs, les guichets encombrés, les portes trop étroites ; une sorte de houle agite toutes les têtes et les fait mouvoir assez harmonieusement. Au milieu, la tente du glacier Rouzé où l'on prend des consommations aux prix les plus indécents et par le canal d'employés généralement fort malhonnêtes. Il y a longtemps que j'attendais le plaisir de lâcher ces deux lignes.

Coupant l'horizon, se dressent les tribunes noires de monde. Il y a des spectateurs dessus, dedans, j'allais dire dessous. Tout cela grouille et bruit. Le noir domine. Mais de temps à autre éclate quelque chose de lumineux, d'exorbitant, qui jette une note vigoureuse sur tant de sombre, comme ferait une fleur rouge dans la profondeur d'un bois, au printemps, avant la poussée des feuilles.

Autour de l'hippodrome, trois cent mille êtres humains de tout sexe, de tout âge, de toute nuance. Ceux-là viennent voir le spectacle gratis. Il en est qui se juchent sur les arbres, d'autres se font la courte échelle pour mieux voir. On crie énormément. Quatre ou cinq mille marchands de choses inimaginables et de boissons économiques parcourent cette foule en semant les lazzi. En France, tout homme qui fait rire les autres se croit — et peut-être avec raison — le mérite d'un vainqueur. Partout on s'amuse, partout on s'agite, on se bouscule, on mange, on boit et l'on est de bonne humeur. C'est vraiment la fête votive de Paris. Il y a des gens qui ne savent pas et ne sauront jamais ce que c'est qu'un pâturon, pour qui les noms des chevaux, des jockeys et des propriétaires sont lettres mortes et qui sont venus, uniquement, pour savoir, des premiers, si le triomphateur est un cheval français. Si c'est un anglais qui gagne... malheur !

Les gens qui ont vu le Grand Prix, il y a dix ou

douze ans, ne se font aucune idée de ce que c'est aujourd'hui : une exaspération d'agrément.

Mais les chevaux paraissent sur la piste. L'émotion s'installe dans les poitrines. Les parieurs commencent à suer. Voilà maintenant qu'ils ont pris leur canter et qu'ils viennent se ranger en ligne devant le drapeau du starter. Ils sont partis? Non. Mais si. Les voilà qui défilent. A travers la foule, les couleurs voyantes des jockeys passent lumineuses au soleil, comme des oriflammes dans une bataille. Ils montent la côte, voici le dernier tournant, la ligne droite. — C'est l'anglais, crie une voix. — Hurrah! hurlent cinquante fils d'Albion.

— Ténébreuse! Ténébreuse! Les couleurs de M. Aumont arrivent. L'Angleterre est consternée. Les trois cent cinquante mille spectateurs platoniques des environs de l'hippodrome poussent une clameur immense. Ils sont heureux. Autour des guichets du pari mutuel, s'élancent les gagnants dont les yeux brillent de joie. On les paye. Ténébreuse! Qui l'eût cru après le Derby?

— Mais, monsieur, en quoi consistent donc les paris sur les hippodromes français.

— Ils sont aujourd'hui de deux sortes : le pari mutuel et le pari au livre. Je vais d'abord vous dire comment fonctionne le pari mutuel. Supposons cinquante personnes désireuses de parier pour un cheval de leur choix et voulant toutes consacrer à cette opération une somme uniforme de dix francs. Elles mettent les unes et les autres leurs dix francs, sur la bête qui leur plaît. Sept chevaux courent, vingt-deux parieurs ont placé leur argent sur le numéro 3, onze sur le numéro 1, cinq sur le 2, quatre sur le 6, quatre sur le 7, trois sur le numéro 4 et un sur le numéro 5. Admettons que ce soit le numéro 7 qui arrive premier, l'argent des quarante-six perdants est partagé par les quatre personnes possédant le numéro du vainqueur. Si le numéro 3 qui était favori puisque la majorité des parieurs s'était portée sur lui, si le numéro 3 avait gagné, les vingt-deux amateurs ayant placé leurs dix francs sur sa tête se distribueraient au marc le franc le total des sommes versées par les vingt-huit perdants, sauf une commission prélevée pour les pauvres et pour l'encouragement...... à l'élevage des chevaux rapides.

Quant au pari au livre, c'est autre chose. Un homme appelé bookmaker, parce qu'il est muni d'un carnet, se tient à la disposition du public pour lui offrir de prendre les chevaux à la cote du jour. On entend par cote le tableau des chances que l'on suppose à chaque cheval de gagner la course. Ainsi tel coursier a huit chances contre une de finir en tête, tel autre trente chances contre une, celui-là deux contre une et enfin celui-ci représente des probabilités de succès dont l'ensemble est égal à toutes les autres chances réunies. C'est ce qui s'appelle être à égalité. Ces conditions établies, vous choisissez le cheval qui vous paraît le plus apte à la victoire et vous donnez votre argent au bookmaker en échange d'un ticket qui spécifie la somme que vous empocherez si votre favori l'emporte.

Si vous accordez votre confiance à celui qui est coté trente contre un, vous n'avez qu'à verser un louis et l'on vous en offrira trente après la course s'il a gagné. Si au contraire vous prenez le coureur qui est à égalité et que votre attente ne soit pas déçue, on vous donnera un louis de bénéfice par louis que vous aurez engagé.

Qu'on me pardonne cette digression assez longue et revenons, s'il vous plaît, à notre course. Après le prix de cent mille francs, plus de la moitié des spectateurs quitte l'hippodrome et rentre à Paris. Les gens à pied s'en vont comme ils sont venus, naturellement. Mais pour les personnes en voiture commence un voyage incroyable, qui durera trois heures et pendant lequel on stationnera des cinquante minutes derrière une tapissière ou sous la menace d'un contact avec les cinq chevaux d'une Pauline.

Le soir, les Anglais venus pour assister à la fête descendront en masse au Jardin de Paris et boiront des flots de champagne pour célébrer la victoire du cheval anglais, le cas échéant, et pour se consoler de la défaite, si c'est le contraire qui s'est produit.

Après le prix de cent mille francs, Longchamps reste solitaire jusqu'aux courses d'automne, qui commencent au milieu de septembre et qui prennent fin vers le 15 octobre.

AUTEUIL

L'hippodrome d'Auteuil, exclusivement consacré aux steeple-chase et aux courses de haies, est situé tout à fait à proximité de la porte d'Auteuil et par conséquent à une ou deux centaines de mètres de la gare du chemin de fer. Il a l'aspect moins grandiose que l'hippodrome de Longchamps, mais il est plus pittoresque et plus gai, les tribunes bâties sur la butte Mortemart ont l'allure monumentale et l'enceinte du pesage est énorme.

La piste est dessinée en forme de 8, ce qui fait que sur un terrain relativement restreint les steeple-chasers fournissent des courses de quatre et cinq kilomètres. Outre un grand nombre de haies, une grande et une petite rivière, le terrain d'Auteuil est semé d'obstacles très durs.

Il y a chaque année deux prix très intéressants auxquels peuvent concourir les chevaux étrangers : le grand steeple-chase de France, qui est de cent vingt mille francs depuis cette année, et la grande course de haies, dont le montant est relativement aussi énorme et qui vont peut-être déplacer la foule, lorsqu'ils seront courus, au préjudice de Longchamps.

Il faut aussi mentionner la journée des mail-coachs, qui offre un spectacle réellement admirable aux amateurs d'attelages superbes. La pelouse, ce jour-là, voit évoluer avec grâce plus de trente mail coachs, attelés à quatre et tous conduits à grandes guides par des gentlemen. Sur les banquettes extérieures des voitures sont assises de jeunes et charmantes femmes dont la beauté, la grâce et l'élégance donnent un inappréciable prix à la splendeur de la réunion.

Il y a une sorte de prix, décerné par l'opinion publique et qui est plus agréable aux gentlemen riders que la somme la plus considérable.

Les courses d'Auteuil commencent généralement en février, durent tout le printemps, jusqu'au Grand Prix, et reprennent en octobre pour ne finir qu'aux derniers jours de novembre.

LA FÊTE DES VICTIMES DU DEVOIR

J'ai bien peur que la cérémonie annuelle que les journaux ont affublée du titre ci-dessus n'ait été, tout d'abord, qu'une occasion pour quelques reporters de faire un peu de mousse devant leurs contemporains.

Et d'abord il n'a pas fallu piocher bien péniblement la matière cérébrale pour mettre sur ses pieds le programme ordinaire qu'on nous sert à cette occasion : Réunion de saltimbanques, feu d'artifice, retraite aux flambeaux et bataille de fleurs. Je crois que c'est tout. Or la bataille de fleurs, le clou de la fête, n'est pas d'invention parisienne. Elle nous vient de Nice. C'est presque un plaisir exotique. Le feu d'artifice et la retraite aux flambeaux sont des événements devenus familiers aux populations. Il n'est pas une commune suburbaine qui ne s'offre l'un et l'autre à tout le moins deux fois l'an.

Reste donc l'agglomération foraine. Eh! bien, voulez-vous mon sentiment ? Nous en avons une indigestion, de vos saltimbanques. Oh! vrai, en voilà assez. Nous en sommes arrivés à l'écœurement, à la nausée. Quoi! sur cette magnifique pelouse entre les lacs et la porte de Passy, on ne trouve rien de mieux que d'accumuler des phénomènes qui n'en sont plus? Sur quatre baraques de cette foire sans couleur il y en a deux qui recèlent des femmes de quarante ans essayant d'attraper des badauds par l'appât de cette annonce : « Salon de la belle Nana, n'ayant rien de l'homme ni de la femme. » Les hauts acrobates d'autrefois ont disparu, ou, forcés de travailler sur la voie publique, sont remplacés par des physiciens, par des théâtres d'opérette et par de belles Fathma qui pullulent. Voyons, journalistes, mes frères, là franchement, est-ce que vous trouvez ça joyeux ou amusant. Vous vous êtes dit :

— A quoi bon se tympaniser pour trouver des idées nouvelles, quand le public accourt au bruit de la moindre grosse caisse? Notre spectacle est usé, archi usé, ridicule et falot, mais qu'importe. On y vient. C'est le principal. Chacun donne son argent et la caisse des victimes du devoir s'emplit tout de même.

Eh! bien, vous calculez mal. La caisse des victimes du devoir s'emplirait autrement, si vous preniez la peine d'imaginer quelque chose de nouveau et si vous aviez le courage de rompre la paille avec les gros René et les Marinette des théâtres forains.

Quoi! vous êtes intelligents, vous êtes nombreux et vous ne pouvez pas accoucher chaque année d'une idée nouvelle, d'une seule? Vous devez voir d'ailleurs qu'on s'en désintéresse de cette fête dont le but est si noble, si grand : venir au secours des pauvres gens qui, dans un élan de courage et dans l'intérêt de l'humanité ont exposé leur santé ou leur vie : c'est donc pour aider les héros obscurs de la vie civile et souvent empêcher leurs femmes et leurs enfants de mourir de faim que cette caisse a été créée. A mon avis elle ne devrait jamais être trop pleine. Peut-on, en effet, récompenser assez l'homme qui en plein hiver saute dans la Seine pour sauver un désespéré ; le gardien de la paix s'élançant à la tête d'un cheval emporté et se faisant briser les côtes pour empêcher un malheur ; le pompier qui court sur un mur étroit pour atteindre une mansarde où l'attend un enfant à moitié asphyxié ?... Il vaut donc la peine, pour ceux-là, comme pour les autres victimes du devoir qui sont légion, de trouver chaque année un amusement inédit capable d'attirer la foule et de battre monnaie.

Il faudra donc se priver du concours des saltimbanques. Ce ne sont pas des victimes du devoir, et au train dont vont les choses, un étranger pourrait croire que la kermesse est donnée à leur bénéfice.

Gardez la bataille de fleurs, gardez le feu d'artifice, si vous voulez, mais surtout gardez cette surprise de la fin, l'embrasement des îles à la lumière électrique. Car c'est vraiment la réalisation d'un rêve divin. Je ne sache rien qui m'ait plus émerveillé que ce spectacle. Des feux de Bengale de toutes couleurs sont allumés au pied des arbres, des lueurs rouges, bleues, vertes, blanches éclatent avec un rare intensité, devenant peu à peu des centres d'incandescence. Les bois sont éclairés avec une splendeur insoupçonnable. Tout à coup, deux, trois, quatre foyers électriques sont démasqués et viennent mêler leur éclat à ces lumières. Le vert des arbres est magnifiquement caressé par ces rayons qui se glissent entre les ramures et la feuillée comme des flèches aveuglantes. Mais le plus beau, c'est la fumée opaque, s'élevant lentement par nuages épais et que traverse la lumière électrique en dessinant mille merveilles. Il n'est pas de feu d'artifice, de combinaison d'apothéose au théâtre, d'accumulation de lanternes ou de becs de gaz qui puissent être comparés à cette association de nuées artificielles et de fulguration.

Cela se meut, s'abaisse, s'élève, s'arrête, prend des formes jamais vues, s'épaissit et se disperse. Les arbres éclairés ont des allures idéales, on est pétrifié par l'admiration et, si cela ne finissait pas par s'évanouir comme tous les rêves, on resterait debout, les yeux écarquillés et la bouche béante, absorbé jusqu'au jour dans cette contemplation.

LA BATAILLE DE FLEURS

Voici certainement la plus aimable, la plus gracieuse, la plus délicate imagination du plaisir moderne. Il n'y a rien dans le passé qui puisse être comparé à ce délicieux amusement. Est-il besoin de le dépeindre ? Figurez-vous des voitures découvertes sur lesquelles un inépuisable jardin aurait secoué à profusion les plus belles et les plus odorantes de ses fleurs. A la place des lanternes, se dressent deux gros bouquets. Les moyeux et les jantes de chaque roue disparaissent sous les roses et les giroflées blanches. Autour des capotes rabattues serpentent des enguirlandements de mimosas et de feuillages rares. Les chevaux eux-mêmes portent des harnais auxquels sont piqués des bouquets de violettes, d'anémones ou de pensées. C'est un parfum exquis et une joie sans pareille pour les yeux. Le fouet est entouré lui aussi de fleurettes et la boutonnière des cochers embaume au soleil.

Dans l'intérieur des calèches, de jolies femmes vêtues de couleurs claires ont à leur portée, dans des corbeilles immenses, une quantité prodigieuse de petits bouquets.

Sur le bord des lacs les attelages joyeux vont et viennent, se suivent et se croisent. Puis quand on rencontre un ami, une connaissance, quelque figure sympathique, la bataille commence, on se jette, à toute force, des bouquets et des bouquets. Les dames ont le droit de frapper les jeunes gens au visage comme à Pharsale. De leur part les plus forts coups sont les meilleurs. Ces messieurs en revanche doivent adoucir l'élan de leur bras et envoyer avec discrétion les fleurs empaquetées, de façon à ce qu'elles tombent sur les épaules et sur les genoux du gracieux ennemi. L'heure sonnera bien assez tôt où l'on s'emballera quelque peu. L'air alors sera sillonné dans tous les sens, et sur un parcours d'un kilomètre, par d'incessants et inoffensifs projectiles. Et que les femmes sont jolies dans l'animation de la lutte! que c'est bien là un plaisir distingué, de haut goût! Veuille le hasard que dans un coin se rencontrent tout à coup cinq ou six voitures habitées par des personnes qui se connaissent, et le combat prend des proportions homériques. Les jeunes filles ne se contiennent plus. C'est par poignées qu'elles saisissent les fleurs et qu'elles les lancent, en faisant des efforts de charmantes catapultes, sur les chapeaux des adversaires. Chaque épisode est accompagné de petits cris d'éclats de rire. Jamais fête ne fut mieux inventée pour la jeunesse et pour les gens comme il faut.

C'est le samedi de la grande semaine — c'est-à-dire de la semaine précédant le grand prix de Paris — qu'a lieu cette réunion. Quand le temps est beau, le spec-

La Sainte-Chapelle.

tacle devient idéal et tout le monde y court. On y voit des voitures construites pour la circonstance, et qui ne sont que de savantes architectures de fleurs. Ici c'est un dôme de pensées et de roses, là une cabane toute en violettes de Parme. Plus loin, dans un char se montrent des fleurs animées, reproductions vivantes des illustrations de Granville. Voyez, voyez ce landau : c'est un portique pentagone fait des fleurs du rhododendron. Sous chaque arcade pend une boule de tulipes dans laquelle on allumera, ce soir, une lampe, et qui fera merveille.

Mais nous n'en finirions pas si nous voulions énumérer les étonnements qui nous attendent chaque année. Malheureusement, jusqu'aujourd'hui, le beau temps n'a pas toujours favorisé cette aimable solennité. Mais le jour — qui viendra forcément — où le soleil se mettra franchement de la fête, ce sera féerique. La plupart des étrangers et des étrangères venus à Paris pour assister à la grande réunion hyppique du lendemain voudront y prendre part, et l'on peut être assuré que la fameuse bataille de fleurs de Nice, dont la réputation est européenne, pâlira devant les élégances et les folies que sauront trouver les Parisiens et leurs hôtes.

LA FÊTE DE NEUILLY

Si d'aventure vous vous sentiez poussé par une envie irrésistible d'escalader l'Arc de Triomphe, vous passeriez peut-être pour un naïf aux yeux de quelques ultra-Parisiens, mais vous vous seriez réservé un régal des yeux aussi rare que parfait. Votre vue embrasserait, dans un mouvement circulaire, la miraculeuse perspective des douze avenues taillées en plein drap, alors que la terre par là ne valait pas grand'chose, et qui figurent les rayons de l'Étoile dont le monument élevé à la gloire de la Grande Armée est le noyau sans pareil.

Sur ces douze avenues, il en est trois de particulièrement splendides : celle des Champs-Élysées, celle du Bois-de-Boulogne et enfin la plus étonnante, celle de la Grande-Armée, qui se prolonge jusqu'au rond-point de Courbevoie et qui déroule sous l'œil du spectateur charmé un ruban de six kilomètres. Contemplé de là-haut, par un pur soleil couchant, vers les premiers jours de l'automne et pour peu que, l'imagination aidant, vous peupliez cette voie, large de quatre-vingts mètres, d'une armée en marche, le spectacle sera éblouissant, unique, incomparable. Là-bas, au loin, le terrain montant vers le plateau donne à la perspective une ampleur superbe. C'est une chaussée de géants bien faite pour servir de théâtre aux marches triomphales.

Eh! bien, pour le moment et dans l'entr'acte que subit l'épopée française, un tiers de ce grand chemin de la victoire est consacré, chaque année, à l'établissement d'une foire en passe de devenir institution nationale.

Cela commence à la grille de la porte Maillot... A peine êtes-vous descendu de tramway, que vous êtes pris par tous les sens. Les bruits, les couleurs, les odeurs les plus variés vous sautent aux oreilles, aux yeux et au nez. L'impression, tout d'abord, est celle d'un désordre épique. Puis, peu à peu, cela s'harmonise, se classe, se fond et l'ensemble ne manque même pas de monotonie. On y vend de tout, comme à la foire de Saint-Cloud. Mais — image exacte de la société — ce sont les commerces tapageurs qui ont le plus de succès. Débitants de pain d'épice, possesseurs de mailloches, producteurs de phénomènes vivants, entrepreneurs de loteries, dompteuses de serpents, virtuoses tunisiens, femmes géantes, hommes poissons, massacres tournants et fixes, chevaux hygiéniques, carrousels au galop, théâtres de drame, d'opérettes, cirques simiesques, prestidigitateurs, baraques où triomphe la féerie, pâtissiers de plein vent, somnambules, hypnotisées, gymnasiarques, lutteurs et Fatmas, doivent faire un vacarme d'enfer, éblouir les yeux, violenter l'attention, enlever le public de vive force, sous peine de moisir au milieu d'une atmosphère de quarante-cinq degrés.

Les femmes piaillent, les hommes hurlent, les pitres glapissent, les orgues de barbarie assourdissent, les trombonnes mugissants scandent des polkas dont les coups de cymbales et de grosses caisses marquent brutalement la mesure pendant que les tambours exaspérés se répandent en roulements effroyables. Et le vacarme exacerbé sort des vingt-quatre points de la rose des vents, devant vous, derrière, à droite, à gauche, ici, là, partout. C'est terrifiant. Il est une heure où vous croiriez qu'on joue du cornet à pistons dans votre chapeau et qu'il y a un sifflet à vapeur dans votre culotte.

Eh! bien, il est certain que c'est la confusion de tous ces bruits, de tous ces cris, c'est cette fièvre qui fait la joie des amateurs et qui la fait si bien que depuis bientôt deux lustres le monde des amours sans préjugés a donné à la fête de Neuilly un reluisant incomparable.

Il est aujourd'hui très chic, que dis-je? très copurchic d'aller passer les soirées du vendredi à la fête de Neuilly.

Ce n'est point, encore une fois, qu'on y trouve des spectacles imprévus. Ce n'est même pas que le feu d'artifice et l'inévitable fête vénitienne se manifestent jamais ce jour-là. Aucun amusement n'y confond l'imagination plus qu'à l'ordinaire. Non, ce sont les mêmes bateaux à secousses, horribles machines à produire un mal de mer artificiel, qu'à la foire au pain d'épice. C'est la même poussière et les mêmes quinquets pétrolo-odoriférants, mais il a été décidé qu'une drôlesse qui se respecte et qu'un viveur soucieux de sa dignité ne pouvaient laisser passer la fête de Neuilly sans s'y montrer en grande toilette et sans y commettre quelque bonne frasque dont on parle aux samedis du cirque d'été.

Il faut vraiment voir cela dans la nuit du vendredi au samedi. Ces dames, un peu ébriaques, arrivent dans leurs landaus, mais pas avant onze heures et demie. Le milieu de la chaussée est occupé par un double rang d'élégantes voitures d'où partent des lazzi, des gros mots, des invectives ou des énormités. On parcourt d'abord l'avenue. C'est la revue générale, mais cela n'amuse pas longtemps ces dames. La lutte, voilà ce qu'il leur faut. A ces femelles, il faut le spectacle de mâles plus ou moins solides. Elles sautent du marchepied de leur victoria sur les degrés en bois de la baraque à Marseille. Les lutteurs, elles les connaissent par leurs noms. Elles les interpellent, les encouragent, les applaudissent, leur adressent des paroles provocantes. Il y eut un nègre qui, ne suffisant plus à courir les rendez-vous qu'elles lui donnaient, imagina jadis de se faire suppléer dans les boudoirs par des *pays*. Ces dames croyaient toutes avoir affaire au même Bamboula.

Parfois — ce qui est un comble — un vrai gentilhomme, d'aïeux de marque, saute dans l'arène et se mesure avec un *rempart de Grenelle* quelconque. Ce sont les grands jours.

Voilà les saturnales de notre temps et de notre pays. A chacun sa taille. Les courtisanes de Rome avaient leurs gigantesques cirques de pierre, le grand soleil et les combats de fauves. Nos coquines, sans goût, vont étaler leur impudeur et leur hystérie sous la tente de toile d'une loge foraine et s'asseoir, à la lueur lamentable d'une essence puante, sur des bancs de bois tout tremblants et qu'on leur fait payer le prix d'une loge aux Variétés.

Mais pourquoi se scandaliser ? C'est la mode. Tout le monde y court. On n'est point Parisien sans cela. Du reste, quand la débauche d'hercules est finie, on s'amuse autrement. Vers deux heures du matin, plus d'une étoile de la vie à outrance, les nerfs en délire et le cerveau allumé, trousse ses lourdes jupes et, faisant vis-à-vis à quelque gentleman trop entraîné, exécute, au son de la musique enragée des bateleurs, un quadrille inédit dont la Goulue et Grille d'Égout admireraient les péripéties. Le limonadier d'en face apporte du champagne. On vide les flûtes sur le pouce et puis on recommence. On se trémousse jusqu'à l'éreintement sous les yeux de la canaille qui exulte. Ugène tutoie ces dames. Polyte leur offre du cervelas à l'ail. Puis le jour arrive qui fait pâlir le gaz et l'électricité. Les folles joies de ce peuple de nervosiaques s'éteignent en même temps. Voilà ce que c'est que la fête de Neuilly le vendredi de chaque semaine entre le 20 juin et le 12 juillet.

Les autres jours, nous l'avons dit, on y rit, on s'y amuse, on s'y ennuie. Ce sont des cris de femmes, des flas de caisse claire, des sanglots d'ophicléide et des déchirements de clarinette, avec force grimaces de paillasses sans conviction, invitations de bonisseurs, sourires de Zéphyrines, aguichages de nécromanciennes, tout cela dans une poussière grasse que vous avalez avec l'odeur des beignets.

Et ziiiiouou! le sifflet de la *mer sur terre!* Et praff!! la lumière électrique dans l'œil! Et gare donc, empoté! Vous avez un cheval sur vos talons : mais cela fait encore esbaudir la jeunesse.

LE JARDIN D'ACCLIMATATION

Vous est-il arrivé, quand par désœuvrement ou pour combler de joie quelque despote d'enfant, vous vous êtes laissé submerger par la multitude qui, certains dimanches, envahit le Jardin d'acclimatation, vous est-il arrivé de calculer quelle somme d'efforts, quelles qualités personnelles il a fallu pour amener une pareille institution à l'état de maturité où nous la voyons aujourd'hui ?

Pour moi, j'avoue bêtement mon admiration. D'abord, à l'égard de ces curiosités exotiques dont le jardin est bourré, je suis resté aussi jeune que possible et j'en suis enchanté. Je perds volontiers trente-cinq minutes devant un kangouroo. Le singe me divertit autant qu'un bon acrobate et l'autruche m'en impose. Il y a des grues auxquelles je baye comme si elles étaient de simples corneilles, et certaines gazelles me feraient pleurer de tendresse si je n'avais la précaution de me surveiller devant le monde.

Mais je n'ai sûrement pas le monopole de cette badauderie, et mon enthousiasme vaut qu'on l'explique.

Quand Isidore Geoffroy Saint-Hilaire a créé le Jardin d'acclimatation, il fallait qu'il eût en ses propres forces une rare et bien légitime confiance. En y regardant de près, on est effrayé des aptitudes nécessaires pour mener à bien une œuvre aussi complexe. Avant tout, on ne pouvait songer à se lancer dans une telle aventure si l'on n'était un savant. Et non point un de ces savants si nombreux dans nos instituts, qui s'accrochent à une spécialité pour en retirer honneur et profit, mais un érudit en zoologie, en botanique, en anthropologie, un érudit pratique, connaissant le dessus et le dessous de ce qu'il fait, n'ayant pas le droit de se tromper sous peine de périr, allant chercher au loin des animaux et des plantes rares coûtant cher d'achat et de transport, essayant des implantations, animé d'un violent amour de sa profession, aussi curieux de phénomènes que le public et mettant plus de passion que lui à la recherche des choses ignorées.

Ce même homme devait, en outre, être un organisateur de premier ordre. Il lui fallait du goût pour dessiner son jardin, une certaine largeur de vue qui le forçât à faire grand; avec cela une main solide, car il y avait un personnel innombrable à mener. Il était également indispensable d'avoir des aptitudes financières — les sommes passant dans une telle caisse se chiffrant par millions, — d'être suffisamment maître de soi-même pour ne pas se croire au pinacle quand on est à peine parti pour le succès, se préoccuper sans cesse de mieux faire, de monter, de monter toujours. Enfin, en se montrant manieur de foules, ce qui est le plus difficile de tout, avoir des qualités, des vertus, des aptitudes et du savoir, rien que cela.

En principe, Isidore Geoffroy Saint-Hilaire a eu pour but principal, ce n'est pas douteux, de contribuer pour une très large part à l'éducation populaire, en montrant des plantes, des fleurs et des bêtes qui d'ordinaire ne courent pas les rues de Paris ; voilà l'idée noble et féconde. Mais pour atteindre ce but il fallait faire venir le public, l'obliger à gagner la porte Maillot, envelopper dans un spectacle attrayant, amusant et quelquefois d'apparence vulgaire les miettes de science véritable qu'on lui donnerait à gober. C'est en cela surtout que la direction du Jardin a fait preuve d'une rare intelligence et d'un esprit d'initiative extraordinairement curieux. C'est dans Paris même, dans chaque maison, au sein des ménages, qu'on est allé chercher les gens, éveiller la curiosité des enfants, de ces enfants qui mènent tout le monde aujourd'hui. Le journal, l'affiche, ont servi à populariser l'institution. Un tramway s'est établi, qui a pris les visiteurs à la porte de la ville et les a transportés en pleines merveilles.

C'est l'obstinée préoccupation de faire concourir tout ce monde à la prospérité de l'entreprise qui a successivement amené les améliorations, les agrandissements, les développements dont chacun ne s'est pas rendu compte, mais qui sautent aux yeux des premiers fanatiques du Jardin.

Ainsi l'histoire des petits chevaux est certainement une des plus intéressantes qu'on puisse entendre. Quand l'idée vint de mettre à la disposition des enfants les gentils poneys que l'on sait, on acheta six poulains landais de très petite taille, et des plus élégants. Dieu sait si la marmaille les accueillit avec entrain. On se battait pour les monter. Mais dès lors plus d'une jeune fille, plus d'un grand garçon grilla de faire comme les mioches et de chevaucher dans les allées du Jardin. Malheureusement les petites bêtes étaient incapables de porter un poids excédant quarante-cinq kilos. On fut obligé d'installer une bascule munie d'un fauteuil comme à la foire de Neuilly, et l'on pesait les candidats cavaliers ou les aspirantes amazones. Ceux qui pesaient plus de quarante-cinq kilos étaient impitoyablement repoussés. Il y eut d'étonnants désespoirs. Ne riez pas, la bascule existe encore.

Heureusement le remède était facile à imaginer. On acheta donc des animaux plus grands pour les personnes de poids et comme d'autre part la clientèle des galopins se multipliait étrangement, il fallut mettre à contribution tous les pays à solipèdes microscopiques. C'est ainsi qu'arrivèrent successivement les chevaux corses, espagnols, javanais, hindous, cochinchinois, tonkinois, islandais, sheetlandais, siamois. La plupart de ces sujets n'ont pas plus d'un mètre de haut et font pousser des cris de joie aux enfants. Mais en outre on acclimatait des races nouvelles et, de cette façon, le but primitif, l'acclimatation, n'était pas négligé pour cela.

Cependant le goût des Parisiens devint si vif pour cette sorte de plaisir qu'on eut bientôt de la peine à suivre les nécessités imposées par ce développement foudroyant. Aujourd'hui on vient de construire des écuries contenant deux cents chevaux de toutes races et de toutes tailles. Et à côté de ces écuries se sont élevés deux manèges (le grand et le petit) où se donnent chaque jour des leçons d'équitation qui prennent le plus extraordinaire essor, car certaines jeunes mères, fières de la tournure qu'avaient leurs héritiers sur les chevaux du Jardin et charmées des précautions discrètes qu'on prenait avec eux, demandèrent si l'on ne consentirait pas à donner des leçons de monte à ces sportsmen en herbe. On y consentit pour quelques-uns ; alors, le nombre s'en accrut si rapidement que bientôt la place manqua pour les élèves comme elle manquait pour les chevaux. Et pendant qu'on était en train d'édifier des écuries monumentales, on construisit aussi un nouveau manège, le grand : d'une pierre deux coups.

On y voit évoluer sous l'œil de deux professeurs des jeunes filles et des jeunes gens qui forment de gracieux tableaux, et plus d'un futur volontaire d'un an vient s'y former à la voltige et à d'autres exercices exigés pour les examens de cavalerie.

Puis quand la leçon est finie, un omnibus d'une élégance et d'une tenue sans pareille prend les élèves et les rapporte chez eux où, du reste, il viendra les chercher demain pour revenir au manège. Il est certain que voilà une innovation extrêmement intelligente. Les enfants, quel que soit le quartier qu'habitent leurs parents, n'ont plus à s'inquiéter de gagner le Jardin d'acclimatation. On vient les chercher à domicile, on les y ramène; et cela dans des voitures d'un confortable rare, traînées par des bêtes superbes, conduites par des automédons sûrs. Jamais nous n'avons admiré d'aussi beaux carrosses, vraiment. On voit que la maison d'où ils sortent a mis un singulier et adroit amour-propre à créer des véhicules hors de pair. Il est impossible, à l'aspect de ces omnibus modèles, de ne pas s'enquérir du nom des carrossiers. Ce sont MM. Milliou et Guiet, avenue Montaigne, qui les ont signés, et nous sommes persuadé qu'ils sont, eux-mêmes, très fiers — malgré la distinction ordinaire de leurs voitures — d'avoir dessiné des ouvrages aussi distingués de forme que fins de tons.

Nous ne nous attarderons pas à énumérer les animaux étranges qu'on peut voir dans les anciennes comme dans les nouvelles écuries : zèbres, girafes, éléphants, tapirs, ânes d'Égypte qui valent jusqu'à trois mille francs. Il y a même un âne pie, curiosité presque unique au monde. Tous ces animaux, ainsi que les singes, les oiseaux, les chiens, les rennes, les cerfs, les gazelles, les chèvres, les lamas, les vigognes, les autruches constituent la partie spectaculaire du Jardin d'acclimatation. Il est bien peu de Parisiens et surtout d'enfants parisiens, qui ne sachent aussi bien que moi les noms et les origines de chaque quadrupède, bipède ou volatile.

Les enfants! n'est-ce pas pour eux un paradis que

cette sorte de foire comme il faut, où l'on trouve des plaisirs nouveaux chaque année; où les chevaux de bois sont avantageusement remplacés par des quadrupèdes en chair et en os sur lesquels on monte héroïquement; où la ménagerie est là sous votre main, l'éléphant bonasse pour vous porter, les autruches, les lamas, les zèbres pour vous traîner, le chameau, le dromadaire pour vous étonner par le léger mal de mer qu'ils vous procurent. Ah! mes enfants, quel bonheur! Et comme on s'en souviendra! et comme, plus tard, cela restera dans l'esprit ainsi qu'un tableau sans pareil auquel il ne faudra rien comparer!

Le dimanche et le jeudi surtout, ce sont d'incomparables cohues de babys, de nourrices, de papas, de mamans, d'oisifs, d'étrangers. Tout près des écuries est le point de départ des bêtes promeneuses, à côté d'un gymnase complet où sont suspendues des grappes de gamins et même de gamines. Dans toutes les allées une foule compacte que domine çà ou là le dos immense de la bonne Juliette, la survivante des éléphants que le roi Victor-Emmanuel donna au Jardin après la guerre de 1870. Puis, plus loin, on aperçoit un chameau entre les deux bosses duquel s'épanouit une grosse commère toute rouge. Ici, c'est une famille dans la voiture de l'autruche. Là, quatre petits que traînent les lamas importants et solennels. A votre côté, un dromadaire très digne roulant un monsieur qu'à son ruban violet on reconnaît pour un officier d'Académie... française, comme disait un intrigant.

Quelqu'un vous pousse, c'est un poney qui demande à passer. Gare! crie une voix rogommée, et c'est à peine si vous avez le temps de vous ranger devant la charrette indienne traînée par les bœufs trotteurs. Et tout autour de la grande pelouse, comme une caravane qui se mordrait la queue, s'étale la suite joyeuse des cavaliers, des voitures, des transportés au milieu d'une cohue épaisse qui va, vient, rit, se moque et se laisse moquer. Ce qu'il y a de charmant, c'est que tout le monde s'amuse, aussi bien la grosse dame encaquée entre les bosses du chameau que ceux qui se tordent à la voir si drôle, aussi bien le grand bêta dont les guibolles trop longues pourraient suppléer aux quatre jambes du petit cheval sur lequel il est perché que ceux qui lui lancent mille quolibets.

Oui, ces jours-là, on s'amuse partout, à la musique, chez messieurs les singes, autour des chiens, dans le jardin d'hiver. Les gens sérieux étudient les poules; autour de la volière des oiseaux rares se pressent les fantaisistes à l'âme tendre. Devant les rennes un savant d'occasion fait une conférence sur les Samoyèdes et leurs bêtes de trait. Celui-ci préfère l'aquarium : tous les goûts sont dans la nature. Celui-là se pâme au milieu des aras et des perroquets. Le cœur de cette dame tressaille à la vue des plantes exotiques dont les serres sont pleines.

— Moi, dit une bonne, ce que je préfère, c'est le petit tramway : ça vous secoue que c'est un bonheur!

— Tu sais, Oscar, faut pas manquer le dîner des

grosses bêtes noires qui sont dans l'eau là-bas ; c'est à cinq heures.

— Oh! là! là! eh! bien, en voilà des cygnes.

— Eh! regarde donc cette oie qui a deux becs. Elle doit être deux fois plus bête que les autres.

— Et ces canards qu'on dirait peints.

— C'est des chinois.. des mandarins, dit le petit.

— Moi je voudrais avoir une grande chose comme ça, pleine de bêtes, pour moi tout seul.

— Oh! regarde donc! regarde donc!

Et chacun s'entasse au bon endroit qui lui plaît.

Le samedi, c'est le jour des noces. Ah! l'on s'en donne ferme aussi ce jour-là quand le maire et le curé y ont passé. Mariés et invités sont là pour leur plaisir et il faut en prendre son compte. Il n'est pas certain que les plaisanteries soient toujours d'un goût délicieux, mais bah! est-ce la distinction qui fait le bonheur? Pourvu qu'on s'amuse, il ne faut pas être plus bégueule que de raison.

Un samedi de l'an dernier nous avons assisté à un spectacle fort gai. Six noces avaient fraternisé devant les girafes et quelques jeunes gens étaient tourmentés par le désir de faire quelque chose de chic. On imagina alors une sorte de cortège qui ne manquait pas de physionomie.

Les six mariées montèrent sur l'éléphant autour duquel s'espacèrent çà et là toutes les jeunes filles à cheval. Les six garçons d'honneur marchaient devant sur la même ligne. Les grands-parents venaient derrière dans les voitures de lamas ou de bœufs.

Les ambitieux s'étaient hissés sur le vaisseau du désert. Le reste venait courageusement à pied. Dans cet ordre les six noces firent solennellement le tour de la prairie au milieu de la joie universelle.

Il y eut même un affreux gamin de cinq ans qui agrémenta la cérémonie d'une scène abominable parce que sa mère, fort empêchée, ne consentait pas à lui acheter un zèbre, pour voir ce qu'il y avait dedans, sans doute.

Mais le plaisir de peindre chaque tableau nous entraîne bien loin. Voilà qu'il faut passer rapidement devant la vacherie où nous trouvons deux bêtes bien étonnantes, ce sont des vaches du Chili, à têtes de bouledogue... Examinons aussi, en deux temps, l'aquarium, saluons les otaries et ne nous arrêtons que quelques minutes devant le nouvel établissement de pisciculture. On est en train de le créer au moment où nous écrivons ces lignes. Il sera principalement consacré au développement et à l'acclimatation des salmonides en général. On le voit, les choses utiles et sérieuses sont installées à côté des spectacles amusants et de fantaisie. C'est en sortant de l'aquarium, espèce de tour de force destiné à satisfaire les bons curieux, qu'on trouvera ce haras de saumons si intéressant au point de vue de la richesse nationale.

Quoi de plus attrayant que de voir naître et grandir des alvins que certains spectateurs retrouveront plus tard — sans les reconnaître, à la vérité — à l'état de saumons ou de truites gigantesques sur la planche traditionnelle, inaugurant le premier service d'un dîner d'apparat.

Doublons le chenil fatal aux oreilles délicates. Ici encore on pourrait croire que tout a été sacrifié à l'étalage de la marchandise. Eh! bien, non. La direction du Jardin est beaucoup plus préoccupée de conserver la pureté du sang que de faire du commerce. Dans vingt ans, dans cinquante ans, il y aura au Jardin un *Stud book* canin absolument incomparable et de tous les coins de l'Europe, c'est là qu'il faudra s'adresser pour retrouver les chiens de race dont les spécimens auront disparu de la circulation.

Voici le salon des aras, des perroquets, des cacatoès et autres volatiles de nature criarde. Le plaisir des yeux est ici sans pareil, si l'ouïe est parfois offensée par une exubérance musicale qui ne peut être appréciée utilement que dans les forêts du Brésil. Pour un sourd, c'est incomparable, et d'ailleurs, il ne faut s'en prendre qu'à l'extrême abondance des cohabitants de cette salle. Car un seul ara est bien l'oiseau idéal.

Et puis n'avez-vous pas à côté, pour vous reposer de tant de bruit, le calme de ce jardin d'hiver, serre tempérée où vous êtes ébloui par des prodiges de végétation. Presque toute la flore d'Australie s'étale en ce lieu dans une atmosphère humide et tiède qui vous enveloppe, grâce à une certaine rareté d'oxygène, qui vous enveloppe d'une ambiance troublante et parfumée. Fleurs et plantes sont d'allure puissante et vigoureuse. Ici ce sont les merveilleuses fougères arborescentes, aux troncs gros comme des mâts, étendant à leur sommet les branches en forme de tentacules qui leur donnent l'apparence de palmiers anémiques ou mourants. Voici l'eucalyptus bienfaisant, ennemi de la fièvre paludéenne, grandissant de cinquante centimètres par an et répandant autour de lui son odeur saine et forte. A vos pieds s'étend un lycopode, gazon délicat et touffu, riche et moelleux comme un tapis persan.

Çà et là des palmiers de toute famille, de tout âge, de toute grandeur, jusqu'à un cocotier qui dresse vers le plafond sa cime destinée à ne pas aller plus haut. Le long des piliers de fer grimpent des gobéas arborescents. Dans les interstices du roc se dressent des orchidées qui stupéfient. Plus loin la muraille est tapissée de camélias en fleur. Les azalées et d'autres plantes de même nature s'étalent orgueilleusement sous vos yeux. Il n'y a pas jusqu'à la microscopique rivière qui ne soit agrémentée de plantes aquatiques dont les tiges et les floraisons ajoutent un charme de plus à ce paysage idéal.

De l'autre côté de la vaste chaussée par où les milliers de visiteurs s'engouffrent le dimanche dans le Jardin pendant des heures entières, s'élèvent des serres de dimensions colossales à peine inaugurées et destinées à servir de magasins aux produits de la succursale que le jardin du bois de Boulogne a établie à Hyères depuis longtemps.

C'est là que le public trouvera désormais, à des prix abordables, les plantes rares, les arbustes pré cieux dont les fleuristes en boutique avaient fini par faire monter le taux à des hauteurs invraisemblables. Cette serre est une véritable curiosité, par son installation complexe et pratique, par l'extraordinaire quantité de pièces qui en font partie et par la dispersion dans chaque chambre de la chaleur au degré nécessaire à celle-ci ou à celle-là, selon les plantes qui l'habitent. C'est M. Soyer qui a construit cet élégant palais des végétaux de distinction. On devait s'attendre de sa part à des étonnements, cela n'a pas manqué. L'éminent industriel s'est même surpassé dans la circonstance autant par amour de sa profession que par intérêt bien entendu. Je sais très bien, en effet, que travailler pour le Jardin, c'est soumettre son talent et son goût à un public qui n'oublie pas l'adresse des gens dont il peut avoir besoin plus tard.

Les serres sont chauffées par un nouveau procédé inventé par M. Gandillot. M. Gandillot a un double mérite à nos yeux. D'abord, il est l'oncle ou le frère d'un jeune auteur dramatique qui vient de débuter dans la carrière avec un incomparable éclat.

Traversons la voie du tramvay qui rend de si grands services au public et au Jardin, car c'est vraiment une idée merveilleuse que l'établissement de ce chemin de fer microscopique, et jetons un regard sur l'exposition industrielle qui pourrait être, convenons-en, un peu mieux ordonnée et plus séduisante.

Voici les singes. Nous ne nous y arrêtons pas longtemps, pas plus qu'à la grande volière dont tout le monde a pu admirer l'aménagement grandiose. Ne passons pas outre cependant, sans rendre justice à un petit pavillon d'un dessin original et gracieux qui vient d'être élevé pour servir d'abri aux faisans dorés, aux faisans de lady Amherst ainsi qu'à une collection de perdrix et de colombes d'une incroyable rareté. Il y a là, principalement, des *colombes poignardées*, venant des Philippines qui sont on ne peut plus curieuses. D'un gris rose comme beaucoup d'autres oiseaux de la même espèce, elles portent au poitrail une véritable tâche de sang figurant très exactement un coup de poignard. Quand on ne les a pas vues, on se figure difficilement l'effet que produit cette singulière anomalie. Mais voilà que nous nous laissons entraîner par notre sujet bien plus loin que nous n'aurions voulu. En vérité, nous n'en finirions pas si nous ne nous refusions à faire une halte à chacune des cabanes qui sont sur notre chemin. Il nous faudrait deux pages pour la poulerie, deux pour la faisanderie, ces mines d'or du Jardin Grâce aux œufs et aux volailles que l'on vend chaque année, les autres oiseaux vivent dans le confortable et près de deux cents employés y gagnent leur vie...

Il est bien évident que j'oublie quelque chose. Plus d'un lecteur m'en voudra peut-être, mais j'ai hâte de vous dire un gros secret qui n'a pas encore été versé dans l'oreille de beaucoup de gens.

Il serait injuste de ne pas convenir que M. Geoffroy Saint-Hilaire et son administration ont créé un établissement semé de curiosités intelligentes, de constructions fastueuses et qu'ils ont suivi, avec une attention d'avant-garde, le mouvement du progrès et du luxe moderne. Nous leur devons ces expositions ethnographiques qui, sous la couleur d'un spectacle, ont leur importance scientifique. Lapons, Esquimaux, Nubiens, Cynghalais, Achantis nous ont amusés et intéressés. Le mouvement ininterrompu est évidemment la loi à laquelle M. Geoffroy Saint-Hilaire s'est assujetti. Toujours du nouveau, n'en fût-il plus au monde.

On pourrait se demander comment, à l'avenir, la curiosité du public pourra être rajeunie. Eh ! bien, le problème est résolu et vous allez voir si la vogue du Jardin aura de longs jours. La fin va couronner l'œuvre, et d'une façon si splendide que cela nous apparaît, dans l'avenir, comme une sorte d'apothéose à lumière électrique et à feu d'artifice.

Il s'agit d'abord de forcer la main aux mamans et aux bébés de telle manière qu'ils restent fidèles au Jardin, en hiver comme en été. Jusqu'ici, l'établissement de M. Geoffroy Saint-Hilaire s'endormait à l'ouverture de la mauvaise saison, pour ne s'éveiller qu'avec les feuilles du joli mois de mai. Il s'agit de changer tout cela. Derrière le jardin d'hiver on construirait une vaste allée couverte et chauffée que borderont d'innombrables fougères arborescentes et d'autres arbustes de haute volée. Dans cette allée les enfants et les visiteurs jouiront de tous les bienfaits de la maison. Ils pourront y monter à cheval. La bonne Juliette y promènera ses fanatiques.

Pour tout dire en un mot, on se moquera des intempéries comme si elles n'existaient pas. Avec le prix d'une entrée on se trouvera transporté à Nice ou au milieu des splendeurs végétales du tropique.

Tout à côté de cette allée s'ouvrira en outre une immense salle qui pourra être divisée en compartiments, selon les besoins de l'une ou de l'autre cause, mais dans l'ampleur de laquelle se donneront des concerts monstres, des fêtes enfantines et même des récréations instructives d'une forme toute spéciale.

Est-ce tout? non. Voici qui est plus fort encore. Il existe un projet par suite duquel toute la sapinière qui borde le saut de loup entre la porte Maillot et la porte des Sablons serait annexée au Jardin d'acclimatation. Un tunnel large et spacieux serait pratiqué sous la vaste allée qui sépare aujourd'hui les deux tronçons du futur établissement. Par ce tunnel et avec toutes les précautions possibles passeraient les petits tramways, ce qui supprimerait toute mauvaise chance d'accidents au dehors. Et enfin cette nouvelle partie du Jardin serait tout entière consacrée à des expériences agricoles sérieuses, telles que la culture par petits lopins des céréales étrangères, des tubercules d'Australie ou d'Amérique et l'acclimatation des arbres et des graines exotiques. On y établirait aussi une pépinière d'arbres tonkinois et annamites, etc., etc.

Nous ne nous arrêterions plus si nous voulions énumérer les étonnements qu'on nous réserve, mais il faut se borner et abandonner, quelque regret que nous en ayons, un sujet aussi attrayant. Nous ne le quitterons pourtant pas sans adresser ici nos remerciements à M. le docteur Menard, directeur adjoint, pour la patience et la bonne grâce avec lesquelles il a bien voulu nous initier aux mystères de son microscosme. Sans lui nous eussions été sans doute bien empêché de nous montrer si bien informé.

PAVILLON D'ARMENONVILLE

Paris est le pays des illusions. Il n'est peut-être point ailleurs de gens qui se satisfassent d'une apparence comme ceux qui l'habitent. Et si ce ne sont pas des gens heureux, puisque le bonheur parfait n'est pas de ce monde, ce sont au moins des sages qui cueillent le fruit à leur portée et ne demandent rien de plus au ciel.

L'un d'eux, tout à fait de mes amis, prit un jour la peine de m'expliquer comment il parvenait à goûter des joies proportionnellement plus considérables que le commun des martyrs.

— Vous savez, me dit-il, que l'homme civilisé n'éprouve de besoins que par la comparaison. Le premier qui monta sur un cheval ne le fit que poussé par le regret de ne pas aller aussi vite que la noble conquête qu'il allait s'annexer. Le second en eut envie parce que le premier avait bonne figure sur son quadrupède, et tous les autres, pour ne pas se laisser primer par le second.

— Vous pourriez en dire autant du vélocipède.

— Oui. Et ce serait plus moderne. Le même sentiment nous a poussés au luxe, à l'imitation les uns des autres. Si nous n'avions pas en nous le goût de l'émulation que les pessimistes appellent envie, nous serions encore tout nus. J'ose donc affirmer que la jalousie et le désir de briller — avec la faculté de boire sans soif — sont des avantages pour l'homme. Ils le rendent supérieur aux animaux. Tenez, moi, par exemple, je ne puis lire quelque part un récit de chasse sans être vivement sollicité par la démangeaison...

— De tuer un faisan ou un chevreuil...

— Non, de faire un bon dîner. Dans la chasse, je ne vois que le résultat culinaire. On a bien pataugé toute la matinée. Le carnier plein de venaison, les chasseurs reviennent chez le garde-chasse. C'est une maison charmante, dans un bouquet d'arbres, à deux pas d'un coude que fait la rivière paresseuse. L'amphitryon est un homme aimable. Il y a bon feu, la table est mise...

— Pardon, à votre place, je supprimerais les préliminaires du matin et je n'arriverais que pour déjeuner.

— C'est ce que j'allais vous dire. Je ne tiens pas à massacrer des bêtes.

— Alors vous faites dix lieues, en hiver, pour aller manger une bécasse ?

— Eh! non; je me dis que le bois de Boulogne est une forêt. J'y cherche le rendez-vous de chasse. Je le trouve ici ou là, au pavillon d'Armenonville, par exemple, et j'y vais.

Comme je souriais, mon philosophe me prit doucement par le bras et ajouta :

— Remarquez, mon ami, combien je suis pratique, combien je simplifie les choses. D'abord mon rendez-vous de chasse est ouvert en toute saison. S'il me prend la fantaisie de me noyer dans le rêve, je puis y aller en plein hiver et me figurer que les taillis voisins sont bourrés de gibier. Mais au printemps, mais en été, mais pendant ces délicieux automnes qui sont les seules joies du climat de Paris, on m'y recevra le mieux du monde et j'y trouverai du gibier sans pareil.

— Cependant...

— Là-bas, dans vos forêts on me fera manger dans une salle humide, aux murs nus, au carrelage frigorifique. Ici, Catelain accumule autour de moi tous les conforts et tous les luxes. La cuisinière des chasseurs est bien capable de manquer son salmis ou de rater sa sauce au lièvre. Au pavillon d'Armenonville, point de ces craintes. Le chef est un artiste. Et d'ailleurs s'il se trompe, il recommencera. Enfin, supposez qu'il vous prenne la fantaisie, au milieu des bois, de savourer une fiole de romanée ou un pontet-canet de merveilleuse date, on vous répondra peut-être en vous offrant du beaune seconde ou du petit bordeaux de fabrication sans rivale. Ici, rien de pareil, on vous servira n'importe quel vin de n'importe quel cru du monde, toutes les liqueurs, toutes les eaux-de-vie... authentiques!! authentiques, mon cher.

— Et puis, ajoutai-je en souriant, on économise sa fatigue. Point de chemin de fer, pas de courses à travers champs — on peut amener une cousine — quelques tours de roue, nous franchissons la porte Maillot et nous y sommes.

— Voulez-vous que nous allions en faire l'expérience? Je ne connais rien d'engageant, au mois de mai, comme ce petit coin de bois. Le patron a une bonne figure d'hôte. Les *famuli* sont avenants et bien stylés. Croyez-moi, c'est là qu'on trouve la vraie campagne, un dîner sans égal et des cigares!...

— Allons, cher ami, dérober une soirée aux soucis et à la malechance.

MADRID

Madrid est un restaurant de haut monde qui s'intitule volontiers château et dont l'aspect est suffisamment grandiose pour expliquer cette prétention. C'est une large façade de style bâtardo-renaissance, au milieu de laquelle s'élève une porte de dimension assez extraordinaire. Devant, un jardin. La porte dépassée, on se trouve dans une large cour que le restaurateur a aménagée selon les besoins de son industrie.

Le château de Madrid a une histoire. Il hébergea des personnages célèbres, sans compter Sarah Bernhardt. Mais la chose pour nous est de peu d'importance. Nous ne nous occupons pas du passé. Le présent nous suffit, et au delà.

Or, le présent est tout ce qu'il y a de plus intéressant au point de vue mondain. Ainsi le restaurant de Madrid est un des sept ou huit cabarets les mieux fréquentés de Paris. Grâce à sa situation topographique, il reçoit du monde dès les premières heures du jour. On ne saurait se faire une idée du nombre de cavaliers et quelquefois d'écuyères qui viennent chaque matin y faire une courte station.

Ce sont principalement les sportsmen venus sur la piste bordant le tir aux pigeons avec ses obstacles de steeple-chase, qui poussent jusque-là. Sortant par la porte de Madrid, ils traversent le boulevard Richard Wallace et entrent. Vers dix heures et demie, en hiver et au printemps, on trouve là un fragment de tout-Paris, et les amateurs de nouvelles mondaines y peuvent faire ample moisson.

Comme tout le monde se connaît, au moins de vue, le moindre événement devient une affaire.

— Avez-vous vu la petite duchesse qui saluait le joli ténor ?

— Oh ! cela c'est une nouvelle d'avant-hier.

— Mais ce qui est nouveau, c'est que mademoiselle del Fuero épouse le petit Sampre.

— Il n'a pas le sou.

— C'est bien pour ça.

— Et madame de Valtemain...

— Ah ! oui, son mari court après.

Au fond tout cela n'est point palpitant. Mais ceux qui en parlent sont convaincus que le monde entier a les mêmes préoccupations qu'eux.

Quoi qu'il en soit, un homme comme il faut ne peut se dispenser de passer par Madrid le matin et de couper sa promenade par l'absorption d'un verre de sherry interrompu à chaque gorgée par une conversation à bâtons rompus, avec les mauvaises langues de l'endroit.

Le soir, c'est plus solennel, on y vient dîner en partie. Certaines gens qui ne craignent pas de se croire loin de Paris y trouvent, au souper, la musique extravagante, mais si passionnée, des tziganes et un service de premier ordre comme complément à une cuisine tout à fait remarquable. Il est indispensable d'avoir dîné à Madrid au moins une fois, ne fût-ce que pour être dévoré du désir de recommencer.

Et nous ne croyons pas qu'il y ait rien de plus charmant, par une belle nuit d'été, que le retour à Paris, à travers le Bois, le long des allées éclairées par une lune éclatante. La voiture va au pas derrière et vous savourez, après un fin dîner, l'hygiénique et rafraîchissante promenade à pied qui vous conduit au bord des lacs.

Là, on remonte en voiture et l'on emporte le souvenir d'une soirée exquise, ce qui n'est pas si commun que les sots pourraient le croire.

LE TIR AUX PIGEONS

Au moment de vous dire ce que c'est que le Tir aux pigeons, je m'aperçois que la chose n'est pas d'une extrême facilité. Je vais essayer pourtant.

Cinq boîtes carrées en caoutchouc durci d'environ vingt-cinq centimètres de côté sont placées à égale distance l'une de l'autre sur une ligne imaginaire formant l'arc de cercle. A la partie supérieure de la boîte est pratiquée une ouverture circulaire que ferme de bas en haut un clapet. Par cette ouverture un garçon de service introduit dans chaque boîte un pigeon qui se trouve emprisonné et attend impatiemment sa délivrance. Ces préparatifs terminés, un gentleman, armé d'un fusil à deux coups, s'avance sur une planche encastrée dans le sol. Celle-ci occupe, à vingt-cinq ou trente mètres des boîtes, le centre approximatif de la circonférence qui serait tracée autour de lui si l'on prolongeait l'arc de cercle.

Le gentleman se tient dans la position du chasseur qui va tirer. A l'aide d'un mécanisme très primitif, l'une des boîtes se déploie brusquement de façon à s'étaler entièrement sur le sol et à rendre la liberté au pigeon. L'oiseau s'envole et le tireur doit l'abattre en lui envoyant ses deux coups de fusil. La pelouse où s'exécute cet exercice est limitée par une grille, par un filet, par une pièce d'eau affectant la forme circulaire et parallèle à la ligne sur laquelle les boîtes sont placées. Si le pigeon tombe en dedans de cette grille, de ce filet, il est bon et compte pour le tireur; si le volatile blessé ou mort tombe en dehors, c'est comme si le gentleman ne l'avait pas tué. Aussitôt que la bête est tombée, un chien dressé à cela court sur la prairie, la saisit et la rapporte. Mais il ne peut franchir la grille, ni le filet, et, par conséquent, tout oiseau qu'il ne peut rapporter est mauvais.

Ajoutons que le tireur ne sait jamais quelle boîte on va ouvrir devant lui. Il y a donc une certaine surprise qui ajoute beaucoup à la difficulté.

Tout le monde peut maintenant se faire une idée de ce qui se passe dans les concours. Les concurrents se placent successivement sur la planche à vingt-cinq, vingt-six, vingt-huit mètres, selon les conventions, et chacun abat son pigeon à son tour. Ceux qui manquent sont éliminés. Le champ se restreint donc peu à peu, et après quatorze ou quinze tours on proclame un vainqueur. Il est bien entendu que chaque fusil paye une entrée.

Quelques personnes, en lisant ce que je viens d'écrire, s'écrieront indubitablement, que c'est un jeu d'enfant, point difficile du tout. Qu'elles essayent! Elles verront. Si c'était aussi simple que ça, le jeu ne passionnerait pas, comme il le fait, les plus habiles tireurs de tous les pays.

Le Tir aux pigeons de Paris est situé dans le bois de Boulogne, sur le terrain même du club des Patineurs.

COURSES DU RACING-CLUB

Depuis quelque temps, on s'occupe frénétiquement en France de régénérer l'homme par le sport et par la gymnastique. Il est même des gens qui ne toléreraient point qu'on leur disputât l'honneur et le mérite d'avoir découvert la *balle au but* (cela s'appelle bien entendu d'un autre nom tout à fait anglais) ou la longue paume. J'imagine pour mon compte que si le bimane français consentait à vivre plus régulièrement et plus sagement, il serait aussi vigoureux que ses ancêtres des guerres napoléoniennes. Mais non. Si nos enfants savent jouer au tennis, à la barrette, etc., ils seront sauvés, c'est entendu. Permettez-moi seulement de vous faire remarquer qu'après 1870, le maître d'école allemand ayant gagné à lui seul toutes les batailles, on voulut que tout le monde en France devînt magister. Si bien qu'il y eut bientôt plus de professeurs que d'élèves. En ce moment, c'est une autre musique : tous hercules, acrobates ou clowns. Les leçons et le travail intellectuel s'appellent surmenage. Les meilleurs esprits trouvent qu'on apprend trop de choses aux enfants et les proviseurs les plus avisés ne s'occupent plus que de leur procurer de l'agrément... C'est fort bien. Il nous faut des hommes forts, voilà le mot d'ordre. Alexandre Dumas lui-même est de cet avis. Qu'on fasse, dit-il, des mollets à nos enfants !

Mais si à vingt ans ils mènent tous, comme c'est l'usage depuis un quart de siècle, ils mènent tous une vie de polichinelle, vous verrez ce qui arrivera. A trente ans ils seront moins herculéens que leur père et comme, par-dessus le marché, ils ne sauront rien, il restera des cancres.

Je ne veux pas dire, cependant, qu'il faille négliger les exercices corporels, mais je voudrais que, comme pour les courses à pied, on obligeât avant tout les jeunes gens à un entraînement hygiénique qui leur refît des muscles et du sang, en leur donnant l'habitude et le désir de la santé.

Le Racing-Club est une Société fondée pour l'encouragement et la propagation des courses à pied. Son but est d'améliorer la race humaine.

L'anthropodrome — ou champ de courses — du Racing est situé au bois de Boulogne, dans une assez vaste prairie connue autrefois sous le nom de Parc aux biches, au nord du grand lac.

Il y a trois sortes de courses à pied : 1° les courses plates ; 2° les courses de haies ; 3° les steeple-chases ou rallye-papers.

Les courses plates, qui sont les plus pratiquées sinon les plus amusantes, se subdivisent en *courses de vitesse,* de cent à cinq cents mètres ; *courses mixtes* ou courses demandant à la fois du fond et de la vitesse, de cinq cents à mille cinq cents mètres ; et *courses de fond*, de mille cinq cents mètres et au delà.

Pour les courses de haies la distance préférée est de cent dix mètres avec dix haies de un mètre trois centimètres de hauteur, neuf mètres entre chaque haie avec dix mètres au départ et autant à l'arrivée.

Les steeple-chases et les rallye-papers sont tout simplement l'adaptation aux forces humaines des courses de chevaux, qui portent le même nom. Les distances varient entre deux, quatre et six kilomètres, avec tous les obstacles — y compris la rivière — que l'on voit sur les hippodromes.

Il existe pour ces courses un règlement presque aussi compliqué que celui de la Société des steeple-chases. Chaque coureur porte une couleur comme les jockeys. La direction des réunions est confiée aux fonctionnaires suivants :

1º Deux juges arbitres au moins dont les décisions sont irrévocables et qui peuvent en nommer un troisième, en cas, pour les départager ;

2º Deux directeurs dont les fonctions sont d'appeler les coureurs et de leur remettre leurs numéros ou autre marque distinctive ;

3º Un starter, un chronographeur et plusieurs commissaires.

Le starter donne le signal du départ à l'aide d'un coup de pistolet, le chronographeur marque le temps que dure la course, et le commissaire fait la police des réunions.

C'est un spectacle intéressant et réconfortant que celui de ces courses à pied et nous avons, paraît-il, déjà des amateurs qui font — couramment c'est le cas de le dire — seize kilomètres en cinquante-sept et même cinquante et une minutes. *All right!* Cela vaut mieux, dirait avec raison M. Joseph Prudhomme, que d'aller au café.

COURSING

Ceci est un sport tout nouveau en France.

Il consiste en courses de vitesse entre lévriers, et voici à peu près comment on procède. Deux lévriers sont amenés pour courir l'un contre l'autre. On les place. Puis un lièvre est lâché, après lequel ils s'élancent. Celui qui atteint le lièvre est vainqueur. On fait courir alors deux autres chiens, et ainsi de suite, jusqu'à ce que la moitié des concurrents soient éliminés. Les vainqueurs se disputent alors la victoire deux par deux, jusqu'à ce qu'il y ait deux triomphateurs seulement, lesquels enfin courent ensemble. C'est le victorieux de ce dernier combat qui gagne le prix.

Comme on le voit, c'est fécond en péripéties et comme toutes les courses de nos jours ne sont qu'un prétexte à pari et à jeu, le public a dans chacune des nombreuses épreuves qui ont lieu dans une réunion l'occasion de perdre, de gagner et reperdre son argent avec toutes les émotions que comportent les mauvaises plaisanteries de la veine ou de la déveine.

LES RÉGATES

Les régates étaient autrefois un sport exclusivement parisien. A la belle époque des Châteauvillars et autres *gentlemen rowers*, il n'y avait guère que trois ou quatre villes de France — Rouen, Bordeaux et Lyon — qui eussent des équipes de *rowingmen* luttant les uns contre les autres. Depuis, ce genre de sport s'est beaucoup répandu et énormément dispersé... Mais les régates n'attirent plus comme autrefois une foule considérable. A Argenteuil, qui est le grand port d'attache des marins volontaires de Paris, c'est maintenant un public spécial et variant peu qui prend part aux fêtes nautiques. De telle sorte que les régates ont presque cessé d'être un plaisir vraiment parisien et nous n'en parlons ici que pour ne pas être accusé d'omission.

Les grandes régates à la voile qui ont lieu dans tous les ports de la Manche et de l'Océan ont pris également une extension considérable et constituent pour les nombreux membres des grands cercles nautiques le véritable sport maritime, l'aviron ayant définitivement cessé d'être de bon ton.

LE CLUB DES PATINEURS

LE PATINAGE

Le club des Patineurs de Paris, dont le siège actif est au bois de Boulogne à droite de l'allée des Acacias, est célèbre par la malechance de ses fêtes de nuit. C'est aujourd'hui une plaisanterie ressassée à Paris et en province, que de réclamer une fête de nuit au club, quand on a le véhément désir de voir cesser le froid. Pendant sept ou huit ans en effet, dès que la fête en question était organisée et annoncée, c'était le dégel qui répondait à l'appel. Mais il n'en n'est pas de même aujourd'hui. Depuis dix ans, les amateurs de patinage sur glace — car il y a aussi le patinage sur toile ou sur bâche — ont pu, chaque hiver, satisfaire leur passion assez souvent pour n'avoir rien à regretter. Et les fêtes de nuit, sans avoir été annoncées avec fracas, n'en ont pas moins eu leurs splendeurs...

Ce qu'on désigne sous le nom de club des Patineurs est une assez vaste pelouse entourée d'une grille en fer à hauteur d'appui, au milieu de laquelle est creusée une pièce d'eau en forme de rivière dont les rives peuvent s'inonder jusqu'à une certaine distance et former ainsi, pourvu qu'on *jouisse* de hui ou dix degrés au-dessous de zéro, une surface glacée sans profondeur et par conséquent sans danger, même au cas où un craquement et des crevasses se produiraient.

Inutile de dire qu'on n'entre pas là aussi facilement qu'à la Chambre des députés. Si l'on ne fai pas partie du club, cela coûte, croyons-nous, un louis. C'est donc un plaisir cher et qui doit l'être, si l'on veut conserver aux réunions leur cachet d'élégance et de distinction.

A une époque où l'argent perd chaque jour de sa valeur — s'il faut en croire messieurs les économistes — ce serait une faute d'abaisser le prix d'entrée. On ne tarderait pas, si l'on commettait cette imprudence, à voir évoluer sur « ce turf » des gaillards à mines étranges et peut-être que cela tournerait vite à la glissade.

Tandis que jusque aujourd'hui, le *cant* s'est maintenu presque sans altération. Pour les gens qui, sans oser se risquer, ne craignent pas de voir rougir leur nez sous les caresses d'une bise aiguë, c'est un spectacle des plus charmants. Les regards se portent d'abord et principalement sur les dames et demoiselles. Nous parlons bien entendu de celles pour qui l'art de décrire des courbes gracieuses, en prenant des airs penchés, n'a pas de secrets. Parmi les exercices vraiment délicieux auxquels elles se livrent, il en est de particulièrement séduisants. Trois, quatre ou cinq dames prennent une longue barre de bois garnie de velours, les deux plus expertes à chaque bout, et partent ensemble faisant toutes les cinq les mêmes mouvements de pied, de hanche et de tête. Rien n'est plus harmonieux. Quelquefois ce sont trois ou quatre sœurs, vêtues de la même façon, qui s'en vont bras dessus bras dessous. Nous y avons vu des dames russes accomplir des prodiges. L'an dernier, la mode voulait que les jeunes filles qui patinaient portassent des costumes de velours blanc, presque absolument couverts de fourrures également blanches. Cela faisait des taches gaies sur le froid noir des arbres nus et des paletots masculins, d'un effet ravissant.

Les patineurs et les patineuses renommés du club sont innombrables, mais les plus assidus sont MM. le duc de Noailles, le duc et la duchesse de Morny, la marquise d'Hervey de Saint-Denys, le prince Murat, la comtesse de Sommerive, le marquis et la marquise de Las Marismas, la comtesse de Miers, le comte et la comtesse d'Aymery, le prince Potocki, le comte de Breteuil, Brinquant, Berthier, etc.

Si nous voulions citer des noms parmi les sommités de la colonie étrangère, la liste serait beaucoup plus longue, car les Français, en général, n'ont pas un goût effréné pour un plaisir d'autant plus vif que le froid l'est davantage. Mais il n'est pas possible de ne pas citer le fameux virtuose Frost. Il patine avec tant de brio, de fantaisie, d'imprévu, de science et d'acrobatie, qu'à Paris du moins, il ne trouve point de rivaux, pas même d'émules.

Quand le temps le permet, on patine ailleurs

qu'au club. Le grand lac est le théâtre aussi de bien des exploits. Mais là c'est souvent la cohue et les scènes comiques ne manquent pas. Il en est de même dans les jardins publics, aux Tuileries et partout où la glace solide attire des sportsmen d'occasion.

Il existe une autre sorte de patinage — en chambre — qui fit déjà fureur il y a une dizaine d'années. Les établissements où l'on s'y livre s'appelaient des skating-ring. L'un d'eux fut quelque temps célèbre. On y avait annexé un concert où des virtuoses, lymphatiques sans doute, chantaient des airs quelconques, qu'accompagnaient un orchestre et le bruit incessant des roulettes sur le bois du parquet mobile. Un seigneur espagnol vient de rouvrir, rue Rochechouart, quelque chose d'analogue sur le modèle des Montagnes Russes, ces dernières étant remplacées par des patineurs. C'est le rendez-vous des dames libres du quartier. En été, empressons-nous de le dire, cela change de destination. Le skating devient une piscine où vont se baigner les mêmes dames libres.

UN PEU PARTOUT

LE PALAIS-ROYAL

Voilà mon remords. Dans un ouvrage pareil à celui-ci, j'aurais dû, comme préface aux plaisirs d'aujourd'hui, écrire l'histoire du Palais-Royal, de ce terrain sans second où les plaisirs du Paris d'autrefois se concentrèrent pendant quarante ans et eurent, dans ce cadre merveilleux, bâti à souhait, semble-t-il, pour faire germer et fleurir les passions des hommes, eurent, dis-je, un éclat incomparable auquel ne peut prétendre en aucune façon le Boulevard d'aujourd'hui. Dans le Paris de la fin du dix-huitième siècle il y avait deux centres principaux d'amusements : le boulevard du Temple et le Palais-Royal. Mais ce dernier l'emportait de beaucoup sur l'autre par l'intensité du mouvement et de la vie.

Malheureusement je me suis aperçu, quand cette idée m'est venue, que la matière était vraiment trop touffue et que si j'entreprenais une semblable préface elle risquerait fort, par son développement naturel, d'étouffer le livre lui-même. *Age quod agis.* J'ai acquis la certitude que deux beaux volumes de trois cents pages suffiraient à peine à résumer les documents qui concernent le Palais-Royal. D'ailleurs, je traite de plaisirs de cette fin de siècle ; l'ancien palais Cardinal y doit avoir sa place assurément, mais une place plus modeste qu'il ne l'aurait eue à une époque où il contenait tout Paris et où, comme autrefois la fameuse mosquée de Tanger, il abritait dans les boutiques de ses galeries le commerce de cent libraires.

On sait que le Palais-Royal eut pour fondateur et premier maître le cardinal de Richelieu, notre Bismarck à nous. Sur le terrain où on le bâtit et où ses jardins furent dessinés s'élevait autrefois l'ancienne enceinte de Paris. Le fossé du rempart suivait une ligne qui traverserait le jardin actuel en partant du café Corazza pour gagner les magasins d'orfèvrerie de M. Sandoz. Ce petit coin-là a même des titres de noblesse extrêmement honorables. C'est par là que Jeanne d'Arc attaqua Paris et fut blessée, comme on sait. M. Gustave Sandoz, qui va publier une histoire du Palais-Royal, dont l'intérêt sera très vif, place le point exact où la Pucelle d'Orléans fut atteinte dans l'arrière-boutique d'un électricien qui habite le côté ouest de la rue Richelieu, à deux pas de la fontaine Molière. Le numéro m'échappe.

Le palais et ses dépendances s'appelèrent d'abord Palais-Cardinal. Puis, quand il devint propriété de la couronne, le nom de Palais-Royal prévalut, naturellement. Sous la Révolution, il devint, plus naturellement encore, le Palais National. Et au commencement de l'Empire on lui imposa le nom de Palais du Tribunat, ce qui, convenons-en, manquait de physionomie et d'ampleur. Enfin à partir de la Restauration on lui rendit définitivement son vocable de Palais-Royal et, depuis, les révolutions ont été assez spirituelles pour ne rien changer à une appellation passée dans les habitudes et dans l'histoire.

On sait que Louis XIV enfant manqua de se noyer dans une des pièces d'eau qui ornaient les jardins latéraux. Faut-il voir dans cet accident la cause du peu d'enthousiasme que ce prince professa pour le palais de Richelieu? Quoi qu'il en soit, lorsque le duc d'Orléans, son frère, se maria, le roi lui en fit don et plus tard, à l'occasion des fiançailles du duc de Chartres qui devait être le Régent, Louis XIV convertit le don en apanage.

A cette époque le Palais-Royal n'avait rien de bien monumental ; les corps de bâtiments qui bordent le jardin d'un bout à l'autre n'existaient pas. Les rangées de maisons de droite et de gauche appartenaient aux rues qu'on appelle aujourd'hui de Valois et Montpensier. En sorte que, par exemple, l'immeuble où existe, encore aujourd'hui, le restaurant du *Bœuf à la Mode*, avait vue sur le parterre.

Mais le besoin d'argent n'est pas un défaut dont Panurge ait le monopole Le duc d'Orléans, qui a pris dans l'histoire le nom de Philippe-Égalité, en était affligé plus fréquemment qu'il n'aurait voulu. C'est pourquoi, un beau matin, il résolut de faire bâtir, tout autour de son domaine des immeubles destinés à être vendus avec d'honorables bénéfices. Il fit donc venir l'architecte Louis qui était un artiste dont le dix-neuvième siècle n'a pas produit l'égal, et le chargea de ce travail. Louis dressa un plan superbe. Les côtés nord, est et ouest du Palais qui sont encore debout aujourd'hui en donnent une idée, car ce fut lui qui les édifia. Pour le côté sud, c'est-à-dire, ce qu'on appelle plus spécialement le Palais, il se proposait de lui donner la hauteur et l'apparence du reste. Seulement la galerie d'Orléans, supportée par de magnifiques colonnes à jour, était une sorte de promenoir couvert sans boutique et le haut de l'édifice donnant sur ce qu'on appelle aujourd'hui la place du Palais-Royal devait être, de la rue de Valois jusqu'à la rue Richelieu, consacré tout entier à une salle de fêtes où l'on aurait pu faire des éblouissements.

Par malheur, la Révolution survint, Philippe-Égalité fut emporté dans la tourmente. Et l'architecte Louis resta en plan, c'est le cas de le dire. Les colonnes de la galerie d'Orléans sortaient à peine de terre ; on s'en servit comme d'assises pour construire les fameuses galeries de bois qui pendant quarante ans furent le nombril même de Paris et sont restées dans le souvenir des contemporains comme le point central vers lequel affluaient avec une sorte de fureur tout ce qui, en Europe, se sentait affamé de plaisir, de gloriole ou d'ambition... A partir de la création des galeries de bois — qui s'appelèrent en

1815 le camp des Tartares — le Palais-Royal devint le palais même du plaisir. Nulle part dans Paris on ne voyait une foule plus compacte, plus bigarrée, plus hétérogène. Les agioteurs, les marchandes de sourires, les mécontents, les acteurs de province, les bonnes d'enfants, les hommes politiques, les joueurs, les chercheurs de nouvelles, les artistes, les hommes de lettres en étaient les hôtes habituels. Une conséquence de cette vogue avait été l'établissement d'une infinité de libraires dans ces galeries de bois, libraires dont les plus célèbres furent les Dentu qui, pendant près de cent ans, restèrent fidèlement attachés au berceau de leur maison. Il faut aussi citer le fameux Ladvocat qui, sous la Restauration, eut une réputation européenne. Aujourd'hui la galerie d'Orléans n'abrite plus que quelques libraires, deux ou trois, parmi lesquels nous devons une mention particulière à M. Ghio, le très aimable directeur de la Librairie française et étrangère, que sa grande honorabilité a conduit à la présidence du syndicat des commerçants du Palais-Royal. C'est assez dire combien sa maison est recommandable.

En 1831, un incendie formidable détruisit les galeries de bois. Sur leurs cendres s'éleva bientôt la galerie d'Orléans. Mais il sembla que le Palais-Royal fût atteint jusqu'au sources mêmes de la vie par ce sinistre. Le mouvement, la fièvre de Paris continuèrent à régner là grâce à la vitesse acquise. Mais le jour où les maisons de jeu furent abolies, le boulevard des Italiens prit décidément le dessus et devint le nouveau centre de Paris. Il ne faudrait pas croire cependant que le Palais-Royal en souffrît énormément. Non, une clientèle assidue lui resta, qui fréquenta toujours ses cafés, ses restaurants, ses magasins. Pendant cinquante ans et encore de nos jours une visite au Palais-Royal est obligatoire pour tout étranger qui vient passer quelques jours à Paris.

Lorsque l'avenue de l'Opéra fut ouverte, le grand mouvement de circulation qui se faisait par ses galeries diminua encore, presque tout le monde prenant par la grande voie nouvelle.

Mais en conclure que le commerce du Palais en a souffert serait une erreur grave. Le grand bazar a subi une transformation, rien de plus, une transformation dont les phases sont très intéressantes à suivre. Depuis dix ou douze ans une loi de sélection très curieuse tend à faire de ce lieu de Paris le marché unique, le dock sans pareil de la bijouterie et des commerces de luxe. Voyez ce qui se passe. Il y a déjà longtemps que les cafés originaux ou bizarres comme le café des Aveugles ont disparu. Les marchands d'habits confectionnés ont ensuite cédé la place. De tous ces innombrables restaurants à bas prix, qui faisaient au monument une véritable ceinture, il en reste un ou deux. Et encore un seul est prospère.

Au contraire les industries de luxe s'y développent en importance et en nombre. La maison Sandoz ou toute autre de cette importance fait à elle seule aujourd'hui un chiffre d'affaires plus considérable que tous les bijoutiers réunis du Palais-Royal n'en faisaient ensemble il y a quarante ans. Nulle part, même dans la rue de la Paix, ne se voit pareille splendeur, ne s'admirent pareilles merveilles! Ce ne sont plus de simples passants aujourd'hui. Ce sont de riches et nombreuses clientèles qui font la fortune de ces boutiques en apparence abandonnées. Demandez du reste à un véritable Parisien l'adresse d'un bijoutier de valeur, et il vous enverra au Palais-Royal.

En terminant je veux exprimer un regret et une espérance. On ne s'aperçoit pas assez il me semble à Paris que ce cadre dont nous venons d'esquisser la physionomie serait sans rival pour une concentration des plaisirs parisiens. Et je me flatte qu'un jour, grâce à quelque audacieuse initiative, nous verrons ressusciter la grandeur du Palais-Royal qui est sans contredit comme terrain de réunions et de flânerie ce qu'on peut trouver de plus complètement favorable, à mille lieues à la ronde.

LE NOUVEAU CIRQUE — LE CIRQUE FERNANDO

Un écuyer audacieux se dit un jour que Montmartre étant un État dans l'État, on pouvait faire une opération fructueuse en fondant un cirque au pied de la butte. Le Cirque d'hiver et le Cirque d'été se trouvant l'un et l'autre également éloignés de la montagne, pensait l'écuyer en question, c'était une malice élémentaire que de fournir au dix-huitième arrondissement un conservatoire de la gymnastique et de l'équitation. Tel qui habite la chaussée Clignancourt ou la rue Saint-Pierre descendra volontiers au boulevard de Clichy, mais si vous l'envoyez aux Filles-du-Calvaire ou au carré Marigny, il se défendra d'une course aussi longue. Il suffisait donc de mettre l'écuyère et le clown à la portée des boulevards extérieurs. L'idée était féconde. Le cirque Fernando fut fondé et réussit.

Un industriel qui n'était pas tout à fait un écuyer se tint, vingt ans plus tard, un discours analogue.

— L'hiver, pensa-t-il, les gens qui habitent l'ouest de Paris sont tenus de se rendre au boulevard des Filles-du-Calvaire s'ils veulent contempler un faiseur d'équilibres ou de sauts périlleux. Épargnons-leur ce voyage et créons un manège à moitié chemin de l'Arc de Triomphe et de la Bastille. Le Nouveau Cirque fut fondé, avec cette particularité tout à fait extraordinaire que, sous la piste, se trouvait un vaste bassin d'eau tiède dans lequel, grâce à un mécanisme ingénieux, la représentation finissait *in pisces* Ce fut un élément considérable — mais passager — de succès. Plus tard, il fallut trouver autre chose que des tritons pour charmer le public. On imagina des pantomimes et même des simulacres de bombardement et de guerre maritime. C'était l'indice que la nouvelle administration entrait dans la voie des recherches pénibles et que la réussite des premiers jours ne semblait pas s'acclimater.

Il serait superflu de vous révéler que le Nouveau

Cirque a son jour chic comme le Cirque d'été, comme l'Hippodrome, comme le Chat Noir, comme l'Opéra, comme toutes les salles de Paris. Tant et si bien que chaque jour étant chic ici ou là, nous retomberons bientôt — et Dieu merci — dans des temps semblables à ceux où les jours chics n'existaient pas. J'ignore d'ailleurs complètement quel est le jour chic du Nouveau Cirque. Je crois cependant que c'est le mardi. L'établissement est-il bien plein ce jour-là ? Poser la question n'est pas la résoudre.

RESTAURANTS DE NUIT

Il est deux heures du matin. Partout, sur les boulevards ou ailleurs, les cafés ferment. Dans l'ombre un peu sinistre on voit passer les dernières traînées et déambuler le mélancolique gardien de la paix. Paris dort enfin, ou à peu près. Sur quelques points seulement il reste éveillé. Oh ! mais éveillé à un degré !..

Dans la rue, qu'éclairent vaguement les lumignons du gaz municipal, vous voyez un nouveau jet de lumière s'épandre par une baie sur le pavé noir. Entrez. Vous voici dans un petit vestibule où la moquette rouge et noire étouffe discrètement vos pas. A gauche un escalier orné de baguettes de cuivre et du même tapis rouge et noir. Les degrés sont raides. On ne sait pas pourquoi dans tous les restaurants de nuit chaque marche de l'escalier est haute et incommode. Vous arrivez sur le palier, sorte de carrefour plus ou moins spacieux. Dans un coin le comptoir avec une dame ratatinée, éreintée par les veilles, et qui vous regarde avec un air panaché d'indifférence et de mépris. Sur sa figure bouffie on lit le scepticisme le plus profond... Mais qui donc vous a bousculé ? Un domestique trop plein de hâte.

— Vous ne pouvez donc pas faire attention? dites-vous...

Un homme qui tient à la main en guise de sceptre une serviette froissée s'approche de vous et, sans se soucier de la bourrade que vous avez reçue ni de celui qui l'a donnée :

— Monsieur désire ?...

— Un cabinet particulier.

Au même moment une voix de stentor retentit à vos oreilles.

— Les écrevisses du 11... Bon !

— Félix, dit froidement l'homme à la serviette, un cabinet pour monsieur...

— Je donne le 14? demande Félix.

— Oui, voyez, à moins que le 7 ne convienne mieux à monsieur...

— Un poulet marengo et une salade russe ! crie une autre voix.

— Pour qui le homard américaine ? demande un aide.

Et c'est autour de vous une activité incroyable, Douze, quinze, vingt garçons se croisent, se heurtent, vont, viennent, ouvrent et ferment des cabinets.

Les uns portent des victuailles, les autres des restes. Des sommeliers se manifestent drôlement, arrivant de la cave en montant l'escalier quatre à quatre et couchent avec respect dans un panier la bouteille qu'ils viennent de secouer de la belle manière.

Des corridors s'ouvrent de tous côtés. Il y règne une chaleur lourde chargée d'émanations culinaires. Çà et là paraît quelque grande fille luxueusement vêtue, avec des diamants aux doigts et aux oreilles. Ce sont des Marie Aguétan qui travaillent.

Sous vos pieds le tapis continue à s'étendre. Seulement ici la moquette est jaspée vert et noir. Derrière les portes on entend les éclats de rire sonores des donzelles. Puis ce sont des voix masculines qui s'échauffent et retentissent un peu plus que de raison...

— Où est la salle commune ? demande un nouvel arrivant.

— Par ici, monsieur, par ici.

— Comment ! vous n'avez pas de *faisan à la diable* aujourd'hui ?

— On peut en faire, monsieur ; seulement ce sera long...

Des hurrahs éclatent successivement dans la salle commune. C'est Bobinette, une des princesses de l'endroit, à qui la claque fait une entrée. Très curieuse, cette salle commune. C'est le terrain des explorations. L'Afrique centrale du restaurant. Ceux qui s'y installent sont des isolés. La plupart cherchent des alliances. Ce qu'on mange là n'est jamais bien gras, les hommes se faisant servir de quoi baguenauder en attendant les événements et les dames ne consommant qu'à la dernière nécessité et quand tout espoir de conjonction sidérale est perdu.

Mais c'est là aussi que vers trois heures du matin règne une gaieté sans apprêts. Quand les uns et les autres se sont allumés et que le moment est passé de faire sa poire-tapée, toutes s'abandonnent au plaisir d'être des filles et de se montrer sous leur vrai jour, sans arrière-pensée...

C'est l'instant aussi où le torchon brûle, comme disait une de ces aimables personnes. Tout le monde sur le pont! Le chef de l'établissement lui-même passe devant le comptoir avec un plat de truffes sous la serviette. Les garçons courent à toutes jambes, surtout les gros. On entend crier toute la clientèle de passage. La demoiselle de comptoir — demoiselle!! enfin!! — commence à se tromper dans ses additions. Certains maîtres d'hôtel sont furieux. D'autres s'amusent beaucoup.

— Si vous saviez comme la Goulue est rigolo! jette l'un d'eux à la volée.

— Plus souvent! En v'la un qui demande un cabinet à trois heures et demie pour prendre une bavaroise au chocolat...

Une porte s'ouvre brusquement :

— Garçon, crie un baryton ténorisé, est-ce qu'on va attendre longtemps ce potage à la bisque?

— Voilà! voilà!

A côté, c'est un soprano légèrement alcoolisé :

— Ah! çà, Ernest (Ernest est le garçon), est-ce que vous fabriquez votre mortadelle avec un morceau de la dame du comptoir?

— Insolent!...

— Voilà! voilà! répond Ernest. Puis il ajoute en aparté : Jamais on n'a vu tant de raseurs que cette nuit.

Mais on entend retentir une gifle suivie immédiatement de cette exclamation :

— Tu m'appelleras encore vieille Rigolboche, Brididi de quatre sous!

Puis une voix sévère :

— Allons, madame, sortez. Je vous engage à sortir. Sortez, madame, de bonne volonté, ou sinon...

Douze sonnettes se mettent à carillonner à l'unisson. Ce sont les cabinets qui s'impatientent. En ce moment, un des garçons fait un faux pas et envoie un buisson d'écrevisses se promener jusqu'aux derniers confins de l'escalier. On les ramasse aussitôt, et deux minutes après le malheur est réparé.

— Garçon! vous appelez ça du romanée?

Quatre heures. C'est le moment où l'on se déboutonne. Ces dames s'attendrissent, surtout celles de la salle commune. On en est aux petits verres de dur. Les exotiques ouvrent des yeux démesurés et s'amusent énormément. Le poète du lieu fait son entrée. Chaque restaurant de nuit a un poète attitré. C'est d'ordinaire un gaillard à l'estomac d'autruche, de caractère peu susceptible et que sa nature de bohème a prédisposé depuis longtemps aux fréquentations louches. Il s'assied à une table entre un Péruvien et une drôlesse, boit un verre d'anisette, ait un mot, se lève, louvoie vers trois ou quatre demoiselles à qui il récite des pornographies tout en mangeant une aile de volaille. Mais on l'appelle plus loin pour lui offrir un verre de punch. Après quoi on le voit manger un potage Saint-Germain. Et toujours il débite quelque poésie. Près de la porte quelqu'un lui offre un verre d'absinthe ; il accepte, et comme un voisin s'attaque à des pieds truffés, il demande la permission d'en manger un, tout en sirotant sa liqueur verte.

Cela fait, il se glisse dans les cabinets où toutes les femmes le connaissent et où il continue à épouvanter les gens par sa capacité. Ce qu'il y a de plus étonnant, c'est qu'il ne perd pas la mémoire une minute.

Cinq heures, petit jour. On s'en va. C'est alors qu'on voit sortir l'étrange société des restaurants de nuit : Parisiens coutumiers du fait, étrangers venus là par curiosité et s'y accoquinant par mollesse, toutes les catégories d'impures, gens qui se ruinent et gens en train de s'enrichir, boursiers, avocats, bookmakers et croupiers, beaucoup plus de naïfs qu'on ne croit, quelques malfaiteurs, de vieux viveurs de cinquième ordre, des jeunes, des mûrs, des finis, des vannés, des chevelus, des chauves, des gras, des maigres, des entrelardés. La plupart s'en vont furieux. Ils ont mal mangé — ça leur a coûté les yeux de la tête et mademoiselle Machin les emmène, déplorable dénouement auquel ils n'osent pas se soustraire.

Deux heures après, l'équipe de jour a pris son service. Le restaurant de nuit n'est plus qu'une honnête maison où déjeunent des familles pleines de réserve. Les cabinets particuliers restent vides et prennent l'air. Revenez cette nuit à deux heures, et la scène recommencera, toujours la même, avec un peu moins ou un peu plus de clients, un peu moins ou un peu plus de scandale, et ainsi de suite jusqu'au jour où la vogue attire tout ce monde vers un entresol plus frais et plus nouveau.

LE PARADIS LATIN

Voici une création toute récente qu'il me paraît difficile de classer. Si je me permets de vous dire que c'est un théâtre : — Non ! s'écrieront des gens autrement informés, c'est un café. Mais si je conviens qu'en effet ce n'est autre chose qu'une boutique à limonade : — Ah ! mais, pardon ! me déclareront quelques bérets de velours avec vigueur, c'est un théâtre.

Essayons de mettre d'accord les étudiants et la vérité. Le *Paradis Latin*, situé rue du Cardinal-Lemoine, est un théâtre au rez-de-chaussée, mais il est en même temps une brasserie dans le sous-sol.

Voulez-vous que nous nous expliquions plus catégoriquement?

Au rez-de-chaussée on joue la comédie, on représente même des revues très aimables. Acteurs, actrices, danseuses, y cueillent des succès. Les spectateurs s'y amusent de tout leur cœur... Voilà pour le théâtre.

Dans le sous-sol il y a un piano. Cet instrument de supplice a d'ordinaire le don d'attirer des musiciens et des chanteurs, comme miel aguiche mouches. Et presque chaque soir pendant les entr'actes et même quelquefois les actes, devant un public lent à s'effaroucher, des chansonniers sans trop de scrupules disent les dernières romances enfantées par eux.

Les sujets et les vers sont salés parfois jusqu'à faire rougir la saumure. Mais on y rit de bon cœur et sans arrière-pensée. Les amateurs d'égrillardise se laissent conter la chose à l'oreille. Ils y vont voir. Le limonadier triomphe bien plus que la morale, en trafiquant de plaisirs permis et de plaisirs quelque peu défendus.

EXPOSITION CANINE

Il y a des gens préoccupés d'améliorer la race canine, c'est un fait. Il serait agréable à bien des gens de savoir comment. Pour mon compte j'ai toujours remarqué chez les chiens un développement intellectuel d'autant plus extraordinaire qu'ils avaient cessé, depuis plus longtemps, d'appartenir à une race quelconque. Ce qui revient à dire que plus un chien est bâtard, plus il est malin. Or il est avéré que les mondains ou mondaines de toute catégorie se croiraient déshonorés s'ils ouvraient leur maison à un honnête barbet ou à quelque autre quadrupède innommable. Ce qu'il leur faut, c'est un de ces chiens anglais, gros comme le poing, noirs, qui n'ont jamais appris à marcher, idiots de père en fils depuis les croisades, et extrêmement copurchics. Ce sont ceux-là qu'on améliore. Le perfectionnement consiste d'ailleurs à les rendre plus petits, plus idiots et plus ataxiques.

Et de quel œil les propriétaires de ces avortons sans haleine, sans cerveau, sans jambes, regardent passer un beau chien sain, vigoureux, ardent, mais qui a dans la queue ou dans le garot quelque lamentable trace de roture! Foin, foin d'un tel misérable! A la vérité, il défendra son maître, le sauvera peut-être et en tous les cas sera son amusement et sa joie; mais il n'est pas de pur sang!

Il y a également le chien danois. — Ah! en voilà encore un qui n'entrerait pas à l'École polytechnique tout de go. J'ai eu le regret d'en connaître deux ou trois. C'étaient vraiment des bêtes... bien bêtes. Pour être sincère, il faut ajouter que le caniche aussi est à la mode et que celui-là n'est pas un sot. Mais ça devient bien commun, les caniches. Je me respecte trop pour entamer l'éloge d'un animal si répandu et si intelligent.

Donc les améliorateurs de race canine, pour pousser les choses jusqu'au bout, ouvrent chaque année une exposition en laquelle on peut admirer une grande quantité de beaux chiens de chasse et un assez joli stock de toutous d'appartements. Je m'empresse de déclarer que cette exposition est communément très intéressante et parfois amusante, même pour les simples profanes qui comme moi ont des idées spéciales sur la fusion des races. On y trouve des animaux splendides sous *tous* les rapports, des meutes de toute beauté, des spécimens invraisemblables et des quadrupèdes microscopiques dont leurs parents — pardon ! leurs maîtres, voulais-je dire — se sont séparés pour quelques jours avec le plus cruel désespoir. On leur a bâti des appartements capitonnés, au sein desquels ils vivent noblement, insensibles au parfum d'une pâtée exquise — tant ils sont gavés — mais visiblement flattés de jouer un rôle prépondérant dans le jeu régulier de nos institutions. Cajolés, adulés, bourrés de bonnes choses, ils deviennent en peu de temps des cabotins infâmes et je suppose que si on les consultait, ils auraient bien vite conseillé de faire déguerpir même les bêtes de race dont le poids dépasse deux livres.

Quant aux chiens de la plèbe, les bons et fidèles serviteurs de l'homme, les amis dévoués du roi de la création, je n'ai pas besoin de dire que s'ils se présentaient, on les reconduirait de façon à ce qu'ils puissent dire chez eux en rentrant que le manche du fouet n'était pas cassé.

Ce n'est point que je m'élève contre l'exposition conine. Elle a du bon et de l'utile. Mais je voudrais qu'elle servît à mettre en lumière des produits de races différentes et que l'on pût y envoyer des bêtes d'une espèce nouvelle, si on parvenait à en faire, sans que les organisateurs leur demandent à quelle page du *Stud-Book* ils sont inscrits. Ne vouloir que des anciennes races dans une exposition pareille, c'est, à mon humble avis, fermer très carrément la porte à toute amélioration.

Ah! et puis peut-être pourrait-on moins encourager la tendance assez comique qu'ont les Français à ne plus admirer que les chiens hideux.

LES DINERS DE TÊTES

Voici un amusement qui fait véritablement fureur en ce moment à Paris. Imaginé un jour par un de ces parasites qui, de notre temps comme autrefois, éprouvent le besoin de se rendre agréables aux grands seigneurs, il a promptement été mis à la mode et il n'est point de modeste bourgeois qui ne s'en soit offert l'agrément.

Cela consiste en un déguisement qui porte seulement sur le visage. Chacun est donc vêtu comme il convient à des gens du monde, habit noir pour les hommes, toilette de dîner pour les dames; mais on doit s'appliquer à travestir si bien sa figure que vos plus intimes amis ne puissent vous reconnaître. Vous voyez d'ici les quiproquos et les plaisanteries qui en découlent. Il est des gens qui ont le génie de cette mascarade. Il en est d'autres qui en font métier et gagnent beaucoup d'argent à grimer leurs contemporains.

Bien entendu, chacun fait sa tête de façon à être le plus plaisant, ou le plus spirituel, ou le plus satirique du monde. Nous connaissons une jeune femme fort laide, qui a eu le tact de se changer en négresse, en si belle négresse, qu'elle a été la reine du dîner. Beaucoup de personnes sont enclines à se faire des figures d'animaux domestiques, afin qu'on leur dise qu'elles ne sont point si bêtes. Elles ne réussissent pas toujours à décrocher ce compliment.

Le plus célèbre dîner de têtes dont la chronique contemporaine fasse mention est celui où quelques personnages de la minorité du Parlement se présentèrent avec la figure exacte des ministres alors au pouvoir. C'était sous le cabinet Floquet. Un monarchiste très aimable et très gai représentait le président du conseil. Le plus petit des sénateurs s'était fait le facies de M. Goblet. Malheureusement il était encore trop grand. On faillit manquer de ministre des finances, personne ne consentant à se grimer en Peytral, mais enfin quelqu'un se dévoua pendant le dîner. Les pseudo-ministres s'attachèrent à proférer sans interruption des insanités radicales ou socialistes qui eurent un énorme succès, et l'on assure que la colère dont, à une des séances suivantes, M. Charles Floquet donna le spectacle à la Chambre des députés, n'avait d'autre cause que ce fameux dîner qu'un méchant s'était empressé de raconter par le menu au premier ministre.

SCIENCES OCCULTES

Pour un curieux, je ne sache rien de plus amusant que de chercher dans les coulisses de Paris comment on peut exploiter encore, en pleine civilisation surchauffée, les faiblesses des hommes, leurs besoins de croire et la facilité qu'ont certaines gens à demander à autrui un appui ou l'indication d'une conduite.

L'humanité, où que vous la preniez, est toujours la même. Il est des esprits forts. Il existe des âmes timides. Ce sont les premiers qui se font les soutiens des autres; et, pour peu que la domination des uns et le vasselage des derniers soient mélangés d'une aspiration à voir au delà de ce monde quelque chose d'innommé ou de mystérieux, il s'établit vite entre les uns et les autres des rapports dont l'assemblage a constitué les puissances occultes.

Il est des gens qui ne veulent pas admettre qu'à Paris quelqu'un croie encore aux évocations, à la devination, aux combinaisons cabalistiques. S'ils savaient à quel point ils se trompent. Il n'y a peut-être pas de ville au monde où ces spéculations soient plus en honneur. En faisant une statistique sérieuse, on pourrait citer plus de cent pontifes d'un art magique, et plus de mille prêtresses de l'avenir dévoilé.

Tenez, je connais une sorte de mage, nommé Adrien, pour ne citer que celui-là, homme d'esprit et de crédulité, car il est sincère, qui a imaginé une série de combinaisons bien étonnantes pour amene certains événements presque à coup sûr.

Il a remarqué que quelques personnes, par exemple, ne peuvent rien entreprendre sans qu'il fasse mauvais temps; que d'autres ne viennent jamais chez vous sans que vous receviez une bonne nouvelle. Celui-ci a une chance persistante; celui-là, une déveine impitoyable.

Or, en suivant de près les démarches, les actions de ces êtres-là, en jouant pour ainsi dire sur la conjonction des uns et des autres, il obtient des résultats incroyables. On a vu des hommes conseillés par lui gagner des sommes à la Bourse et aux courses, parce qu'il les faisait ponter dans le jeu ou contre le jeu de gens qui étaient toujours heureux ou perdaient sans cesse. Malheureusement je n'ai pas le loisir de développer plus longuement cette nouvelle manière de forcer la main au hasard, mais elle est vraiment extraordinaire.

Tenez, il existe, rue de Tournon, 5, une chiromancienne qui a élevé l'art de madame Moreau et de madame Lenormand à des hauteurs invraisemblables. D'un coup d'œil elle vous dit ce que vons êtes, quels sont vos qualités et vos défauts et quel sera votre avenir. Ne croyez pas que rien dans ce qu'elle vous débite décèle le charlatanisme. Au contraire. Personne au monde ne vous donnera de meilleurs conseils pour diriger vos affaires. Elle est instruite; elle sait tout ce qui concerne les sciences mystérieuses de l'Égypte et de l'Inde. Et vous vous tromperiez si vous croyiez que ce sont de vaines sciences. Madame Émélie, c'est son nom, en donne des preuves extraordinaires et palpables. Nous pourrions citer un commerçant qui, arrivé au bord du fossé où il allait faire la culbute de la faillite, est allé la consulter.

— Laissez faire les événements, lui a-t-elle dit. Non seulement vous ne faillirez pas, mais vous deviendrez riche en moins d'un an.

Ce qui est arrivé.

Vous pouvez être assuré, d'ailleurs, que chez elle, comme chez beaucoup d'autres, surtout chez les hommes, cette inclination à voir dans les forces de la nature ou dans l'aspect des choses un moyen de savoir les secrets de Dieu même est accompagnée la plupart du temps d'une érudition spéciale très profonde et très étrange.

Il y aurait un volume particulièrement vivant à écrire sur ce sujet, et peut-être vais-je m'y mettre dans peu de temps. Je suis persuadé qu'en approfondissant ces mystères, je trouverai un fond de vérité d'une intensité prodigieuse.

Car, c'est à coup sûr une des plus étonnantes curiosités de Paris, que cette légion de magiciens et de magiciennes qui opèrent au grand jour, ont une clientèle, voient arriver chez eux des étrangers de tous les bouts du monde, vendent leurs charges comme des notaires, et ont pour la plupart le mérite de croire très sincèrement à leur pouvoir.

HIPPODROME

Êtes-vous fanatique de cette arène sur laquelle on voit voler les quadriges conduits par d'intrépides automédons ? Aimez-vous les exercices acrobatiques vus à distance respectable ? Mon Dieu oui, vous aimez tout cela de temps en temps, quand c'est bien exécuté et surtout quand la salle de l'Hippodrome est bien pleine, car cet immense local est lugubre le jour où il est à moitié vide. Ces gradins innombrables veulent être couverts d'une foule bariolée et houleuse pour que le spectacle soit amusant. Mais alors il arrive qu'une bonne moitié des spectateurs ne voit pas très bien opérer les artistes qui de loin ont l'apparence de myrmidons.

Je n'ignore pas qu'avant et après le *travail* on les promène devant toutes les catégories de citoyens dans une magnifique calèche où l'or se relève en bosse et que traînent quatre superbes chevaux. Sur le siège trône un cocher idéal, en livrée Louis XV, tricorne incomparable, posé sur une perruque poudrée. C'est merveilleux. Et quand les acrobates passent devant les loges ou les troisièmes, chacun peut s'assurer qu'ils sont de dimension honorable. Mais, lorsqu'ils mettent pied à terre, ils perdent la moitié de leur dimension pour les amateurs placés à l'une des extrémités — et un peu haut — de la grande salle.

Le direction actuelle de l'Hippodrome a trouvé l'an passé, croyons-nous, le moyen d'obvier à cet inconvénient. Elle a compris qu'il suffirait de consacrer la première partie du spectacle à l'ancien jeu, la seconde étant réservée à quelque grande pantomime, comme *Skobeleff*, où l'on voit mille choses intéressantes et curieuses et qui constitue un clou assez gros pour y accrocher le succès pendant toute une saison.

Et alors c'est par six ou sept mille personnes que l'Hippodrome est rempli. Tout y est grandiose, et ceux qui viennent y voir la représentation sont eux-mêmes un spectacle des plus étranges et des plus rares.

LE JARDIN DE PARIS

Le *Jardin de Paris!* Qui ne connaît aujourd'hui ce charmant établissement de récréation, véritable centre de tous les plaisirs d'été réunis, dont la vogue a été si rapide et si grande, qu'il est devenu, pour ainsi dire, indispensable au désœuvrement du Parisien. En vérité, le boulevardier, comme l'étranger du reste, seraient fort en peine, si ce petit lieu de délices venait à leur faire défaut maintenant!

C'est en 1884 que M. Zidler, qui venait de lancer l'Hippodrome dans la voie prospère que chacun a connue, transforma le concert Besselièvre, tombé en discrédit, et y fonda cette kermesse élégante, à laquelle il donna le nom — créé par lui — de *Jardin de Paris*. Dès le premier jour M. Zidler sut ramener la foule dans ce coin frais et ombrageux dont le public avait oublié le chemin.

Faut-il rappeler en effet qu'après la grande vogue des concerts fondés en 1854 par le célèbre Musard, vogue dont continua à bénéficier pendant quelque temps son successeur, M. de Besselièvre, la mode se dé ourna peu à peu de l'établissement dont elle avait durant quelques années fait la fortune.

Après M. de Besselièvre, pourtant, plusieurs entrepreneurs cherchèrent à rendre au concert des Champs-Élysées un nouvel éclat, notamment MM. Bourard, Mathian, Blazinet, — qui connaît leurs noms ? — et d'autres qui furent ces confiants ? La chance ne les favorisa pas. C'ést après ces épreuves successives, si funestes, après ces expériences si peu encourageantes, que M. Zidler résolut de tenter à son tour de rendre la vie à ce coin de verdure. La fortune sourit aux audacieux, le nouveau directeur mit tout son zèle, toute son activité et toutes les ressources de son imagination au service de l'entreprise qu'il créait; ce roi des amuseurs possède avant tout le sens du goût parisien.

Au point de vue des distractions, il a un flair particulier pour deviner les désirs du public et les satisfaire. Il n'en fallait pas plus pour assurer le succès du *Jardin de Paris*.

Aujourd'hui cet établissement est au premier rang des plaisirs parisiens de l'été, et tous les soirs, dès huit heures, dans le coin de la porte, à droite, vous trouverez allongés, dans de larges fauteuils d'osier, plusieurs fous boulevardiers tels qu'Aurélien Scholl, G. Claudin, d'Hubert, Crémieux, A. Hepp, groupés autour du directeur, potinant avec esprit, respirant l'air frais, en écoutant la musique du pavillon central.

Au fond, une petite scène à l'aspect le plus coquet, abritée par un berceau de feuillage, sur laquelle ne paraissent jamais que des « numéros » de premier ordre, des artistes de valeur, des acrobates, des gymnastes, des pantomimes, tout ce qui constitue un spectacle attrayant. Quatre fois par semaine, après le concert, les mardis, mercredis, vendredit et samedis, quand les gens d'humeur paisible ont disparu, ont lieu des bals et des fêtes de nuit ; pendant ces soirées-là, le *Jardin*, envahi par une foulée élégante, rappelle et fait revivre les beaux soirs de Mabille.

Les fêtes qui se donnent dans la soirée du jour où est couru le Grand Prix dépassent même en éclat, en entrain, en succès, les fêtes si célèbres qui se donnaient, à pareil jour, avenue Montaigne.

EXPLICATIONS

Quelques lecteurs s'étonneront sans doute que l'auteur n'ait point parlé, dans ce livre, de certaines curiosités parisiennes auxquelles on a donné à diverses époques une importance relativement considérable : les catacombes et les égouts de Paris, par exemple, et, dans un autre ordre d'idées, le bal et l'exposition des Incohérents.

Pour les premiers, nous n'en disons rien par l'excellente raison que la visite des anciennes carrières de Paris, converties aujourd'hui en ossuaire, ne constituent point une partie de plaisir. En ce qui concerne les égouts, nous ne voyons guère non plus quel est l'agrément qu'on peut y goûter quand on n'a pas un penchant irrésistible pour les odeurs infectes.

D'ailleurs, il faut, pour faire ces expéditions, des invitations et des permissions qui ne s'accordent qu'à des intervalles irréguliers et, conséquemment, elles ne sont pas à la portée de votre désir ou de votre fantaisie. Du reste, nous n'avons pas parlé davantage des musées et des monuments, pour ne pas avoir l'air de découvrir la Méditerranée.

Quant aux bals et expositions des Incohérents, ainsi que d'autres curiosités similaires, l'heure en est passée. On a pu voir leur apogée il y a quatre ou cinq ans, mais la décadence est venue. Aujourd'hui ce n'est plus bien drôle et nous induirions le public en erreur si nous lui contions des splendeurs et des originalités dont personne à Paris ne s'étonne. Encore une fois, l'idée a été amusante et agréablement présentée autrefois. Il est dommage qu'elle soit tombée dans la banalité.

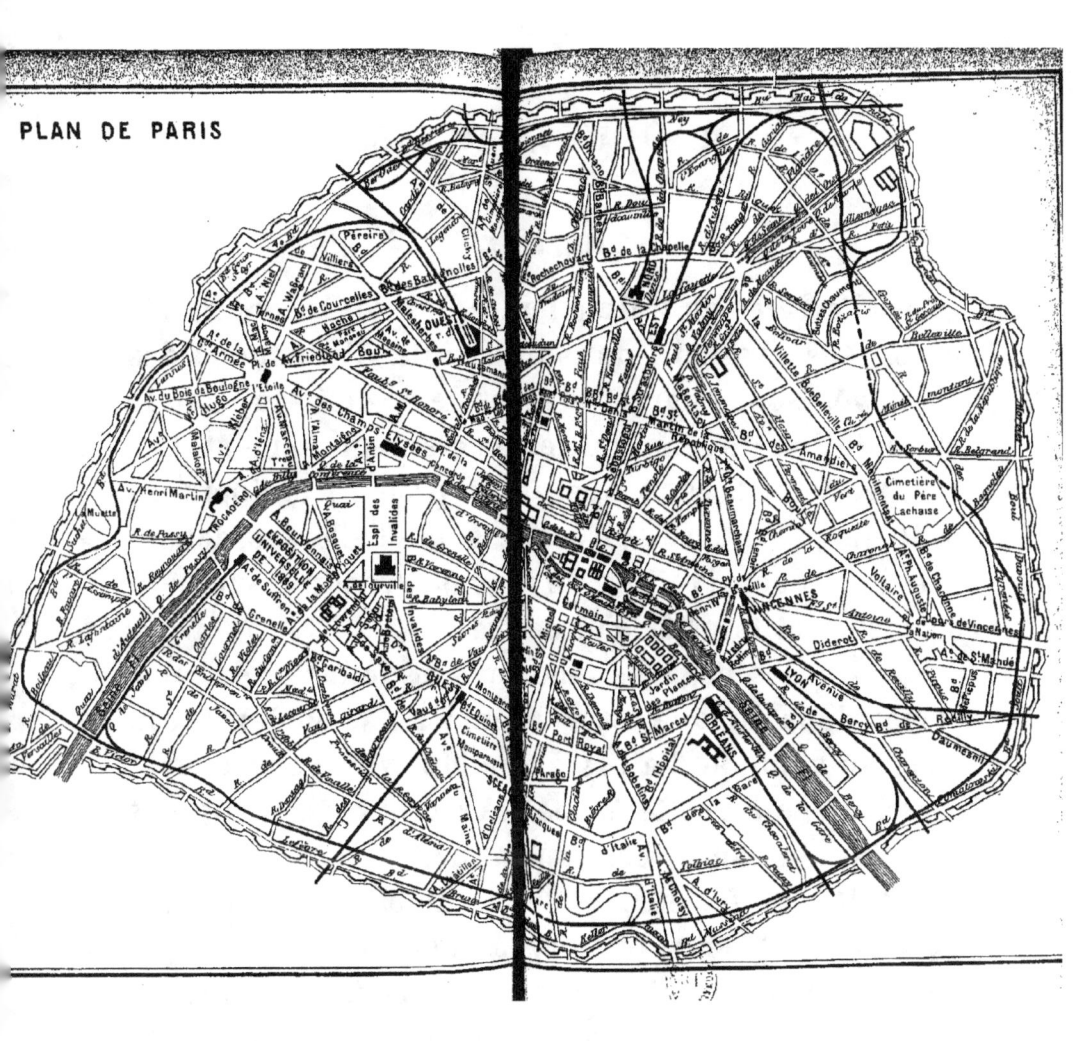

PARIS-MEMENTO

SÉJOUR A PARIS

ARRIVÉE

Dès l'arrivée du train en gare, les voyageurs munis de bagages passent dans une salle d'attente où des employés sont chargés de les leur délivrer, sur la présentation de leurs bulletins d'enregistrement.

Entre temps, cette opération prenant toujours un petit quart d'heure, on aura soin d'aller au dehors retenir un fiacre (voiture de place). Prendre le numéro du cocher et le prier d'attendre.

Aussitôt les bagages reconnus et délivrés, des employés de la douane les visitent; ils se contentent le plus souvent de l'affirmation du voyageur sur la nature du colis; cette formalité remplie, ils marquent les colis d'un signe conventionnel.

Ensuite un facteur, pour un modique pourboire (30 à 50 cent.), les transporte à la voiture que le voyageur a choisie et qui doit le conduire à son hôtel. Le prix du trajet de la gare à l'hôtel est indiqué sur le numéro remis par le cocher. Si la voiture a attendu un quart d'heure, on paye à *l'heure*.

Des omnibus de famille stationnent ordinairement près des gares pour les voyageurs nombreux. Dans le cas pourtant où l'on aura besoin d'une de ces voitures, il sera plus sûr de la retenir d'avance en écrivant au bureau des omnibus, à la gare. (Consulter l'Indicateur des chemins de fer.)

Si l'on est pressé de choisir un hôtel, il en existe de très confortables aux abords des gares. On peut y descendre momentanément : on laisse alors à la gare les gros bagages, dont on garde le bulletin.

Des *commissionnaires*, à demeure près des gares près des monuments et sur les boulevards, se chargent de transporter les colis et de faire les courses. Le prix varie selon les services. Ils se chargent aussi du nettoyage des chaussures (20 cent.).

I

LOGEMENT ET ENTRETIEN

GRANDS HOTELS — HOTELS (PRIX MODÉRÉS) — APPARTEMENTS MEUBLÉS — TABLES D'HOTE — RESTAURANTS A PRIX FIXE — RESTAURANTS A LA CARTE — ÉTABLISSEMENTS DE BOUILLON — CAFÉS, BRASSERIES, BARS — MARCHANDS DE VIN, CRÉMERIES — DÉBITS DE TABAC — BAINS — BAZARS — CABINETS INODORES — COIFFEURS — DENTISTES — MAISONS DE SANTÉ.

HOTELS

Il existe à Paris, dans toutes les rues avoisinant les grands centres d'activité, des hôtels pour toutes les bourses. Le prix des logements est très variable.

Le voyageur pourra donc choisir son hôtel et son

quartier, suivant les dépenses qu'il compte faire et suivant le but de son voyage.

Dans la liste que nous dressons des principaux hôtels, nous ne pouvons pas suivre rigoureusement une classification par quartier : il ne sera, par conséquent, pas inutile de donner ici, à la hâte, quelques indications générales qui aideront le voyageur à fixer son choix.

Les voyageurs qui sont appelés à Paris par leur commerce devront se loger dans les quartiers où sont établies les maisons qui les intéressent particulièrement, soit le *boulevard de Sébastopol* pour les rouenneries, la quincaillerie, etc.; les *rues de Cléry, de Mulhouse, du Sentier,* pour les draperies et les toiles; le *quartier des Halles,* pour la droguerie, l'épicerie, les comestibles, les cuirs, etc. ; le *faubourg Saint-Antoine,* pour l'ébénisterie ; le *quartier Latin* et le *boulevard Saint-Germain,* pour la librairie, etc.

Les hommes d'affaires occuperont le quartier de la Bourse, la *rue Vivienne,* la *rue du Quatre-Septembre,* la *rue Montmartre.*

Les hommes d'étude iront au quartier Latin, où ils trouveront réunis les grands établissements d'instruction publique, la plupart des grands libraires, etc.

Les hommes politiques pourront se loger près des grandes administrations publiques, dans les rues de *Grenelle,* de l'*Université,* du *Bac,* etc.

Les voyageurs qui viennent à Paris chercher les distractions et les délassements choisiront de préférence les hôtels des grands boulevards (*de la Made-*

leine, *des Italiens*, etc.) et des rues attenantes. Ils se trouveront ainsi au centre même des beautés de la ville, au milieu des nombreux théâtres, des divertissements et des grands cafés.

Les prix, comme nous l'avons dit plus haut, sont très différents d'un hôtel à l'autre : le prix de la chambre peut varier de trois à vingt francs. Le service et la bougie se payent à part (le pourboire n'est pas compris dans cette dépense).

Nota. — On aura soin de déposer au bureau de l'hôtel, contre un reçu, les valeurs importantes qu'on aura sur soi.

Liste de quelques hôtels de Paris. — Grand-Hôtel, *boulevard des Capucines*, 12 ; hôtel de l'Opéra, *boulevard des Capucines*, 5 ; hôtel des Capucines (*chambre depuis 3 fr.*), *boulevard des Capucines*, 37 ; hôtel des Deux-Mondes, *avenue de l'Opéra*, 22 ; hôtel Continental, *rue de Castiglione*, 3 ; hôtel Mirabeau, *rue de la Paix*.

Prix approximatifs dans ces hôtels : chambre, 3 à 35 fr. ; bougie, 1 fr. ; service, 1 fr. ; 1er déjeuner, 1 fr. à 2 fr. 50 ; déjeuner, 4 à 5 fr. ; dîner, 6 à 8 fr.

Hôtels des boulevards. — *Boulevard des Italiens* : 2, hôtel de Russie (*chambre depuis 3 fr.*) : 32, hôtel de Bade (*chambre depuis 4 fr.*). — *Boulevard Montmartre* : 3, hôtel Doré (*chambre depuis 3 fr.*) ; 10, hôtel de la Terrasse-Jouffroy. — *Boulevard Poissonnière* : 30, hôtel Beau-Séjour (*chambre depuis 3 fr.*), hôtel Rougemont ; hôtel Saint-Phar, etc.

Environs des boulevards. — *Passage de la Made-*

leine, 4, hôtel Lartisien; *rue de l'Arcade*, 13, hôtel Newton; *rue de l'Arcade*, 7, hôtel de l'Arcade (*prix modérés*); *cité du Rétiro*, 5, hôtel Perey, *rue de Miroménil*, 41, hôtel de Miroménil; *rue Duphot*, 22, hôtel Britannique; *rue Scribe*, 15, hôtel de l'Athénée (*chambre depuis 4 fr.*) ; *rue du Helder*, 11, hôtel Richmond (*hôtel de famille*), etc.

Nombreux hôtels : *rue Taitbout, rue Laffitte, rue Rossini* (*hôtel Rossini*, 16, *prix modérés*), *cité d'Antin, rue de la Michodière, rue Marivaux*, etc.

Hôtels, place Vendôme, rue Saint-Honoré, etc. — *Place Vendôme* : hôtels Vendôme, de Bristol, du Rhin (*clientèle riche*). — *Rue Saint-Honoré* : hôtels Saint-James, de Lille et d'Albion, de Choiseul, etc. — *Rue de Rivoli* : hôtels Brighton, Windsor, Meurice, etc. (*clientèle anglaise*).

Hôtels, quartier des affaires. — Hôtels : *rue Croix-des-Petits-Champs, Bergère, Montmartre, Saint-Denis*, etc.

Rive gauche. — Hôtels : *quai Voltaire, rue de Lille, de l'Université*, etc. — **Quartier Latin** : hôtels, *boulevard Saint-Michel, rue Racine*, etc. (*clientèle des écoles*).

MAISONS ET APPARTEMENTS MEUBLÉS

Les **maisons meublées** offrent certains avantages aux voyageurs accompagnés de leur famille : dépense moins élevée et plus de tranquillité que dans les hôtels. On y trouve comme dans ceux-ci une table d'hôte, un salon de conversation, etc.

Maison meublée Pfeiffer, *passage de la Madeleine*, 6; maisons meublées, *rue du Helder*, 2 et 13; maisons Percy, *rue Boissy-d'Anglas*, 35, etc.

Les voyageurs qui comptent faire un long séjour à Paris, trouveront dans les quartiers du centre des **appartements meublés** à louer au mois, à la quinzaine et quelquefois à la semaine. Les propriétaires y fournissent le linge de lit et de toilette, et se chargent du service. Les prix sont moins élevés que dans les hôtels. (Chambre 60 à 100 fr. par mois, service non compris.) Écriteau jaune suspendu au-dessus de la porte et portant les mots : *Appartements meublés*.

TABLES D'HOTE

La plupart des hôtels établis sur les grandes voies ont une *table d'hôte*, servie entre 6 h. et 7 h., où les étrangers sont admis. Le prix du dîner varie entre 5 fr. et 8 fr. *Grand-Hôtel, hôtel du Louvre*, etc.

On trouve également dans les principaux quartiers des maisons spéciales à des prix moins élevés.

Palais-Royal. — *Rue et galerie de Valois*, 43 et 105, maison Excoffier (déjeuner, 1 fr. 60; dîner, 2 fr. 10). — *Rue Vivienne*, 2, table d'hôte Vivienne (déjeuner, 1 fr. 60; dîner, 2 fr. 10). — *Passage des Panoramas, galerie Montmartre*, 6, maison Bouillod (déjeuner, 2 fr.; dîner, 3 fr.). — *Rue du Mail*, 9, maison Richardot (déjeuner, 1 fr. 60; dîner, 2 fr. 10), etc.

RESTAURANTS A PRIX FIXE ET RESTAURANTS A LA CARTE

Si l'on doit prendre ses repas seul, il est préférable de choisir les restaurants à prix fixe; mais deux ou trois personnes feront proportionnellement moins de dépense en mangeant à la carte, car les portions sont fortes et peuvent se partager.

Restaurants à prix fixe. — Palais-Royal : *galerie Montpensier*, 23, Catelain, restaurant de Paris (déjeuner, 2 fr.; dîner, 2 fr. 50) ; 41, Bouvier (déjeuner, 1 fr. 15; dîner, 1 fr. 60 et 2 fr.). — *Galerie Beaujolais*, 88, restaurant Tissot. — *Galerie de Valois*, 116, restaurant de la Rotonde (déjeuner 1 fr. 10 ; dîner 1 fr. 20), etc.

A côté du Palais-Royal : *passage Vivienne*, 18, restaurant des Galeries (déjeuner, 1 fr. 15, 1 fr. 25 ; dîner, 1 fr. 60).

A côté du Louvre : *rue Croix-des-Petits-Champs*, 5, restaurant de l'Univers (mêmes prix que ci-dessus).

Sur les boulevards. — Dîner de Paris, *boulevard Montmartre*, 12 (déjeuner, 3 fr. ; dîner, 5 fr.; *on paye en entrant*). — Restaurant de la Terrasse-Jouffroy, *boulevard Montmartre*, 10, *et passage Jouffroy*, 8 *et* 10 (mêmes prix). — Dîner du Rocher, *passage Jouffroy*, 16 (déjeuner, 2 fr. 25 ; dîner, 3 fr. 25); *ouvert jusqu'à* 10 *h. du soir*). — Dîner Européen, *boulevard des Italiens*, 14, *et rue Le Peletier*, 2 (déjeuner, 3 fr. ; dîner, 5 fr.). — Restaurant Gargny, *galerie de l'Horloge*, 21 (*ancien passage de l'Opéra* (déjeuner, 1 fr. 75; dîner, 2 fr. 25). — Le Grand-Restaurant, *avenue de l'Opéra*, 28 (2 fr. 50 et 2 fr. 75). — Le Rosbif, *rue de la Bourse*, 4, etc.

Restaurants à la carte. — Les prix des plats servis dans ces établissements varient entre 1 fr. et 2 fr. 50; mais la portion est copieuse et suffit à deux personnes. La bouteille de vin se paye 1 fr. 50 à 2 fr. On peut ne prendre qu'une demi-bouteille. Une personne seule dépense pour un repas ordinaire 4 à 6 fr. A la fin du repas on demande l'addition qu'on a soin de vérifier.

On laisse en pourboire pour le garçon 5 centimes par franc de dépense.

Sur les boulevards. — Hill, *boulevard des Capucines*, 39; café de la Paix, *boulevard des Capucines*, 12, *au Grand-Hôtel*; café Américain, *boulevard des Capucines*, 4; Maison Dorée, *boulevard des Italiens*, 20; café Riche, *boulevard des Italiens*, 16; café Anglais, *boulevard des Italiens*, 13; café Cardinal, *boulevard des Italiens*, 1; Brébant, *boulevard Poissonnière*, 32; Marguery, *boulevard Bonne-Nouvelle*, 34, 36 (*terrasse vitrée*), etc.

Autour des boulevards. — Restaurant Champeaux, *place de la Bourse*, 13; Noël Peter's, *passage des Princes*, 24; Sylvain, *rue Halévy*, 12; Lemardelay (*repas de noces*), *rue de Richelieu*, 100, etc.

Restaurant de l'hôtel Continental, *rue de Rivoli*, 234 *bis*; le père Lathuile, *avenue de Clichy*, 7, etc.

Champs-Élysées. — Restaurant Ledoyen, restaurant Chevillard, etc. — **Porte Maillot**, restaurant Gillet.

— **Avenue du Bois-de-Boulogne** : restaurant Ory. — **Bois de Boulogne** : chalet Chinois, pavillon d'Armenonville, restaurant de la Cascade, restaurant de Madrid.

Rive gauche. — Restaurant Foyot, *rue de Vaugirard, 22 bis (à côté de l'Odéon)* ; Magny, *rue Mazet*, 3 ; Lapérouse, *quai des Grands-Augustins*, etc.

Parmi les maisons de premier ordre qui ont acquis une réputation européenne, citons : le café Riche, *boulevard des Italiens*, 16 ; Maison Dorée, *id.*, 20 ; café Bignon, *avenue de l'Opéra*, 32 ; Véfour aîné, au *Palais-Royal, galerie Beaujolais*, 8, etc. ; Ledoyen, aux Champs-Élysées.

ÉTABLISSEMENTS DE BOUILLON

Ces établissements, fondés par M. Duval, sont des restaurants à la carte, à prix modérés. Le service y est fait par des bonnes. Une dame seule peut très bien aller y prendre ses repas. En entrant, on vous remet une *carte* que vous donnez à la bonne. Celle-ci doit y pointer au fur et à mesure ce que vous lui commandez. Après le repas (on laisse sur la table un pourboire pour la bonne), vous vous présentez à la caisse avec cette *carte* que vous remettez ensuite, acquittée, au contrôleur placé près de la porte.

Ces restaurants sont situés sur les principales voies de Paris. On les reconnaît à leur décoration extérieure.

Nous citerons, parmi les principaux, les établissements : *rue Montesquieu*, 6 ; *rue de Rivoli*, 194 ; *boulevard de la Madeleine*, 27 ; *boulevard Montmartre*, 21 ; *boulevard Poissonnière*, 11 ; *boulevard de Sébastopol*, 141 ; *rue du Quatre-Septembre*, 1 ; *avenue de l'Opéra*, 31 ; *boulevard Saint-Michel*, 26, etc.

MARCHANDS DE VIN, CRÉMERIES

Ce sont les ouvriers qui forment la clientèle habituelle des marchands de vin : on trouve néanmoins chez quelques-uns de quoi faire un bon repas à des prix modérés. On peut consommer dans les **crémeries** du café au lait, du chocolat, etc.

CAFÉS, BRASSERIES, BARS

Il existe à Paris, dans tous les quartiers, un grand nombre de ces établissements. Le prix d'une tasse de café, d'un verre de bière, y varie entre 30 et 60 cent., selon la situation de l'établissement et son importance. On peut déjeuner dans la plupart des **cafés** et **des brasseries** ; on y sert, outre le café, la bière, etc., des œufs et des viandes froides. On peut y faire sa correspondance et y consulter le Bottin (*Annuaire des adresses*).

Principaux cafés : *place de la Madeleine*, 2 ; café Durand. — *Boulevard des Capucines* : Grand-Café, 14 ; café de la Paix, 12 ; café Américain, 4 ; café Napolitain, 1. — *Boulevard des Italiens* : café du

Helder, 29 ; café Riche, 16, café Cardinal, 1 et 3. — *Boulevard Montmartre :* cafés Mazarin, Garen, Véron, de Madrid, des Variétés, de Suède, etc. — *Avenue de l'Opéra :* café de Paris, 41 ; Grand-Café, 28 ; Nouveau-Café, 16. — **Au Palais-Royal.** — *Galerie d'Orléans,* café d'Orléans. — *Rue Saint-Honoré,* 161, café de la Régence (*rendez-vous des joueurs d'échecs*).

Rive gauche. — Nombreux cafés, *au quartier Latin,* fréquentés par les étudiants. Brasseries pittoresques, dans le goût flamand, avec boiseries sculptées, vieilles tapisseries, vitraux, etc.

On trouve quelques **bars,** établissements d'imitation anglaise, dans le centre de Paris. Les consommations qu'on y sert sont généralement de premier choix.

DÉBITS DE TABAC

Ces débits vendent du tabac, des cigares et généralement tous les articles pour fumeurs. Pour les achats de cigares de luxe, on s'adressera à la **Manufacture nationale,** *quai d'Orsay,* 63 ; *à la place de la Bourse,* 15, et au Grand-Hôtel, *boulevard des Capucines.*

BAINS

Bains chauds. — Le prix du bain varie entre 50 cent. et 1 fr., linge non compris.

Etablissements : *boulevard Poissonnière,* 30 ; *rue du Faubourg-Montmartre,* 4 ; *rue Vivienne,* 15 ;

rue Saint-Marc, 16; *rue de Rivoli,* 202; **Bains** de **la Samaritaine** (*près du Pont-Neuf*), etc.

Bains froids établis le long de la Seine; école de natation, *quai d'Orsay;* bains du pont Royal; bains du quai Voltaire, etc.

CABINETS INODORES, WATER-CLOSETS

Des chalets de nécessité ont été établis, depuis quelques années, sur les voies principales. Ce sont des constructions de modèle uniforme et facilement reconnaissables (5 et 15 cent.; 15 et 25 cent. avec cabinet de toilette).

II

MOYENS DE TRANSPORT

FIACRES OU VOITURES DE PLACE — VOITURES DE REMISE — OMNIBUS ET TRAMWAYS — CHEMIN DE FER DE CEINTURE — BATEAUX-OMNIBUS

FIACRES OU VOITURES DE PLACE

Ce sont des voitures à deux places et à quatre places, qui stationnent sur la voie publique, près des monuments, etc. Les voitures à deux places sont munies, le plus souvent, d'un strapontin *qu'on n'a le droit d'occuper* que sur le consentement du cocher. On loue les fiacres *à la course ou à l'heure.* Si l'on prend la voiture à l'heure, on prévient le cocher et l'on a soin de contrôler l'heure sur sa montre.

Le cocher *doit* remettre au voyageur un bulletin portant le numéro de la voiture ainsi que le tarif. Il faut garder ce bulletin, pour les réclamations, qu'on adresse, s'il y a lieu, aux bureaux des stations.

La première heure se paye entière ; le temps excédant se paye proportionnellement au temps écoulé.

On doit l'heure entière au cocher appelé à domicile et qui aura attendu plus d'un quart d'heure ; si on ne l'emploie pas, on lui doit, pour le dérangement seul, la moitié du prix de la course ; et le prix de la course, si le temps du déplacement et de l'attente excède 15 minutes.

Le voyageur d'une voiture louée à la course a la faculté de faire arrêter, durant le parcours *choisi* par le cocher, pour déposer ou prendre un ou plusieurs voyageurs.

Le cocher, pris avant minuit 30 m. et n'arrivant à destination qu'après cette heure, est payé, pour la course et pour la première heure, *selon le tarif de jour*; le cocher pris avant six heures du matin en été et sept heures en hiver et n'arrivant à destination qu'après ces heures a droit au *tarif de nuit*.

Les cochers ne sont tenus de conduire les voyageurs, durant le service de jour, dans les bois de Boulogne et de Vincennes et dans les communes contiguës à Paris, que s'ils ont été pris à l'heure.

Les cochers ont la faculté de refuser de franchir les fortifications pendant le service de nuit.

Tarif des voitures de place et de remise

VOITURES STATIONGEANT SUR LA VOIE PUBLIQUE ou dans les gares	DANS L'INTÉRIEUR DE PARIS				AU DELA DES FORTIFICATIONS	
	DE 6 H. DU MATIN EN ÉTÉ (1er avril au 30 sept.) ET DE 7 H. DU M. EN HIVER (1e oct. au 31 mars.) A MINUIT 30.		DE MINUIT 30 A 6 H. DU M. (en été) DE MINUIT 30 A 7 H. DU M. (en hiver)		DE 6 H. DU MATIN A MINUIT (en été) DE 6 H. DU M. A 9 H. DU SOIR (en hiver)	
					Si l'on rentre avec la voiture à Paris la course et l'h.	Si l'on a quitté la voiture hors des fort. indemn. de ret.
	La course	L'heure	La course	L'heure		
Voitures à 2 places............	1 50	2 »	2 25	2 50	2 50	1 »
— 4 —	2 »	2 50	2 50	2 75	2 75	1 »
— 6 —	2 50	3 »	3 »	3 50	3 »	2 »
PRISES AU REMISAGE						
Voitures à 2 places............	1 80	2 25	3 »	3 »	3 »	2 »
— 4 —	2 25	2 70	3 »	3 »	3 »	2 »
— 6 —	2 50	3 »	3 »	3 50	3 »	2 »
Colis. — 1 colis, 25 c.; 2 colis, 50 c., 3 et plus, 75 c.						

Le cocher peut exiger vingt minutes d'arrêt, après deux heures de service en dehors des fortifications. Ce repos est à la charge du voyageur.

Le cocher, pris en dehors des fortifications à destination de Paris, est payé selon le tarif de l'intérieur.

Le cocher, pris dans l'intérieur à destination des communes contiguës à Paris, a droit au tarif de l'extérieur, depuis le moment de la location.

Les colis placés sur l'impériale de la voiture ou auprès du cocher sont soumis à la taxe.

Les objets qu'on tient à la main ou qu'on peut placer dans l'intérieur de la voiture sont transportés gratuitement.

On ne doit aucun pourboire aux cochers; pourtant il est d'usage de leur donner 25 cent. ou 50 cent. par course ou par heure.

Nota. — Le soir, après minuit, prendre de préférence les voitures remisant dans le quartier qu'on habite. Les voitures se reconnaissent à leurs lanternes. — **Vertes** : *quartiers des Invalides et de l'Observatoire.* — **Jaunes** : *Poissonnière, Montmartre.* — **Rouges** : *Champs-Élysées, Passy, Batignolles.* — **Bleues** : *Popincourt, Belleville.*

VOITURES DE REMISE

La Compagnie Générale des Voitures met à la disposition du public des voitures, à l'année, au mois, à la quinzaine, à la journée, etc. : voitures pour visites, voitures pour courses, excursions, etc. On pourra s'adresser, pour les renseignements, au siège social, *place du Théâtre-Français*, et aux agences de location de la Compagnie : *rue Basse-du-Rempart*, 50 *bis ; boulevard Montmartre*, 17; *rue du Havre*, 9.

OMNIBUS ET TRAMWAYS

Des omnibus et des tramways, reliés ensemble par un service de correspondances, desservent Paris et sa banlieue. Nous donnons ci-après la liste complète des lignes et les principaux bureaux de leurs parcours. Les étrangers pourront, à l'aide de ce memento, parcourir Paris dans tous les sens. (En cas d'embarras, se faire indiquer un bureau d'omnibus où l'on trouvera tous les renseignements nécessaires.)

Les voitures s'arrêtent sur la demande du voyageur : il suffit, pour y monter ou pour en descendre, de faire un signe au cocher ou au conducteur.

Le mot *complet*, tracé sur une plaque au-dessus de la portière, indique que toutes les places d'intérieur et de plate-forme sont prises.

Les impériales des omnibus à trois chevaux et celles des tramways sont accessibles aux femmes. On jouit, du haut de ces impériales, du spectacle le plus varié. Un poète les appelait des *balcons roulants*.

Le prix des places est fixé, dans les omnibus et dans les tramways : 30 cent. pour l'intérieur ou la plate-forme (15 cent. pour les soldats), avec droit à un *billet de correspondance* que le voyageur demande en payant sa place ; 15 cent. pour l'impériale (30 cent. avec correspondance).

Le voyageur réclame *le billet de correspondance*, lorsque, pour se rendre d'un endroit à un autre, il doit prendre successivement deux omnibus se croisant sur leurs parcours. Le voyageur qui use du droit de correspondance descend de voiture devant le bureau par lequel passe l'omnibus qui doit le conduire à destination, demande à ce bureau un numéro d'ordre et attend la voiture de correspondance. En montant dans celle-ci, il remet son numéro et, comme payement, son billet au conducteur.

Lorsqu'on prend l'omnibus à une station, il ne faut pas négliger de demander, dans le bureau, *un numéro d'ordre*, en désignant l'endroit où l'on désire aller. De la sorte on est sûr de passer à son tour, quand le conducteur fait l'appel des numéros,

ITINÉRAIRES DES LIGNES D'OMNIBUS

A. *Madeleine-Auteuil*, place de la Concorde, avenue Montaigne, pont de l'Alma, Trocadéro, Passy.

B. *Trocadéro-Gare de l'Est*, faubourg Saint-Honoré, gare Saint-Lazare, Notre-Dame-de-Lorette.

C. *Hotel de Ville-Porte Maillot*, rue de Rivoli, place de la Concorde, place de l'Étoile.

D. *Les Ternes-Boulevard des Filles-du-Calvaire*, Madeleine, Palais-Royal, les Halles, le Temple.

E. *Madeleine-Bastille,* boulevard des Italiens, boulevard Montmartre, boulevard Saint-Martln, boulevard du Temple.

F. *Place Wagram-Bastille,* Monceau, gare Saint-Lazare, Opéra, Bourse, place des Victoires, les Halles.

G. *Batignolles-Jardin des Plantes,* Chaussée-d'Antin, Palais-Royal, Châtelet, Notre-Dame.

H. *Batignolles-Clichy-Odéon,* Notre-Dame-de-Lorette, boulevard de Italiens, Palais-Royal, place Saint-Sulpice.

I. *Montmartre-Halle aux vins,* rue des Martyrs, rue Drouot, Bourse, place des Victoires, Pont-Neuf, place Saint-Michel.

J. *Montmartre-Place Saint-Jacques,* rue Rochechouart, rue Montmartre, Châtelet, boulevard Saint-Michel, rue Saint-Jacques.

K. *Gare du Nord-Boulevard Saint-Marcel,* faubourg et rue Saint-Denis, Châtelet, Notre-Dame, Halle aux vins.

L. *La Villette-Saint-Sulpice,* faubourg et rue Saint-Martin, place Saint-Michel, square Cluny, Ssint-Germain-des-Prés.

M. *Arts et Métiers-Romainville,* gare de l'Est, rue Lafayette, Buttes-Chaumont, Belleville.

N. *Louvre-Belleville,* Banque, rue d'Aboukir, porte Saint-Martin, faubourg du Temple.

O. *Ménilmontant-Gare Montparnasse,* rue Oberkampf, rue Vieille-du-Temple, Châtelet, Pont-Neuf, place Gozlin.

P. *Charonne-Place d'Italie,* Père-Lachaise, Bastille, gare de Lyon, gare d'Orléans.

Q. *Hôtel de Ville-Plaisance,* place Saint-Michel, Saint-Sulpice, rue Vavin, rue de la Gaîté, rue de Vanves.

R. *Faubourg Saint-Honoré-Gare de Lyon,* Palais-Royal, rue de Rivoli, Bastille.

S. *Place de la République-Porte de Charenton,* Bastille, rue de Charenton.

T. *Square Montholon-Gare d'Orléans,* porte Saint-Denis et Saint-Martin, rue Rambuteau, Hôtel de Ville, Jardin des plantes.

U. *Place de la République-Montsouris,* Temple, rue de Turenne, rue Saint-Paul, Halle aux vins, rue Monge, rue Pascal, rue de la Glacière.

V. *Gare du Nord-Boulevard de Vaugirard,* Bourse, place des Victoires, Pont-Neuf, rue Bonaparte, Croix-Rouge.

X. *Gare Saint-Lazare-Vaugirard,* Madeleine, rue des Petits-Champs, rue des Pyramides, rue du Bac, rue de Sèvres.

Y. *Porte Saint-Martin-Grenelle,* rue Montmartre, Palais-Royal, rue du Bac, Invalides, Champ de Mars.

Z. *Bastille-Grenelle,* île Saint-Louis, rue des Écoles, rue de Vaugirard.

AB. *Passy-Bourse,* Avenue d'Eylau, l'Etoile, faubourg Saint-Honoré, Madeleine, les boulevards.

AC. *Champs-Élysées-Petite-Villette,* Madeleine, Chaussée-d'Antin, rue Lafayette, gare du Nord.

AD. *Place de la République-École militaire*, Temple, Hôtel de Ville, Pont-Neuf, place Gozlin, rue de l'Université.

AE. *Place Saint-Michel-Forges d'Ivry*, les quais.

AF. *Courcelles-Panthéon*, boulevard Malesherbes, place de la Concorde, les Ministères, Saint-Sulpice.

AG. *Louvre-Porte de Versailles*, Carrousel, rue Bonaparte, rue de Sèvres, rue de Vaugirard.

AH. *Saint-Sulpice-Auteuil*, rue de Babylone, Grenelle.

AI. *Place Saint-Michel-Gare Saint-Lazare*, Châtelet, Palais-Royal, Opéra.

AJ. *Parc Monceau-la-Villette*, rue Legendre, rue Ordener, rue Riquet.

TQ. *Halles-Porte d'Ivry*, Châtelet, boulevard Saint-Michel, rue Gay-Lussac, avenue des Gobelins, place d'Italie.

TRAMWAYS

Tarif. — Pour l'intérieur de Paris, même tarif que dans les omnibus; pour la banlieue, les prix varient suivant les distances parcourues.

TA. *Louvre-Versailles*, Passy, Auteuil, Point-du-Jour, Billancourt, Sèvres, Chaville, Viroflay. Du Louvre à Billancourt (intérieur, 40 cent.; impériale 25 cent). Du Louvre à Sèvres (50 cent. et 35 cent.); à Chaville (65 cent. et 50 cent.); à Viroflay (75 cent. et 60 cent.); à Versailles (1 fr. et 85 cent.).

TB. *Louvre-Saint-Cloud*, Passy, Auteuil, Boulogne, Saint-Cloud (50 cent. et 25 cent.).

TC. *Louvre-Vincennes*, les Quais, Bastille, Trône, Vincennes de la place du Trône à Vincennes, tarif supplémentaire (intérieur, 10 cent., impériale, 5 cent.).

TD. *Trocadéro-la Villette*, Étoile, Batignolles, Montmartre.

TE. *La Villette-Trône*, boulevard de Belleville, de Ménilmontant.

TF. *Louvre-Cours de Vincennes*, les Halles, rue Turbigo, boulevard Voltaire.

TG. *Gare de l'Est-Montmartre*, boulevard de Strasbourg boulevard de Sébastopol, boulevard Saint-Michel.

TH. *La Chapelle-Square Monge*, gare de l'Est, boulevard de Strasbourg, boulevard de Sébastopol, boulevard Saint-Michel.

TI. *Bastille-Saint-Ouen*, boulevard Voltaire, boulevard Magenta, boulevard Ornano (hors Paris : intérieur, 10 cent : impériale, 5 cent.).

TJ. *Louvre-la Muette*, quais, pont de l'Alma, Trocadéro, Passy.

TK. *Louvre-Charenton*, rue de Rivoli, Bastille, quai de Bercy (hors Paris : intérieur, 20 cent.; impériale, 10 cent.).

TL. *Bastille-Pont de l'Alma*, boulevard Saint-Germain.

TM. *Gare de Lyon-Pont de l'Alma*, gare d'Orléans, boulevard Saint-Germain.

TN. *Rue Taitbout-la Muette*, boulevard Haussmann, Étoile, Trocadéro.
TO. *Gare d'Auteuil-Boulogne.*

TRAMWAYS SUD

Saint-Germain-des-Prés-Fontenay, gare Montparnasse, boulevard d'Enfer, avenue d'Orléans, Châtillon.

Saint-Germain-des-Près-Clamart, gare Montparnasse, rue Lecourbe, Issy, Vanves.

Étoile-Montparnasse, pont de l'Alma, Invalides.

Montparnasse-Bastille, boulevard Montparnasse, boulevard de Port-Royal, boulevard Saint-Marcel, gares d'Orléans, de Lyon.

Gare d'Orléans-Villejuif, quai d'Austerlitz, boulevard de la Gare, Bicêtre.

Gare d'Orléans-Place de la Nation, quai d'Austerlitz, boulevard de Bercy, de Reuilly, et Picpus.

Place de la Nation-Montreuil.

Bastille-Charenton, avenue Daumesnil, Saint-Mandé, bois de Vincennes.

Square Cluny-Vitry, rue Monge, place d'Italie, Ivry.

Square Cluny-Villejuif, rue Monge, Bicêtre.

Pont des Invalides-Issy, École militaire, Grenelle, rue Lecourbe.

TRAMWAYS NORD

Madeleine-Levallois-Perret, boulevard Malesherbes, place Courcelles.

Madeleine-Neuilly, boulevard Malesherbes, place Courcelles.

Madeleine-Courbevoie, boulevard Malesherbes, portes Champerret, Maillot.

Étoile-Suresnes, Neuilly, Courbevoie.

Rue de Rome-Gennevilliers, avenue de Clichy, Clichy, Asnières.

Rue de Rome-Saint-Denis, avenue de Saint-Ouen, Saint-Ouen.

Rue Taitbout-Saint-Denis, rues Lafayette, de Maubeuge, la Chapelle.

Place de la République-Pantin, gares de l'Est, du Nord, rues Lafayette, d'Allemagne.

Place de la République-Aubervilliers, gares de l'Est, du Nord, rues Lafayette, de Flandre.

CHEMINS DE FER

Chemins de fer de Paris à Lyon et à la Méditerranée. — Gare *boulevard Diderot*, 20. Lignes de *Fontainebleau, Genève,* etc.

Chemin de fer d'Orléans. — Gare d'Orléans, *quai d'Austerlitz* (*Orléans, Tours*, etc.); gare de Sceaux, *boulevard d'Enfer.*

Chemins de fer de l'Est. — Gare de Strasbourg, *place de Strasbourg;* gare de Vincennes, *place de la Bastille* (*pour cette gare, omnibus, rue Basse-du-Rempart, et place de la Bourse*).

Chemin de fer du Nord. — Gare du Nord, *place de Roubaix* (*Saint-Denis, Chantilly,* etc.).

Chemins de fer de l'Ouest. — Gare Saint-Lazare, *rue Saint-Lazare*, 110 (*Asnières, Saint-Germain, Versailles*, etc.); gare Montparnasse, *boulevard Montparnasse*, 66 (*Sèvres, Chaville, Versailles*, etc.).

Chemin de fer de Ceinture. — Chemin de fer faisant le tour de Paris. Durée du trajet : 2 h. 5; départ des trains toutes les demi-heures. Prix du parcours entier : 1re classe, 85 cent. ; 2e classe, 55 cent. Correspondances avec les grandes lignes. On peut se servir du chemin de fer de Ceinture pour se rendre au bois de Boulogne, à Vincennes, etc.

Nota. — Pour les renseignements concernant les chemins de fer, consulter l'*Indicateur des Chemins de fer* et les *Livrets Chaix*.

BATEAUX-OMNIBUS
(MOUCHES, HIRONDELLES, BATEAUX-EXPRESS)

Les *Mouches* font le service de l'intérieur de Paris, *du pont de Bercy à Auteuil*. Prix unique : 10 cent. la semaine; 20 cent. les dimanches et fêtes.

Stations desservies :

PONT DE BERCY (entrepôt de Bercy, gare des Marchandises).

PONT D'AUSTERLITZ (Jardin des plantes, gare de Lyon, gare d'Orléans).

PONT DE SULLY (île Saint-Louis).

PONT DE LA TOURNELLE.

QUAI DE LA GRÈVE (Notre-Dame, Hôtel-Dieu, Hôtel de Ville).

Pont au Change (palais de Justice, théâtre du Châtelet).

Pont des Saints-Pères (Institut, Louvre, place du Carrousel).

Pont Royal (Tuileries, rue du Bac).

Pont de la Concorde (Chambre des députés).

Pont des Invalides (Invalides, Champs-Élysées).

Pont de l'Alma.

Le Trocadéro. — Quai de Passy. — Pont de Grenelle. — Quai de Javel.

Auteuil (Point-du-Jour, chemin de fer de Ceinture, bois de Boulogne).

Service de Charenton au pont d'Austerlitz : 10 cent. la semaine ; 15 cent. dimanches et fêtes.

Service du pont Royal a Saint-Cloud et a Suresnes : 30 cent. la semaine ; 50 cent. les dimanches et fêtes. Pont de la Concorde, pont de l'Alma, quai de Passy, Billancourt, Bas-Meudon, Sèvres, Saint-Cloud, Suresnes.

Service des Bateaux-Express. — Pont Royal à Charenton. — Charenton à Lagny (*pendant la belle saison*). — Pont Royal à Suresnes.

III

ADRESSES UTILES

CHANCELLERIES ÉTRANGÈRES — MINISTÈRES — ÉTABLISSEMENTS PUBLICS ET ADMINISTRATIONS — TEMPLES, SYNAGOGUES — CERCLES ET CLUBS — POSTES ET TÉLÉGRAPHES (1)

CHANCELLERIES ÉTRANGÈRES

Allemagne, *rue de Lille*, 78. Bureaux ouverts de midi à 1 h. 1/2.

Angleterre, *rue du Faubourg-Saint-Honoré*, 30. 11 h. à 2 h.

Autriche-Hongrie, *avenue de l'Alma*, 7. 1 h. à 3 h.

Bavière, *rue Washington*, 23. 1 h. à 3 h.

Belgique, *rue du Faubourg-Saint-Honoré*, 153. Midi à 2 h.

Brésil, *rue de Téhéran*, 17. Midi à 3 h.

Danemark, *rue de Courcelles*, 29. 1 h. à 3 h.

Espagne, *rue Saint-Dominique*, 53. 1 h. à 3 h.

États-Unis d'Amérique, *place des États-Unis*, 3. 11 h. à 3 h.

Grèce, *boulevard Haussmann*, 127.

Italie, *rue de Penthièvre*, 11. 11 h. à 2 h.

États-Unis du Mexique, *rue de Miroménil*, 101.

---

(1) Pour toutes les adresses de cette nature, consulter l'Annuaire des adresses Bottin. (On trouve le Bottin dans les hôtels, cafés, etc.)

Pays-Bas, *avenue Bosquet*, 2. 1 h. à 4 h.
Portugal, *rue Saint-Philippe-du-Roule*, 6. Midi à 3 h.
Roumanie, *rue de Penthièvre*, 5.
Russie, *rue de Grenelle*, 79. Midi à 2 h.
Saint-Siège, *avenue Bosquet*, 2. 9 h. à 1 h.
Serbie, *rue de Rivoli*, 240.
Suède et Norvège, *rue de la Baume*, 9. Midi à 2 h.
Suisse, *rue Cambon*, 4. 10 h. à 3 h.
Turquie, *rue Laffitte*, 17. 1 h. à 4 h.

MINISTÈRES

Ministère de la Justice et des Cultes, *place Vendôme*, 11 et 13.

Ministère des Affaires Etrangères, *rue de l'Université*, 130.

Ministère de l'Intérieur, *place Beauvau (faubourg Saint-Honoré).*

Ministère des Finances, *rue de Rivoli, palais du Louvre.*

Ministère de la Guerre, *rue Saint-Dominique*, 14, et *boulevard Saint-Germain*, 231. — Gouvernement militaire de Paris, *place Vendôme*, 9, et *rue Cambon*, 28.

Ministère de la Marine et des Colonies, *rue Royale*, 2.

Ministère de l'Instruction Publique et des Beaux-Arts, *rue de Grenelle*, 110.

Ministère des Travaux Publics, *boulevard Saint-Germain*, 211, 246 et 248.

Ministère de l'Agriculture, *rue de Varennes*, 76, 78, et *boulevard Saint-Germain*, 244.

Ministère du Commerce, *boulevard Saint-Germain*, 244, et *quai d'Orsay*, 25.

Ministère des Postes et des Télégraphes, *rue de Grenelle*, 99, 101, 103 et 105.

ÉTABLISSEMENTS PUBLICS ET ADMINISTRATIONS

Administration de l'Assistance Publique, *place de l'Hôtel-de-Ville*, 3.

Administration des Contributions directes, *au Louvre*.

Administration des Contributions indirectes, *au Louvre*.

Administration des Douanes, *au Louvre*.

Administration des Eaux et Forêts, *au Louvre*.

Administration de l'Enregistrement, des Domaines et du Timbre, *au Louvre*, pavillon Colbert.

Administration des Monnaies et Médailles, *quai Conti*, 11.

Administration municipale, *aux Tuileries* et à *l'Hôtel de Ville*.

Administration des Pompes funèbres, *rue d'Aubervilliers*, 104.

Banque de France, *rue de La Vrillère*, 1 et 3.

Chambre de Commerce, *place de la Bourse*, 2.

Cour des Comptes, *au Palais-Royal*.

Direction générale des Archives, *rue des Francs-Bourgeois*, 60.

Ecole des Chartes, *rue des Francs-Bourgeois*, 58.

Ecole des Mines, *boulevard St-Michel*, 60 et 62.

Ecole Normale supérieure, *rue d'Ulm*, 45.

Ecole Polytechnique, *rue Descartes*, 1-21.

Ecole des Ponts et Chaussées, *rue des Saints-Pères*, 28.

Grande Chancellerie de la Légion d'honneur, *rue de Lille*, 64, et *rue de Solférino*, 1.

Hotel des Ventes mobilières, *rue Drouot*, 5.

Intendance militaire, *rue Saint-Dominique*, 18.

Mont-de-Piété, *rue des Francs-Bourgeois*, 55.

Préfecture de police, *boulevard du Palais*, 7.

Préfecture de la Seine, *aux Tuileries (pavillon de Flore*, et à *l'Hôtel de Ville*.

TEMPLES, SYNAGOGUES

Églises anglicanes. — Église épiscopale, *rue d'Aguesseau*, 5. Style ogival; tableaux anciens. Le dimanche, service en anglais à 11 h. 1/2, 3 h. 1/2 et 8 h. — Église, *cité du Rétiro*, 7, service à 8 h. 1/2, 10 h., 11 h. 1/2 et 3 h. 1/2.— Chapelle du Christ, *boulevard Bineau*, 49, service à 11 h. et à 3 h. 1/2 (cette chapelle est attachée à la Maison de secours avenue Wagram, 77).

Églises américaines. — Église épiscopale, *rue Bayard*, 17, service à 9 h. à 11 h. et à 4 h. — Chapelle, *rue de Berry*, 21, service à 11 h.

Églises calvinistes. — L'Oratoire, *rue Saint-Honoré*, 147, service français à midi, anglais à 1 h. — Sainte-Marie, *rue Saint-Antoine*, 216, service à midi. — Église de Pentemont, *rue de Grenelle*, 106, service à midi. — Saint-Esprit, *rue Roquépine*, 5, service à midi. — Église de l'Étoile, *avenue de la Grande-Armée*, 54, service à 10 h. et à 4 h.

Églises grecques. — Église russe, *rue Daru*. Construite de 1859 à 1861, dans le style gréco-moscovite; belles pyramides dorées, crypte, etc. Les dimanches, mercredis et vendredis, service à 11 h.; les samedis, service à 8 h. du soir. — Chapelle de l'ambassade de Russie, *rue de Grenelle*, 79. — Église roumaine, *rue Jean-de-Beauvais*, 9.

Églises indépendantes. — Chapelle évangéliste baptiste, *rue de Lille*, 48, service à midi. — La Nouvelle Jérusalem, *rue Thouin*, 12. — La Jérusalem délivrée, *avenue de l'Alma*, 17. — Chapelle du Luxembourg, *rue Madame*, 59. — Chapelle Saint-Honoré, *rue Royale*, 23. — Chapelle Taitbout, *rue de Provence*, 42.

Églises luthériennes. — La Rédemption, *rue Chauchat*, 16, service français à midi, allemand à 10 h. — Eglise des Billettes, *rue des Billettes*, 17, service français à midi, allemand à 2 h.

Synagogues. — *Rue Notre-Dame-de-Nazareth*, 15. — *Rue de la Victoire*, 44 (édifice dans le style romain). — *Rue des Tournelles*, 23 (à côté, hôtel du grand rabbin). — *Rue Buffault*, 28 (rite portugais).

CERCLES ET CLUBS

Cercle Agricole, *boulevard Saint-Germain*, 284 ; Artistique, littéraire, *rue Volney*, 7 ; des Beaux-Arts et Franco-Américain, *place de l'Opéra*, 4 ; des Champs-Elysées, *rue Boissy-d'Anglas*, 5 ; du Commerce et de l'Industrie, *boulevard Poissonnière*, 14 bis ; de la Librairie, *boulevard Saint-Germain*, 117 ; des Mirlitons (union artistique), *place Vendôme*, 18 ; de la rue Royale, *place de la Concorde*, etc.

Jockey-Club, *rue Scribe*, 1 bis ; Sporting-Club, *boulevard des Capucines*, 8 ; Yacht-Club, *boulevard des Capucines*, 1 bis, etc.

POSTES ET TÉLÉGRAPHES

Le service de l'Administration des Postes et des Télégraphes compend le transport des lettres, des mandats, des imprimés, des papiers et des petits paquets (*poids maximum 1 kilogr.*) ainsi que la transmission des dépêches télégraphiques.

Postes.— Le bureau central occupe l'Hôtel des Postes, construit récemment, *rue Jean-Jacques-Rousseau* et *rue Etienne-Marcel*. On peut adresser les lettres *poste restante*, soit au bureau central, soit aux bureaux de quartier (*désigner le bureau sur l'adresse.*)

Le bureau central est ouvert de 8 h. du matin à 10 h. du soir, dans la semaine ; jusqu'à sept heures seulement les dimanches et fêtes.

Les bureaux mixtes (service des postes et télégraphes réunis) sont ouverts de 8 h. du matin à 10 h. du soir.

Les bureaux ordinaires sont ouverts de 8 h. du matin à 8 h. du soir; dimanches et fêtes jusqu'à 5 h. seulement.

En dehors des bureaux, il existe sur tous les points de Paris, à la porte des débits de tabac, près des monuments, etc., *des boîtes de quartier* où l'on peut déposer les lettres.

La dernière levée a lieu, pour les boîtes, à 5 h. du soir ; pour les bureaux, à 5 h. 30 et 6 h.

PRINCIPAUX BUREAUX

Hôtel des Postes, rue Étienne-Marcel et rue Jean-Jacques-Rousseau. — Bureaux mixtes, avenue de l'Opéra, 2. — Rue des Capucines, 13. — Rue Saint-Denis, 90.— Place de la Bourse et rue Feydeau, 5.— Rue de Cléry, 30.— Rue de Choiseul, 18 et 20.— Rue des Haudriettes, 4.— Rue Réaumur, 47.— Boulevard du Palais (*Tribunal de Commerce*). — Hôtel de Ville.— Rue de la Bastille, 2. — Boulevard Saint-Germain, 23. — Rue Monge, 104. — Boulevard de l'Hôpital, 26.— Rue Bonaparte, 21.— Rue du Vieux-Colombier, 21. — Rue de Rennes, 150. — Rue de Vaugirard, 36. — Rue de Bourgogne, 2. — Rue de Grenelle, 103. — Avenue des Champs-Elysées, 35. — Boulevard Haussmann, 121. — Rue Montaigne, 26. Boulevard Malesherbes, 101.— Rue Lafayette, 35.— Rue Sainte-Cécile, 7.— Rue Bleue, 14, etc., etc.

Nota.— Pour plus amples renseignements, s'adresser dans un bureau de poste ou consulter l'*Almanach des Postes et des Télégraphes.*

PRIX DU PORT DES LETTRES, DES JOURNAUX, ETC

France, Corse, Algérie, Tunisie. — Lettres affranchies, 0,15 c.; non affranchies 0,30 c. — Lettres pesant 15 à 30 gr. : affranchies, 0,30 c.; non affranchies, 0,60 c. Au-dessus de ce poids, 0,15 c. par 15 gr. ou fraction de 15 gr. pour les lettres affranchies; 0,30 c. pour les lettres non affranchies. *Lettres recommandées*, 0,25 c. en sus de l'affranchissement.

Lettres chargées ou renfermant des valeurs (maximum, 10,000 fr.; déclarer le montant de la souscription et fermer la lettre avec cinq cachets à la cire); en sus de l'affranchissement ordinaire, 0,25 c. de droit fixe et 0,10 c. par 100 fr. ou fraction de 1,000 fr.

Journaux, jusqu'à 25 gr., 0.02 c.; au-dessus de 25 gr., 0,01 c. par 25 gr. ou fraction de 25 gr.

Journaux expédiés dans le département où ils sont édités : 0,01 c. jusqu'à 50 gr., sauf, pour la Seine et Seine-et-Oise où le poids maximum est fixé à 25 gr.; un 1/2 c. en sus par 25 gr. ou fraction de 25 gr.

Imprimés expédiés sous bandes, 5 gr, 0,01 c.; 10 gr. 0,02 c., ainsi jusqu'à 50 gr.; au-dessus, 0,05 par 50 gr. ou fraction de 50 gr.

Papiers d'affaires, 0,05 c. par 50 gr. ou fraction. Poids maximum, 3 kilogr.

Échantillons, 0,05 par 50 gr. ou fraction. Poids maximum, 0 k. 350 gr. Dimensions, 0,45 centim.

pour les papiers d'affaires et 0,30 centim. pour les échantillons.

Avis de réception (*sur demande*) pour les envois recommandés, 0,10 c.

Cartes postales ordinaires 0,10 c.; avec réponse payée 0,20 c.

Colis postaux. — Poids maximum du colis postal, 3 kilogr.; dimensions et volume indéterminés. Livraison en gare 0,60 c.; à domicile 0,85 c.

On expédie ces colis ainsi que les *colis ordinaires* par les bureaux des Compagnies de chemins de fer. Principaux bureaux : **Est** : *rue Basse-du-Rempart*, 52; *rue Turbigo*, 55; *boulevard Sébastopol*, 34; *place Saint-Sulpice*, 60. — **Lyon** : *rue Saint-Lazare*, 88; *rue Etienne-Marcel*, 18; *rue Saint Martin*, 252; *rue Rambuteau*, 6; *rue de Rennes*, 45. — **Nord** : *place de la Madeleine*, 24; *rue Aubry-le-Boucher*, 24; *place de la Bourse*, 6; *rue Cassette*, 1. — **Orléans** : *rue Le Peletier*, 5; *place de la Madeleine*, 7; *boulevard Sébastopol*, 34, *place Saint-Sulpice*, 6. — **Ouest** : *rue du Quatre-Septembre*, 10; *place Saint-André-des-Arts*, 9.

TÉLÉGRAPHE

Le service des dépêches télégraphiques est fait par des bureaux particuliers et par la plupart des bureaux de poste, de 8 h. du matin à 9 h. du soir. Quelques bureaux restent ouverts jusqu'à 11 h. 1/2. Ce sont les bureaux sis : *avenue de l'Opéra*, 2; *avenue des*

Champs-Élysées, 33; *boulevard des Capucines*, 12; *rue Saint-Lazare*, 112; *rue de Dunkerque*, 18; *rue de Vaugirard*, 36.

Les bureaux de la *rue de Grenelle*, 103 (*bureau central*), et de la Bourse (*la nuit, entrée à gauche du monument*), restent ouverts toute la nuit.

Tarif. — France, Corse : 5 cent. par mot, avec un minimum de dix mots.

Entre la France (Corse comprise) et l'Algérie ou la Tunisie : *taxe double*. Etranger (sans minimum), par mot : Allemagne, 20 cent.; Angleterre, 25 cent.; Autriche, 30 cent.; Belgique, 10 cent. et 15 cent.; Espagne 25; Hongrie, 35 cent.; Italie, 20 cent., etc.

Cartes-télégrammes, circulant dans l'intérieur de Paris : cartes ouvertes, 30 cent.; fermées, 50 cent. (On dépose ces cartes dans les boîtes placées à l'extérieur des bureaux de postes ou des bureaux télégraphiques et portant les mots : *Cartes-télégrammes*.)

L'administration se charge des envois d'argent par **mandats télégraphiques.**

TÉLÉPHONES

On trouve dans la plupart des bureaux de postes et télégraphes des cabines téléphoniques. Le prix des communications échangées par leur intermédiaire est fixé à 50 cent. par 5 minutes de conversation.

24.

IV

THÉATRES. — LIEUX DE DISTRACTION

THÉATRES — CONCERTS — CAFÉS-CONCERTS — CIRQUES — BALS PUBLICS — MUSÉE GRÉVIN — SPORT

THÉATRES

Paris compte un grand nombre de théâtres ; quelques-uns ont acquis une réputation européenne : le théâtre de l'Opéra, la Comédie française, l'Opéra-Comique, etc. La plupart des théâtres ferment pendant l'été. Le plus grand nombre donnent en hiver, les dimanches et fêtes, des représentations diurnes ; dites *matinées*, qui ont lieu de 1 h. à 5 h. habituellement.

Les représentations ordinaires ont lieu de 7 h. 1/2 à minuit. Pour les heures exactes d'ouverture des théâtres, on consultera les affiches des spectacles.

Les meilleures places sont les fauteuils d'orchestre, le parterre, le balcon, les premières et les deuxièmes loges de face. Dans la plupart des théâtres les places de côté sont très incommodes.

Lorsqu'on veut être sûr de trouver des places, le soir même, dans un théâtre qui joue une pièce à succès, il faut avoir soin de les louer d'avance, soit au bureau du théâtre, soit aux agences de location des théâtres : *place de l'Opéra*, 6 ; *avenue de l'Opéra*, 38 ; *boulevard des Italiens*, 15, etc. On a placé dans chaque bureau de location des modèles réduits des diverses salles des pectacle, à l'aide desquels on peut choisir les places qu'on désire louer. Les billets pris en location se payent 1 fr. à 2 fr. de plus que les billets pris au guichet. Pour les places louées d'avance, nous recommandons le bureau de location établi dans la *salle des dépêches* du *Figaro, rue Drouot*, 26. (*Billets loués aux mêmes prix que dans les bureaux des théâtres.*)

Les dames sont reçues à toutes les places, excepté aux places de parterre ; dans les principaux théâtres, les Français, l'Opéra-Comique, le Palais-Royal, les Variétés, elles ont accès aux fauteuils d'orchestre. Elles sont admises au parterre et à l'orchestre, les samedis et dimanches, à l'Opéra.

Le service de l'intérieur des salles est fait par des *ouvreuses*. Elles sont chargées d'indiquer les places, de placer les *petits bancs* sous les pieds des dames, etc. (pourboire, 30 à 50 cent.).

Opéra. — *Place de l'Opéra.* — 800,000 fr. de subvention. Répertoire : grands opéras de Meyerbeer, Rossini, Halévy, Auber, etc.

Prix des places (au bureau) : loges de face et fauteuils d'amphithéâtre, 15 fr. ; orchestre, 13 fr. ; parterre, 7 fr. ; 2es loges de face, 12 fr. ; 3es de face, 8 fr. ; 4es 4 fr.

Théâtre-Français.—*Place du Théâtre-Français.*— 240,000 fr. de subvention. Répertoire classique : Corneille, Racine, Molière, etc.

Opéra-Comique. — *Place du Châtelet* (provisoirement). — 300,000 fr. de subvention. Opéras-comiques d'Auber, Boïeldieu, Adam, Donizetti, etc.

Odéon. — *Place de l'Odéon.* — 100,000 fr. de subven ion. Second Théâtre-Français. Tragédies, drames, comédies.

Gymnase. — *Boulevard Bonne-Nouvelle,* 38. Répertoire moderne : drames, comédies, vaudevilles. Les dames sont admises à l'orchestre.

Variétés. — *Boulevard Montmartre.* Vaudevilles, opérettes.

Vaudeville. — *A l'angle du boulevard des Capucines et de la chaussée d'Antin.* Drames, comédies, vaudevilles. Les dames sont admises à l'orchestre.

Palais-Royal. — *Palais-Royal, péristyle Montpensier.* Vaudevilles et pièces bouffes.

Bouffes. — *Passage Choiseul.* Opérettes et revues.

Nouveautés. — *Boulevard des Italiens,* 28. Vaudevilles, opérettes.

Gaîté. — *Square des Arts-et-Métiers.* Drames, comédies, féeries. Dames admises à toutes les places.

Porte-Saint-Martin. — *Boulevard Saint-Martin,* 16 et 18. Drames, comédies. Dames admises à toutes les places.

Renaissance. — *Boulevard Saint-Martin* (à côté du précédent). Drames et pièces à grand spectacle. Dames admises à toutes les places.

Ambigu-Comique. — *Boulevard Saint-Martin,* 2. Mélodrames, féeries. Dames admises à toutes les places.

Folies-Dramatiques. — *Rue de Bondy,* 40. Vaudevilles, opérettes. Dames admises à toutes les places.

Châtelet. — *Place du Châtelet.* Pièces à grand spectacle, féeries. Dames admises à toutes les places.

Château-d'Eau. — *Rue de Malte,* 50. Mélodrames.

Eden-Théâtre. — *Rue Boudreau.* — Pantomimes et ballets à grand spectacle.

Déjazet, *boulevard du Temple,* 41; **Cluny,** *boulevard Saint-Germain,* 71; **Beaumarchais,** *boulevard Beaumarchais;* **Menus-Plaisirs,** *boulevard de Strasbourg,* 14; **Bouffes-du-Nord,** *boulevard de la Chapelle,* etc.

CONCERTS

Célèbres concerts du Conservatoire de musique, *rue du Faubourg-Poissonnière,* 15. Deux concerts par mois, 2e et 4e dimanches, du mois de janvier au mois d'avril. En outre, *trois concerts spirituels,* pendant la semaine sainte et la semaine de Pâques. Répertoire classique : Hændel, Mozart, Beethoven, etc. Comme presque toutes les places sont louées d'avance par des abonnés, il est très difficile aux étrangers de s'en procurer.

Concerts Lamoureux. — Eden-Théâtre, *rue Boudreau.* Pendant l'hiver, concerts, les dimanches, après midi. Grand répertoire classique : Bach, Beethoven, etc.

Concerts Colonne. — Théâtre du Châtelet, *place du Châtelet.* Pendant l'hiver, concerts, les dimanches, après midi : Beethoven, Berlioz, Saint-Saëns, etc.

Salle Pleyel. — *Rue Rochechouart*, 22 ; Erard, *rue du Mail*, 13 ; Herz, *rue de la Victoire*, 38, et *rue Charras*, 4 : pendant l'hiver, nombreux concerts (musique de chambre particulièrement).

Pendant la saison d'été, concerts aux Champs-Elysées, tous les soirs, depuis 8 h. (Voir plus bas, *Cafés-concerts*.) Concerts du Jardin d'acclimatation ; concerts publics du Jardin des Tuileries, du Palais-Royal, etc.

CAFÉS-CONCERTS

Le répertoire des cafés-concerts comprend des vaudevilles, des chansonnettes, des monologues, des ballets, etc.

Quelques cafés-concerts affichent à leurs portes : *Entrée libre*. On est toutefois obligé, dans ces établissements, de prendre au moins une consommation, dont le prix varie de 1 fr. à 3 fr., suivant la place qu'on a choisie.

Folies-Bergère. — *Rue Richer*. Prix d'entrée : 2 fr. ; **Eldorado,** *boulevard de Strasbourg*, 4 ; **Alcazar d'hiver,** *rue du Faubourg-Poissonnière*, 10 ; **La Scala,** *boulevard de Strasbourg* ; **Concert Parisien,** *rue du Faubourg-Saint-Denis*, 37 ; **Eden-Concert,** *boulevard de Sébastopol*, 17 ; **Ba-ta-clan,** *boulevard Voltaire*, 50.

Cafés-concerts d'été aux Champs-Elysées. — A droite : les Ambassadeurs et l'Alcazar d'été ; à gauche, l'Horloge. Derrière le palais de l'Industrie ; le **Jardin de Paris**.

CIRQUES

Hippodrome, *avenue de l'Alma*, 3, et *avenue Marceau*, 8. Pantomimes à grands spectacles, courses de chars, etc. Prix : 3 fr., 2 fr., 1 fr.

Cirque d'été, *aux Champs-Elysées* (de mai à fin octobre). Tous les soirs, exercices équestres, gymnastique, etc. (Le samedi, soirées du monde élégant.) Prix : 3 fr., 1 fr.

Cirque d'hiver, *boulevard des Filles-du-Calvaire.* Prix : 2 fr., 1 fr., 50 cent. Ouvert du 1er novembre au 30 avril.

Cirque Fernando, *boulevard Rochechouart et rue des Martyrs.* Fauteuils, 3 fr., premières, 1 fr 50.

Nouveau Cirque, rue Saint-Honoré (jeux nautiques).

BALS PUBLICS

Pendant le carnaval, quatre bals masqués sont donnés dans la salle de l'Opéra, trois du mois de janvier au mardi gras et un à la mi-carême. — Pendant le carnaval également, bal, dit *bal des artistes*. Ce bal a lieu, soit à l'Opéra, soit à l'Opéra-Comique. Prix d'entrée des bals de l'Opéra et du bal des artistes : un cavalier, 20 fr. ; une dame, 10 fr.

Eden-Théâtre, *rue Boudreau*, bals masqués, tous les samedis d'hiver. Prix, 10 fr. et 5 fr.

Bullier (autrefois Closerie des Lilas), *carrefour de l'Observatoire*. Bals fréquentés par les étudiants du quartier Latin les jeudis, samedis et dimanches, pendant toute l'année. Prix d'entrée : 1 fr. ; les jeudis, 2 fr. Entrée gratuite pour les dames. Pendant le carnaval, bals masqués tous les samedis : 2 fr. Entrée gratuite pour les dames.

Elysée-Montmartre, *boulevard Rochechouart*, 81, Les dimanches, mardis, jeudis et samedis.

Tivoli-Wauxhall, *rue de la Douane*, 12-16., Dimanches, mercredis, jeudis et samedis.

Le Jardin de Paris, aux Champs-Elysées, tous les soirs.

MUSÉE GRÉVIN

Musée Grévin. Galerie de figures et de groupes reproduisant des personnages célèbres et des scènes d'actualité, *boulevard Montmartre*, 8. Prix d'entrée : 2 fr., la semaine ; 1 fr., les dimanches.

V

JOURS ET HEURES D'OUVERTURE
DES MONUMENTS, SQUARES, ETC.

Arc de Triomphe de l'Étoile. S'adresser au gardien (pourboire).

Archives nationales. Les dimanches, de midi

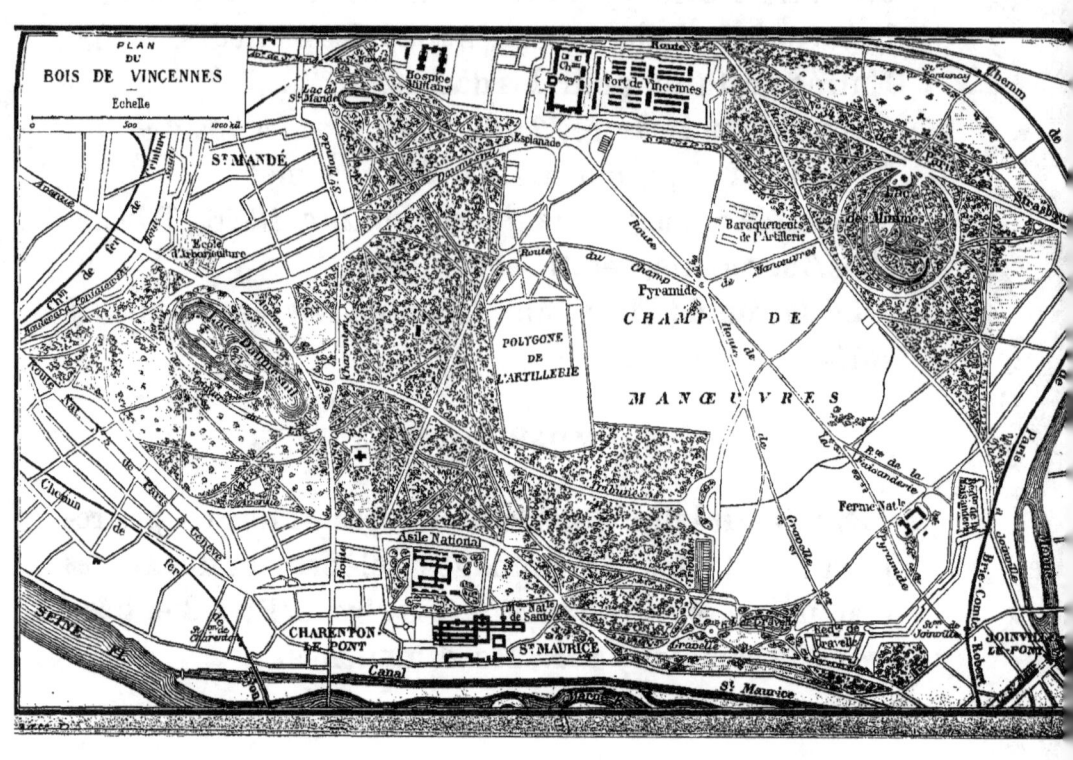

à 3 h. (*les jeudis aux mêmes heures, avec l'autorisation du directeur*).

Arts et Métiers (*Conservatoire des*). Les dimanches et fêtes, les mardis et les jeudis de 10 h. à 4 h.

Banque de France. Tous les jours non fériés, de 9 h. à 4 h. Pour visiter la galerie de l'hôtel de Toulouse, s'adresser au secrétariat du conseil général de la Banque, tous les jours, de 2 h. à 4 h., **excepté le dimanche.**

Beaux-Arts. Les dimanches. Pour visiter dans la semaine, s'adresser au concierge (pourboire).

Bibliothèques publiques. Ouvertes tous les jours non fériés, de 10 h. à 3 h. ou 4 h., quelques-unes le soir.

Bibliothèque nationale (*salles d'exposition*). Les mardis et vendredis, de 11 h. à 4 h.

Bourse. Tous les jours non fériés, de 1 h. à 5 h.

Catacombes. Visites le 1er et le 3e samedi de chaque mois, à midi 3/4, avec une carte. S'adresser, pour l'obtenir, au directeur des Travaux de Paris, à la Préfecture de la Seine.

Chambre des députés. Tous les jours, pendant les vacances (pourboire).

Château de Vincennes. Tous les jours, de midi à 4 h. avec une autorisation du ministre de la guerre ou du commandant de la place de Paris.

Collège de France. S'adresser au concierge (pourboire).

Conservatoire de musique. Musée ouvert les jeudis de midi à 4 heures.

Église russe. Les dimanches et jeudis de 3 h. à 5 h. (pourboire).

Égouts. Visites pendant la belle saison. Entrée, place du Châtelet (avec une carte délivrée par le directeur des Travaux de Paris).

Exposition permanente des colonies françaises, au palais de l'Industrie, tous les jours. *Entrée gratuite.*

Exposition (Salon de peinture, de sculpture, etc.). Du 1er mai au 20 juin. Entrée gratuite les dimanches. Pendant la semaine 1 fr.; 2 fr. avant midi; 5 fr. les vendredis.

Garde-Meuble. Les jeudis, dimanches et fêtes de 10 h. à 4 h. Dépôt de cannes et parapluies gratuit.

Hôpitaux. Ouverts au public généralement les jeudis et dimanches de 1 h. à 3 h.

Hôtel des Invalides. Tous les jours, excepté les dimanches, de 11 h. à 5 h. Le dôme et le tombeau de Napoléon sont ouverts les lundis, mardis, jeudis et vendredis de midi à 3 h.

Imprimerie nationale. Les jeudis à 2 h., (avec une autorisation délivrée par le directeur sur demande écrite).

Jardin des Plantes. Ouvert tous les jours (galeries et ménageries de 1 h. à 4 h.).

Manufacture des Gobelins. Les mercredis et samedis, de 1 h. à 3 h.

Monnaie. Les mardis et vendredis de midi à 3 h. (*avec une permission*).

Musée d'artillerie des Invalides, p. 183. Les mardis,

jeudis et dimanches, de midi à 4 h. (jusqu'à 3 h. seulement en hiver).

Musée des Arts décoratifs. Tous les jours de 10 à 5 h.; 1 fr. la semaine, 0,50 c; les dimanches.

Musée Carnavalet. Les jeudis et dimanches de 11 h. à 4 h.

Musée de Cluny. Tous les jours, excepté le lundi.

Musée de l'École des mines. Les mardis, jeudis et samedis de 11 h. à 3 h.

Musée du Louvre. Tous les jours, excepté le lundi, de 10 h. à 4 h.

Musée du Luxembourg. Tous les jours, excepté le lundi, de 10 h. à 4 h.

Musées du Trocadéro : d'*Ethnographie*, les jeudis et dimanches de midi à 5 h.; de *Sculpture comparée*, tous les jours, excepté le lundi, de 11 h. à 4 h.

Notre-Dame (Trésor de). Visible tous les jours de midi à 4 h. (carte 0,50 c.).

Palais de Justice. Tous les jours non fériés, conciergerie, cuisines de saint Louis et salle des Gardes, visible les jeudis de 10 h. à 4 h., avec une autorisation. Écrire au directeur des prisons, à la préfecture de police).

Panthéon. Dôme et crypte visibles tous les jours de 10 à 4 h. Prendre une carte à l'entrée de l'église, 0,50 c. et aller attendre dans le croisillon de gauche le gardien chargé de conduire les visiteurs (pourboire).

Sainte-Chapelle. Dimanches et fêtes, mardis et samedis de midi à 4 h.

Squares. — Ouverts tous les jours au public du matin au soir.

Tabacs (Manufacture des). Les jeudis de 10 h. à 4 h. (avec une autorisation du directeur).

Nous citerons encore, afin de compléter cette liste :

Chapelle Saint-Ferdinand. S'adresser au concierge, route de la Révolte, 13 (pourboire).

Colonne de Juillet, Colonne Vendôme. S'adresser au gardien pour monter au sommet.

Institut de France. Tous les jours de 11 h. à 1 h., sauf le 1er jeudi de chaque mois. S'adresser au secrétariat.

Institution des Jeunes Aveugles. Le mercredi de 1 h. 1/2 à 4 h., (avec une permission du directeur).

Institution des Sourds-Muets. Le mardi de 2 h. à 4 h. (autorisation du directeur ou du ministère de l'intérieur).

Jardin fleuriste de la Ville de Paris. Tous les jours de 1 h. à 6 h. en été, de 1 h. à 5 h. en hiver. (Avec une carte délivrée par la Préfecture de la Seine, directeur des Travaux.)

Jardin zoologique d'Acclimatation. Tous les jours. Prix d'entrée : en semaine 1 fr. par personne, 0 fr. 50 le dimanche. Concert le jeudi et le dimanche, pendant la belle saison, d'avril à octobre.

Musée d'Anatomie comparée, ou Musée Orfila. Visible pour les personnes munies d'une autorisation du doyen de la Faculté de médecine.

Musée Dupuytren. Visible avec une autorisation du conservateur.

Observatoire. Le 1er samedi de chaque mois, de 2 h. à 4 h. (permission du directeur).

Sacré-Cœur (Église votive du). Prendre un billet (0 fr. 25) rue de Fontenelle, 31 (pour la visite de la crypte, pourboire en plus).

Saint-Sulpice. Entrée des tours, 0 fr. 20 par personne.

Sorbonne. Amphithéâtres ouverts aux heures des cours. Église ouverte toute la journée les jours fériés : pendant la semaine, le matin jusqu'à 9 h. et de 1 h. à 3 h. de l'après-midi. (Pour approcher du tombeau de Richelieu on donne un pourboire.)

Tour de l'Hôtel de Bourgogne. S'adresser rue Vauvilliers, 15, à l'architecte du Ier arrondissement.

Val-de-Grâce (Église du). Tous les jours de midi à 4 h.

Prisons. — Visibles avec une permission du préfet de police obtenue sur *demande motivée*.

QUELQUES ITINÉRAIRES

Les voyageurs qui n'ont que quelques journées à consacrer à la visite d'une ville comme Paris doivent tenir compte de tous les instants, s'ils veulent voir à peu près tout ce qu'elle offre d'intéressant. Dans la pensée de leur éviter des courses inutiles et de leur épargner quelques heures, nous avons dressé ce petit tableau d'itinéraires.

I

Louvre. — Saint-Germain-l'Auxerrois. — Rue de Rivoli. — Oratoire Saint-Honoré. — Place du Palais-Royal. — Théâtre-Français (avenue de l'Opéra à gauche). — Rue de Richelieu. — Fontaine Molière. — Bibliothèque nationale. — Bourse. — Rue Notre-Dame-des-Victoires.— Place des Victoires (Louis XIV).— La Banque. — Louvre et Théâtre-Français (soirée).

II

Halles centrales. — Fontaine des Innocents. — Saint-Leu et Saint-Gilles. — Saint-Eustache. — Boulevard de Sébastopol. — Arts et Métiers. — École centrale des arts et manufactures. — Saint-Merri. — Saint-Nicolas-des-Champs. — Boulevard Saint-Denis. — Les grands boulevards et les portes Saint-Martin et Saint-Denis. — Théâtres des boulevards. — Folies-Bergère, musée Grévin, etc. —

Conservatoire. — Opéra. — La Trinité. — Les grands cafés.

III

La Madeleine. — La rue Royale. — Place de la Concorde. — Pont de la Concorde. — Chambre des députés. — Quai d'Orsay. — Palais de la Légion d'honneur. — Pont Royal. — Jardin des Tuileries. — Carrousel.

IV

Jardin et bâtiments du Palais-Royal. — Rue des Petits-Champs. — Avenue de l'Opéra. — Rue des Pyramides. — Jeanne d'Arc. — Saint-Roch. — Rue Saint-Honoré. — Palais de l'Élysée. — Champs-Élysées. — Palais de l'Industrie. — Panorama. — Pont des Invalides. — Hôtel et esplanade des Invalides. — Palais archiépiscopal. — Sainte-Clotilde. — Boulevard Saint-Germain (divers ministères). — Saint-Thomas-d'Aquin. — Rue du Bac. — Fontaine de la rue de Grenelle. — Louvre.

V

Place et colonne Vendôme. — État-major de la 1re division militaire. — État-major de la place. — Rue de la Paix. — Rue Scribe. — Notre-Dame de Lorette. — Gare Saint-Lazare. — Place de l'Europe. — Rue de Constantinople. — Boulevard de Courcelles. — Parc Monceau. — Église grecque russe. — Saint-Philippe-du-Roule. — Avenue Hoche. — Arc de Triomphe. — Le Bois de Boulogne.

VI

Louvre. — Pont des Arts. — Institut. — Statue de Voltaire. — Bibliothèque Mazarine. — Monnaie. — École des beaux-arts. — École des ponts et chaussées. — Saint-Germain-des-Prés. — Statue de Diderot. — **Saint-Sulpice** (église, séminaire et fontaine). — Luxembourg (jardin et palais). — Le Sénat. — L'Odéon. — Fontaine Carpeaux. — Observatoire. — École de pharmacie.

VII

Place Denfert (Lion de Belfort). — Parc et Observatoire de Montsouris (réservoir de la Vanne). — Boulevard Saint-Michel. — École des mines. — Val-de-Grâce. — Panthéon. — Saint-Étienne-du-Mont. — École polytechnique. — Bibliothèque Sainte-Geneviève. — École de droit. — Lycée Louis-le-Grand. — Collège de France. — Lycée Saint-Louis. — Musée de Cluny. — École de médecine. — École des arts décoratifs. — Église Saint-Séverin. — Fontaine Saint-Michel. — Quai des Augustins. — Pont-Neuf (Henri IV). — Soirée : théâtre du Palais-Royal.

VIII

Place du Châtelet. — Pont au Change. — Palais de Justice et Sainte-Chapelle. — Tribunal de commerce. — Casernes municipales. — Hôtel-Dieu. — Hôtel de Ville. — Caserne Notre-Dame. — La Morgue. — Ile Saint-Louis. — Église Saint-Gervais et Saint-Protais. — Boulevard Henri IV. — La Bastille. — Gare de Lyon. — L'Arsenal. — Jardin des Plantes. — Gare d'Orléans. — Halle aux vins. — La Salpêtrière et statue de Pinel. — Marché aux chevaux. — Gobelins.

IX

Hôtel de Ville. — Assistance publique. — Hôtel Carnavalet. — Archives. — Imprimerie nationale. — Place de la République. — Avenue de la République. — Cimetière du Père-Lachaise. — Buttes Chaumont. — Canal Saint-Martin. — Abattoirs et marchés de la Villette. — Gares de l'Est et du Nord. — Église Saint-Laurent. — Église Saint-Vincent-de-Paul. — Boulevard de Strasbourg et cafés-concerts.

X

Place des Vosges. — Colonne de Juillet. — Place de la Nation (statues). — Vincennes. — Chemin de fer de Ceinture. — Entrepôts de Bercy. — Le bateau-mouche jusqu'au Louvre.

XI

Place de la Concorde. — Quai d'Orsay. — Manufacture des tabacs. — Boulevard Latour-Maubourg. — Avenue de Breteuil (Puits artésien). — École militaire. — Champ de Mars. — Trocadéro. — La Seine jusqu'au Point-du-Jour. — Chemin de fer de Ceinture (viaduc d'Auteuil) jusqu'à la porte Maillot.

RENSEIGNEMENTS

ET

ADRESSES UTILES

| TÉLÉPHONE | THÉATRE | TÉLÉPHONE |

DES

FOLIES-BERGÈRE

32, RUE RICHER, 32

Éclairé entièrement à la lumière électrique

TOUS LES SOIRS

De 8 heures 1/2 à minuit

Spectacle nouveau et varié

BALLETS, PANTOMIMES, ATTRACTIONS DE TOUS GENRES

GRAND JARDIN, FONTAINES LUMINEUSES

JEUX VARIÉS, SALONS INTERNATIONAUX

GRAND CAFÉ — BARS

Les meilleurs artistes des principales villes du monde ont été spécialement engagés en vue de l'Exposition.

PRIX D'ENTRÉE :

Promenoirs, 2 fr ; Fauteuils, 3 fr.; Loges, 4 fr.

CHEF D'ORCHESTRE : **DESORMES**
MAITRE DE BALLET : **JUSTAMANT**

Après une journée passée à l'Exposition

Tous les amateurs de franche gaieté se donneront certes rendez-vous au magnifique établissement du Boulevard de Strasbourg :

LE CHARMANT CONCERT

DE

LA SCALA

(CIEL OUVERT)

car on ne pourrait mieux terminer sa soirée qu'en allant entendre et applaudir :

Mesdames	*Messieurs*
AMIATI	BATAILLE
PAULY	LIBERT
BREBION	RÉVAL
J. BLOCK	OUVRARD
BLOCHETTE	CAUDIEUX
DARRIS	BRUNET
DOWE	CLOVIS
VALTI	ETC., ETC.
LAMBERTI	
GENÈVE	

AMUSEMENTS

Nous ne saurions trop recommander

L'admirable et élégant Concert

DE

L'ELDORADO

BOULEVARD DE STRASBOURG

à tous nos lecteurs qui désirent passer une soirée des plus amusantes et des plus agréables ; car, tout en savourant leur café et en fumant un excellent cigare au frais, avec le plafond ouvert, ils pourront applaudir des artistes de premier ordre, tels que :

MESDAMES

**BONNAIRE, AMIATI, RIVIÈRE
CHÂLON, THIBAUD
NOËLLY, STELLY, MÉALY**

MESSIEURS

**J. ARNAUD, BOURGÈS, GAUDEL, SULBAC
BRUET, VAUNEL, PLÉBINS**, ETC., ETC.

JARDIN DE PARIS

AUX CHAMPS-ÉLYSÉES

Derrière le Palais de l'Industrie

TOUS LES SOIRS A 8 H. 1/2

SPECTACLE-CONCERT

Divertissements variés

LES MARDIS, MERCREDIS, VENDREDIS ET SAMEDIS

APRÈS LE CONCERT

FÊTE DE NUIT

BAL

AVEC LE CONCOURS

De toutes les Célébrités chorégraphiques de Paris

MIRABEAU

8, RUE DE LA PAIX, 8

PARIS

HOTEL DE FAMILLE

ET

RESTAURANT RENOMMÉ

CONFORT ET TRANQUILLITÉ

BOITES ROSES ET BLEUES	DRAGÉES POUR BAPTÊMES	BONBONS
400 gr. environ, la douzaine, 42 fr. 200 — — 24 fr.	L'emploi exclusif des extraits concentrés de fruits naturels fait la délicatesse et la supériorité Bonbons et Dragées Siraudin	MARRONS GLACÉS
AVEC INITIALES ET NOM DE L'ENFANT		BONBONS FRAPPÉS POUR THÉÂTRE
BOITES SOIES Avec Peinture à la Main	*Siraudin* 3, P.ce de l'Opéra PARIS	FANTAISIE POUR ÉTRENNES
 MARQUE DE FABRIQUE		 MARQUE DE FABRIQUE
CHOCOLATS		BONBONS CHOCOLATS
THÉS	ANCIENNE MAISON LOUIS MARQUIS	CHOCOLATS DE
CACAOS EN POUDRE	Le choix rigoureux des matières premières CACAOS, SUCRE ET VANILLE	SANTÉ
CAFÉS	LES SOINS TOUT PARTICULIERS PORTÉS A LA FABRICATION ASSURENT LA SUPÉRIORITÉ	CHOCOLATS A LA VANILLE
VANILLES		
3 Place de l'Opéra	PELLETIER & C.ie SUCCESSEURS	17 B.ard des Capucines

CLOS MARATHON
Propriété P. SKOUSÉS

MONOPOLE
DES
Caves du Grand-Hôtel
12, BOULEVARD DES CAPUCINES, 12
PARIS

Pour les années 1881, 1882, 1883, 1884, 1885, 1886, 1887, 1888, 1889 1890, 1891, 1892, 1893 et 1894.

Le **Clos Marathon** est un vin grec de premier ordre, blanc et sec, d'une belle couleur claire, d'une finesse extrême, d'une vinosité et d'un bouquet délicieux, dont la Société du **Grand-Hôtel à Paris** a pu acquérir le **monopole** pour une période de quatorze années, 1881 à 1894.

Le Vignoble, propriété de M. Paul Skousés, banquier à Athènes, est situé à 48 kilomètres de cette ville, dans la plaine de Marathon, où jadis Miltiade remportait la fameuse victoire sur les Perses.

Il est garanti que le **Clos Marathon** se conserve parfaitement en bouteilles et qu'il gagne en vieillissant.

Bu avec les huîtres, le poisson et le foie gras, aucun autre vin ne l'égale.

Les récoltes de 1882, de 1883 et de 1884, sont actuellement en vente dans les **Caves du Grand-Hôtel**, à Paris.

PRIX COURANT

Clos Marathon 1882......... à fr. 4 la bouteille.
Clos Marathon 1883......... » 3 »
Clos Marathon 1884......... » 3 »

FRANCO
VERRE ET EMBALLAGE COMPRIS

A domicile dans Paris, ou, pour la Province et l'Étranger, aux gares de Bordeaux et de Paris.

PRIÈRE D'ADRESSER LES ORDRES
Aux Caves du Grand-Hôtel, Paris

GRAND-VÉFOUR

CAFÉ DE CHARTRES

RESTAURANT DE PREMIER ORDRE

Attenant au théâtre du Palais-Royal

PAR LE PÉRISTYLE DE JOINVILLE

SALONS

Pour Banquets et Réunions de Famille

HERBOMEZ

PROPRIÉTAIRE

79 à 82, Palais-Royal, 79 à 82

ENTRÉE DES VOITURES

17, Rue de Beaujolais, 17

PARIS

ROBES ET CONFECTIONS

Blanche Lebouvier

3, Rue Boudreau, 3

PRÈS L'OPÉRA

PARIS

454 COSTUMES

FÉLICIE VACHER

MODES

41, BOULEVARD MALESHERBES, 41

PARIS

ENGLISH SPOKEN

CHAPELLERIE

Ne quittez pas

PARIS

sans faire prendre

la conformation

de votre tête

par

Envoi franco Province

PORCELAINES, CRISTAUX ET FAIENCES

GRAND DÉPÔT

E. BOURGEOIS
24, Rue Drouot, PARIS

PORCELAINES, FAIENCES, CRISTAUX

La Première Maison du Monde pour les Services de Table et Desserts

SERVICE DE TABLE KERRY GRIS FER
FORME GRANVILLE

Table, 12 couverts, 74 pièces............ **100 fr.**
Desserts, 12 couverts, 42 pièces....... ... **50 fr.**

Envoi franco sur demande du Catalogue colorié.

Intéressante Découverte Parisienne
DE LA
PARFUMERIE-ORIZA
DE
L. LEGRAND, 207, r. St-Honoré, PARIS

ESS. ORIZA, PARFUMS SOLIDIFIÉS

12 ODEURS
DÉLICIEUSES
Sous forme de Crayons et Pastilles.

Il suffit de frotter légèrement sur les Objets pour les parfumer instantanément.

LISTE DES
PARFUMS CONCENTRÉS

Catalogue-Bijou est envoyé gratis et franco

Violette du Czar.
Jasmin d'Espagne.
Héliotrope blanc.
Lilas de Mai.
Foin coupé.
Oriza lys.
Jockey-Club Bouquet.
Opoponax id.
Caroline id.
Mignardise id.
Impératrice id.
Oriza Derby id.

SE MÉFIER DES CONTREFAÇONS.

Détail chez tous les Coiffeurs et Parfumeurs.

Gustave SANDOZ

Fabricant de Bijouterie, Joaillerie, et Horlogerie

EXPOSITION D'AMSTERDAM
2 Médailles d'or, Chevalier de la Légion d'honneur.

EXPOSITION DE BARCELONE
Président du Jury, Officier de la Légion d'honneur.

147, 148, Galerie de Valois. — Ateliers, 21, rue de Valois.

AUBER

PASSAGE DU PERRON, en face de la rue Vivienne
PALAIS-ROYAL

BIJOUX DE DEUIL ET FANTAISIE

ORFÈVRERIE ARGENT ET IMITATION

COUTELLERIE EN TOUS GENRES

BOUTONS NOUVEAU SYSTÈME (double bascule)
Pour cols devant, cols derrière, manchettes et poignets.

A. GHIO
Libraire-Éditeur, Galerie d'Orléans

EXPOSITION UNIVERSELLE DE 1889

SALON INTERNATIONAL DE LECTURE ET DE CORRESPONDANCE
CHAMP DE MARS, TERRASSE DES BEAUX-ARTS

JOURNAUX EN TOUTES LANGUES

Service d'express pour le départ des lettres 50 minutes après la dernière levée
Trente Interprètes sont attachés au Salon international
de Lecture et de Correspondance

PALAIS-ROYAL

CRISTAUX ET PORCELAINES DE LUXE
C. BOUTIGNY
Ancienne maison Bernard Palissy, fondée au Palais-Royal en 1848

225, 226, 227, 228, 229, 230, 231, 232, 233, 234, 235
Péristyle Montpensier

6, RUE MONTPENSIER
21-22, Galerie Montpensier, 21-22
18, RUE MONTPENSIER
23, 24, 25, Galerie de Chartres, 23, 24, 25

L'INGÉNIEUR STROPÉ
OPTICIEN CONSTRUCTEUR
Auteur de la Conservation de la vue,
des Conseils aux myopes et aux presbytes.
*Petit-fils et fils de Jacques et Paul Sropé,
opticiens de père en fils depuis 1785.*

FABRIQUE DE JUMELLES
Pour le Théâtre, la Campagne, la Marine
Et de tous les instruments pour remédier aux affections visuelles
24, GALERIE MONTPENSIER (Palais-Royal)

LAURENT
GALERIE MONTPENSIER, 54—55

CANNES RICHES — OBJETS POUR FUMEURS
BONBONNIÈRES ET TABATIÈRES OR ET ARGENT
ORFÈVRERIE DE STYLE
FLACONS — MAROQUINERIE FINE

GRAND-VÉFOUR
Café de Chartres

RESTAURANT DE PREMIER ORDRE
Attenant au Théâtre du Palais-Royal par le péristyle de Joinville
ENTRÉE DES VOITURES : 17, rue de Beaujolais

Maison BAILLY
FONDÉE EN 1835
Recommandée par sa nombreuse et élégante clientèle

P. SEVESTRE & A. GRENIER
CHEMISIERS

CALEÇONS	CRAVATES
MOUCHOIRS	MOUCHOIRS
English spoken	Gilets de Flanelle

21, 23, Galerie d'Orléans, 21, 23

Maison DUBASTA
PRESTINARI, Successeur

Spécialité de Chaussures garanties imperméables

VÊTEMENTS EN CAOUTCHOUC
De toutes formes et de toutes nuances

PALAIS-ROYAL, GALERIE D'ORLÉANS, 13

MAISON CH. MORLENT & E. JANSSENS
LAFARGUE, MICHEL & DARNIGE, Successeurs
TAILLEURS

33, 35, 37, 39, Galerie d'Orléans, 33, 35, 37, 39

ENGLISH SPOKEN

Médaille d'argent à l'Exposition Universelle de 1867

TIMBRES POUR COLLECTIONS

L'AMI DES TIMBRES
Journal-Catalogue des Collectionneurs
Paraissant tous les mois. — 2 fr. pour la France
3 fr. pour l'Étranger.
*Envoi gratis d'un numéro spécimen
sur demande affranchie*

CH. ROUSSIN
Paris, 9, Galerie d'Orléans (Palais-Royal)

Mme ÉMÉLIE

ÉLÈVE DE

Mme AD. MOREAU

AUTEUR DE LA « CHIROMANCIE NOUVELLE »

Fait l'étude de la Main
Et consulte par les Cartes et Talismans

CORRESPONDANCE AVEC LE MONDE ENTIER

5, RUE DE TOURNON, 5

Suite de la célèbre Cartomancienne

Mlle LENORMAND

SA GRANDE OMBRE Y PLANE ENCORE

 *Immense Succès!*

PAR LA

CARTOMANCIE ET LE SOMNAMBULISME

Mme LÉONARD

PASSÉ — PRÉSENT — AVENIR

par les Cartes, Lignes de la main, Marc de café, Blanc d'œuf, Horoscope et d'autres secrets connus d'elle seule.

S'occupe des

Recherches, Maladie, Commerce, Travail, Procès

Élève de Mlle Lenormand et de Desbarolles, elle indique l'âge et les initiales des personnes, les dates exactes des événements qui doivent arriver et le

Moyen pour réussir en tout

Un médecin et une sage-femme de 1re classe sont attachés à son cabinet.

CONSULTATIONS TOUS LES JOURS

DE 9 H. DU MATIN A 7 H. DU SOIR (prix modérés)

78, Rue d'Amsterdam, PARIS

Pour consultation par correspondance, il suffit d'envoyer une mèche de cheveux, dire son âge et la couleur préférée.

Elle possède les **Talismans** vrais et les **Amulettes** pour faire réussir. — On envoie le montant en mandat-poste à son nom en faisant la demande.

ANDRÉA

LA VRAIE VOYANTE DIPLOMÉE

Pour les Cartes, les Lignes de la Main

ET

LE SOMNAMBULISME RÉEL

DONNE LES CONSEILS LES PLUS SÉRIEUX

COMMERCE, TRAVAIL, INDUSTRIE, MARIAGE, ETC.

Et, par un procédé connu d'elle seule, fait réussir dans les affaires les plus importantes.

TOUTE CONSULTATION

DONNE DROIT A UN TALISMAN

Également par Correspondance

157, BOULEVARD MAGENTA, 157

TABLES DES MATIÈRES

Avertissement..........	1
Préface qu'il faut lire................	5
Le Boulevard.........	13
I. Présentation............	13
II. Quintessence............	18
III. La zone Tampon..........	20
IV. L'ébullition............	22
IV. En être ou ne pas en être......	25
V. Les Montagnes Russes.........	27
Les Boulevards............	33
I. Délimitation............	33
II. Le boulevard Beaumarchais........	35
III. Les Filles-du-Calvaire. Cirque d'hiver.....	36
IV. Boulevard du Temple. Théâtre Déjazet ...	40
V. Théâtre Lyrique............	41
VI. Boulevard Saint-Martin.........	44
VII. Les Folies-Dramatiques.........	45
VIII. L'Ambigu............	48
IX. La Porte-Saint-Martin.........	50
X. La Renaissance...........	54
XI. Boulevard Bonne-Nouvelle. Le Gymnase.	57
XII. L'Alcazar............	60
XIII. Boulevard Poissonnière........	63
XIV. Jusqu'à la Madeleine	65
L'Opéra................	67
La Comédie Française............	72
Le Théâtre-Libre............	75
Le théâtre et les tempéraments........	79

Une première	101
Les cercles	112
Les cercles où l'on s'ennuie. Les cercles où l'on s'amuse	114
Les femmes dans les cercles. Un cercle de femmes	119
Les cercles où l'on se compromet. Les cercles où l'on vole. Les claque-dents	122
Les cafés et les restaurants	125
Le Lyon d'Or	128
Le Grand U	133
Le Café de Madrid	134
Le Chat Noir	141
L'Eden	158
Les Folies-Bergère	161
Çà et là	167
Le Grand-Hôtel	167
Siraudin	180
L'hôtel Mirabeau	184
L'académie Julian	185
Le Grand Dépôt de Céramique	212
Les Bals	117
Les bals de l'Opéra	227
Le bal des artistes	232
Le bal Bullier	236
Les grands Magasins	238
Madame Blanche Lebouvier	249
Félicie Vacher	253
Parfums et parfumeurs	255
Les Champs-Élysées	260
L'avenue des Champs-Élysées	260
Le Salon	262
Le vernissage	265
Chez Ledoyen	270
L'exposition d'horticulture	273
Cirque d'été	275
Le concours hippique	277
Concerts Lamoureux	279
Le club des Pannés	280
Les panoramas	285
Les cafés-concerts	289

Le bois de Boulogne....................................	293
I. Le vieux bois de Boulogne.................	293
II. Le tour du lac..............................	295
III. L'allée des Acacias.......................	298
IV. Les chevauchées du matin..................	300
Les Courses..	304
Longchamps.....................................	304
Auteuil..	311
La fête des victimes du devoir.........................	3l3
La bataille de fleurs...................................	317
La fête de Neuilly......................................	320
Le Jardin d'acclimatation...............................	326
Pavillon d'Armenonville.................................	343
Madrid...	347
Le tir aux pigeons.....................................	350
Courses du Racing-Club..................................	353
Coursing.......................................	356
Les régates....................................	357
Le club des Patineurs...................................	358
Le patinage....................................	358
Un peu partout..	363
Le Palais-Royal................................	363
Le nouveau Cirque. Le cirque Fernando..........	369
Restaurants de nuit............................	371
Le Paradis Latin...............................	377
Exposition canine..............................	378
Les dîners de têtes............................	381
Sciences occultes..............................	383
Hippodrome.....................................	386
Le Jardin de Paris.............................	387
Explications...................................	389

PARIS-MEMENTO

Séjour à Paris...	391
Arrivée..	391
Logement et entretien...................................	392
Hôtels...	392
Maisons et appartements meublés................	395
Tables d'hôte..................................	396
Restaurants à prix fixes et restaurants à la carte	397

```
    Établissements de bouillon....................  399
    Marchands de vins, crémeries ..............  400
    Cafés, brasseries, bars ...  ...................  400
    Débits de tabac................................  401
    Bains ......  .................................  401
    Cabinets inodores, water-closets.. ......  ....  402
Moyens de transport............................  402
    Fiacres ou voitures de place..................  402
    Voitures de remise............................  405
    Omnibus ......................................  406
    Tramways......................................  410
    Chemins de fer................................  413
    Bateaux-omnibus...............................  414
Adresses utiles.................................  416
    Chancelleries étrangères .....................  416
    Ministères....................................  417
    Établissements publics et administrations.....  418
    Temples, synagogues...........................  419
    Cercles et clubs..............................  421
    Postes et télégraphes.........................  421
    Télégraphe....................................  424
    Téléphone.....................................  425
Théâtres. Lieux de distraction..................  426
    Théâtres......................................  426
    Concerts......................................  429
    Cafés-concerts................................  430
    Cirques.......................................  431
    Bals publics..................................  431
    Musée Grévin..................................  432
Jours et ouverture des monuments................  432
Quelques itinéraires............................  438
Renseignements et adresses utiles...............  443
```

mprimerie du Progrès. — E. Planteau, 7, rue du Bois, Asnières.

www.ingramcontent.com/pod-product-compliance
Lightning Source LLC
Chambersburg PA
CBHW072108220426
43664CB00013B/2044